T0349354

INTRODUCCIÓN
A LA
PSICOLOGÍA

2ª edición: julio 2024

Título original: PSYCH 101
Traducido del inglés por Francesc Prims Terradas
Diseño de portada: Editorial Sirio, S.A.
Maquetación: Toñi F. Castellón
Ilustraciones interiores de Claudia Wolf

www.editorialsirio.com
sirio@editorialsirio.com

I.S.B.N.: 978-84-19105-22-6
Depósito Legal: MA-1109-2022

Impreso en Imagraf Impresores, S. A.
c/ Nabucco, 14 D - Pol. Alameda
29006 - Málaga

Impreso en España

Puedes seguirnos en Facebook, Twitter, YouTube e Instagram.

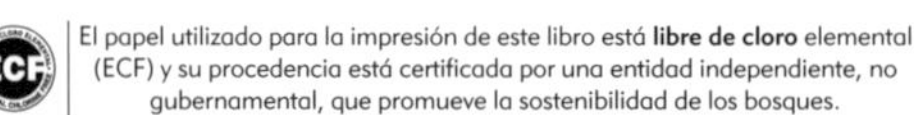

PAUL KLEINMAN

INTRODUCCIÓN A LA PSICOLOGÍA

TODO LO QUE NECESITAS SABER ACERCA DE LA CIENCIA DE LA MENTE

DEDICATORIA

Para Lizzie, la persona que puede lidiar con mi locura y siempre se las arregla para mantenerme cuerdo.

AGRADECIMIENTOS

Quiero dar las gracias a mi familia y a todo el personal de Adams Media por su apoyo continuo, y a todos los grandes pensadores del mundo, sin los cuales este libro no habría sido posible.

ÍNDICE

Nota de los editores: Por razones prácticas, se ha utilizado el masculino genérico en la traducción del libro. Dada la cantidad de información y datos que contiene, la prioridad al traducir ha sido que la lectora y el lector la reciban de la manera más clara y directa posible.

INTRODUCCIÓN:
¿QUÉ ES LA PSICOLOGÍA?

Psyche: palabra griega que significa 'espíritu, alma y aliento'.
Logia: palabra griega que significa 'estudio de algo'.

La psicología es el estudio de los procesos mentales y conductuales. Esencialmente, quienes trabajan en el campo de la psicología intentan dar sentido a las preguntas *¿qué te motiva?* y *¿cómo ves el mundo?* Estas ideas tan simples abarcan muchos temas diferentes y complicados, que incluyen las emociones, los procesos de pensamiento, los sueños, los recuerdos, la percepción, la personalidad, enfermedades y tratamientos.

Si bien las raíces de la psicología se remontan a los filósofos de la antigua Grecia, este campo no empezó a despegar realmente hasta 1879, cuando el psicólogo alemán Wilhelm Wundt creó el primer laboratorio completamente dedicado al estudio de la psicología. Desde entonces, se ha expandido exponencialmente hasta convertirse en una ciencia verdaderamente diversa, que a menudo se superpone con otros tipos de estudios científicos, como la medicina, la genética, la sociología, la antropología, la lingüística, la biología e incluso temas como el deporte, la historia y el amor.

Así que predisponte a pensar, ponte cómodo (recuéstate en un sofá si quieres) y prepárate para recibir información importante. Es hora de que empieces a aprender sobre ti mismo de formas que nunca creíste posibles. Tanto si este libro es para ti un «curso de repaso» como si todos estos contenidos te resultan nuevos, empecemos. ¡Bienvenido a *Introducción a la psicología*!

IVÁN PÁVLOV (1849-1936)

El hombre que estudió al mejor amigo del hombre

Iván Pávlov nació en Ryazan (Rusia) el 14 de septiembre de 1849. Hijo del sacerdote del pueblo, estudió primero Teología, hasta 1870, año en que abandonó sus estudios religiosos y asistió a la Universidad de San Petersburgo para estudiar Fisiología y Química.

Entre 1884 y 1886, estudió con el renombrado fisiólogo cardiovascular Carl Ludwig y el fisiólogo gastrointestinal Rudolf Heidenhain. En 1890, Pávlov se había convertido en un cirujano experto y se interesó por la regulación de la presión arterial. Sin usar anestesia, pudo insertar un catéter, casi sin provocar ningún dolor, en la arteria femoral de un perro y registrar el impacto que tenían los estímulos emocionales y farmacológicos sobre la presión sanguínea. Pero su investigación más influyente en relación con los perros, el condicionamiento clásico, aún estaba por llegar.

Entre 1890 y 1924, Iván Pávlov trabajó en la Academia Médica Imperial como profesor de Fisiología. En sus primeros diez años en la academia, empezó a centrar su atención en la correlación entre la salivación y la digestión. Mediante una intervención quirúrgica, pudo estudiar las secreciones gastrointestinales de un animal a lo largo de su vida en condiciones relativamente normales; y realizó experimentos para mostrar la relación que había entre las funciones autónomas y el sistema nervioso. Esta investigación lo llevó a desarrollar su concepto más importante, el *reflejo condicionado*. En 1930, Pávlov había comenzado a utilizar su investigación sobre los reflejos condicionados para explicar las psicosis humanas.

Aunque recibió elogios y apoyo por parte de la Unión Soviética, Pávlov criticó el régimen comunista e incluso denunció públicamente al Gobierno en 1923, tras regresar de un viaje a los Estados Unidos.

Definición clínica

→ **REFLEJO CONDICIONADO:** respuesta que pasa a estar asociada con un estímulo con el que no lo estaba previamente como resultado de emparejar el estímulo con otro que normalmente produce esa respuesta.

Cuando en 1924 el Gobierno expulsó a los hijos de sacerdotes de la antigua Academia Médica Imperial (que entonces se conocía como Academia Médica Militar de Leningrado), Pávlov, hijo de un sacerdote, renunció a su puesto de profesor. El doctor Iván Pávlov murió el 27 de febrero de 1936 en Leningrado.

Los abundantes reconocimientos que recibió Iván Pávlov

Durante su vida, las investigaciones del doctor Pávlov fueron recibidas con grandes elogios. Esta es una muestra de sus logros:

- Elegido miembro corresponsal de la Academia de Ciencias de Rusia (1901).
- Galardonado con el Premio Nobel de Fisiología y Medicina (1904).
- Elegido académico de la Academia de Ciencias de Rusia (1907).
- Nombrado doctor *honoris causa* por la Universidad de Cambridge (1912).
- Recibió la Orden de la Legión de Honor de la Academia de Medicina de París (1915).

EL CONDICIONAMIENTO CLÁSICO: EL APRENDIZAJE POR ASOCIACIÓN

El condicionamiento clásico fue el trabajo más famoso e influyente de Iván Pávlov, y sentó gran parte de las bases de la psicología del comportamiento. En esencia, la idea del condicionamiento clásico es aprender algo por asociación. Pávlov identificó cuatro principios básicos:

1. **El estímulo incondicionado:** un estímulo es cualquier acto, influencia o agente que da lugar a una respuesta. Un estímulo incondicionado es un estímulo que desencadena automáticamente algún tipo de respuesta. Por ejemplo, si el polen hace que una persona estornude, entonces el polen es un estímulo incondicionado.
2. **La respuesta incondicionada:** respuesta que tiene lugar automáticamente como resultado del estímulo incondicionado. En esencia, es una reacción natural e inconsciente al estímulo, sea cual sea este. Por ejemplo, si el polen hace que una persona estornude, el estornudo es la respuesta incondicionada.
3. **El estímulo condicionado:** es un estímulo neutro (un estímulo que no está relacionado con la respuesta) que ha sido asociado con un estímulo incondicionado, de tal manera que desencadena una respuesta condicionada.
4. **La respuesta condicionada:** es una respuesta aprendida al estímulo que antes había sido neutro.

¿Estás confundido? No lo estés. ¡En realidad se trata de algo muy simple! Imagina que te estremeciste después de escuchar un sonido fuerte. El sonido desencadenó una respuesta natural, por lo que fue un estímulo incondicionado, y el estremecimiento fue la respuesta incondicionada, porque se produjo inconscientemente, como resultado del estímulo incondicionado.

Ahora bien, si has presenciado repetidamente que se produce un determinado movimiento al mismo tiempo que el ruido fuerte, o un poco antes (por ejemplo, una persona balancea el puño para golpear una mesa), podrías comenzar a asociar ese movimiento con el sonido fuerte y podrías estremecerte cada vez que vieses que un puño se mueve de manera similar, incluso en ausencia de cualquier sonido. El movimiento del puño (el estímulo condicionado) pasa a estar asociado con el estímulo incondicionado (el sonido) y te hace estremecer (respuesta condicionada).

LOS PERROS DE PÁVLOV

El doctor Iván Pávlov pudo establecer estas ideas tras observar las secreciones irregulares de perros no anestesiados. Comenzó por estudiar la digestión en perros midiendo la cantidad de saliva que tenían los animales cuando se les presentaban artículos comestibles y no comestibles.

Con el tiempo, empezó a advertir que los perros empezaban a salivar cada vez que un asistente entraba en la habitación. Pávlov supuso que los animales estaban respondiendo a la bata blanca que llevaban los asistentes y planteó la hipótesis de que esta producción de saliva era una respuesta a un cierto estímulo; concretamente, esos perros asociaban las batas blancas con la presencia de comida. Señaló que la producción de saliva que tenía lugar cuando se presentaba comida a los perros era un reflejo incondicionado, mientras que la producción de saliva que era el resultado de que los perros viesen las batas blancas era un reflejo aprendido o condicionado. Para profundizar en sus hallazgos, diseñó y puso en práctica uno de los experimentos científicos más famosos de todos los tiempos: los perros de Pávlov.

EXPERIMENTO

POR QUIÉN DOBLAN LAS CAMPANAS: EL DESARROLLO DEL EXPERIMENTO DE LA RESPUESTA CONDICIONADA

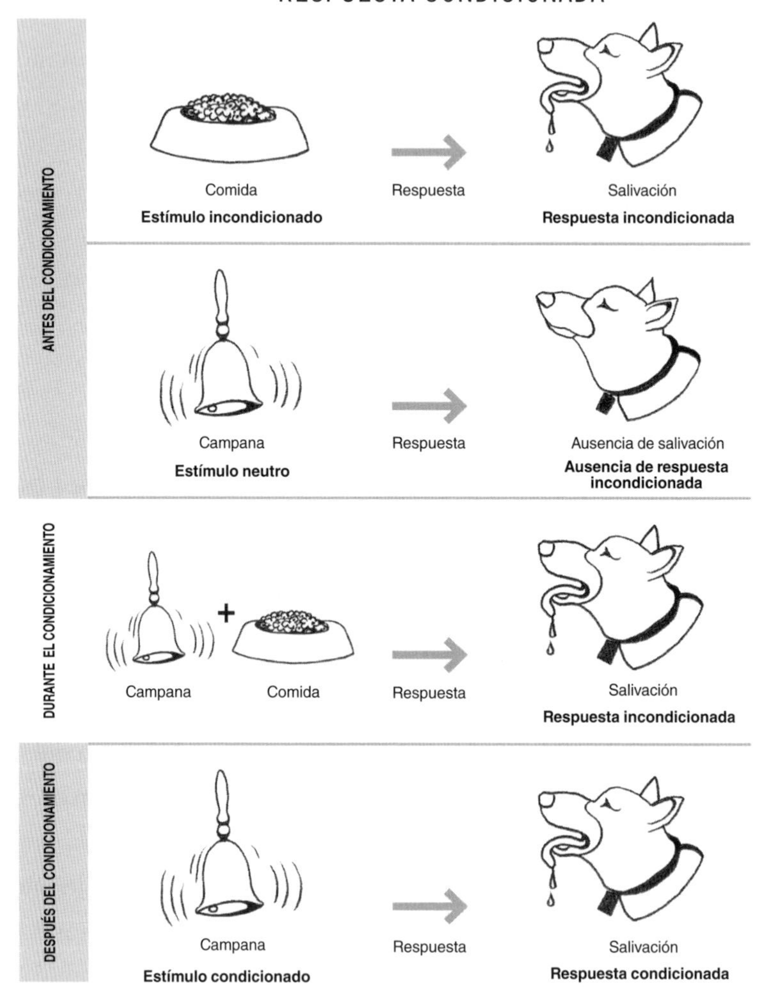

Progresión experimental de los perros de Pávlov

1. Los sujetos de prueba en este experimento sobre la respuesta condicionada son perros de laboratorio.
2. Primero se debe elegir un estímulo incondicionado. En este experimento es la comida, que evocará una respuesta natural y automática: la salivación. Como estímulo neutro, el experimento utiliza el sonido de un metrónomo.
3. La observación de los sujetos antes del condicionamiento revela que generan saliva cuando están expuestos a comida y no la generan cuando están expuestos al sonido del metrónomo.
4. Al principio del proceso, los sujetos son expuestos repetidamente al estímulo neutro (el sonido del metrónomo) y se les presenta inmediatamente el estímulo incondicionado (la comida).
5. A lo largo de un período de tiempo, los sujetos van asociando el sonido del metrónomo con la entrega de comida. Cuanto más se prolongue el experimento, más profundamente arraigará el condicionamiento.
6. Una vez completada la fase de condicionamiento, el estímulo neutro (el metrónomo) hará que los sujetos comiencen a salivar anticipando la comida, independientemente de si se les lleva o no algo para comer. La salivación se ha convertido en una respuesta condicionada.

Aunque es más conocido en la cultura popular por sus famosos perros, la importancia de la investigación de Pávlov va mucho más allá de la producción de saliva. Sus revelaciones sobre el condicionamiento y las respuestas aprendidas han desempeñado un papel importante en la comprensión de la modificación del comportamiento en los seres humanos y en los avances en el tratamiento de problemas de salud mental como los trastornos de pánico, los trastornos de ansiedad y las fobias.

B. F. SKINNER (1904-1990)

Se trata de las consecuencias

Burrhus Frederic Skinner nació el 20 de marzo de 1904 en Susquehanna (Pensilvania). Hijo de un abogado y un ama de casa, Skinner tuvo una infancia cálida y estable, y pudo dedicar mucho tiempo a la creatividad y la invención, las cuales le serían muy útiles a lo largo de su carrera. Después de graduarse en el Hamilton College en 1926, se propuso convertirse en escritor. Pero mientras trabajaba como empleado en una librería de la ciudad de Nueva York, descubrió las obras de John B. Watson e Iván Pávlov, que lo fascinaron tanto que dejó a un lado sus planes de hacerse novelista y decidió hacer carrera como psicólogo.

A los veinticuatro años, Skinner se matriculó en el Departamento de Psicología de la Universidad de Harvard y empezó a estudiar con William Crozier, presidente del nuevo Departamento de Fisiología. Aunque Crozier no era psicólogo, estaba interesado en estudiar el comportamiento de los animales «como un todo», enfoque que era diferente de los que estaban adoptando los psicólogos y fisiólogos en ese momento. En lugar de tratar de averiguar todos los procesos que acontecían dentro del animal, Crozier (y posteriormente Skinner) estaba más interesado en su comportamiento general. La forma de pensar de Crozier encajaba perfectamente con el trabajo que Skinner deseaba realizar; estaba interesado en aprender cómo se relacionaba el comportamiento con las condiciones experimentales. Skinner realizó su trabajo más significativo e influyente –la aportación de la noción de *condicionamiento operante* y la invención de la *cámara de condicionamiento operante*– mientras estuvo en Harvard. El trabajo que desarrolló en la Universidad de Harvard sigue constituyendo una de las investigaciones más importantes en el campo del conductismo, trabajo que enseñó de primera mano a generaciones de estudiantes en su *alma mater* hasta que falleció a la edad de ochenta y seis años, en 1990.

Homenajes a Skinner

El trabajo de B. F. Skinner dejó un profundo impacto en el ámbito de la psicología, y no pasó desapercibido. Estos son algunos de los principales reconocimientos que obtuvo:

- El presidente Lyndon B. Johnson le otorgó la Medalla Nacional de Ciencia (1968).
- La Fundación Estadounidense de Psicología le otorgó la Medalla de Oro (1971).
- Recibió el Premio al Humano del Año (1972).
- Recibió la Mención por la Contribución Excepcional de Toda una Vida a la Psicología (1990).

EL CONDICIONAMIENTO OPERANTE Y LA CAJA DE SKINNER

El trabajo más importante de B. F. Skinner fue la creación del concepto de condicionamiento operante. Esencialmente, el condicionamiento operante hace referencia al aprendizaje de un comportamiento como resultado de las recompensas y los castigos asociados con ese comportamiento. El condicionamiento operante se puede dividir en cuatro tipos:

1. **Refuerzo positivo:** un comportamiento se fortalece y la probabilidad de que se repita aumenta porque el resultado fue una condición positiva.

2. **Refuerzo negativo:** un comportamiento se fortalece como resultado de evitar o detener una condición negativa.
3. **Castigo:** un comportamiento se debilita y la probabilidad de que se repita disminuye debido a que el resultado es una condición negativa.
4. **Extinción:** un comportamiento se debilita porque el resultado no condujo a una condición positiva ni negativa.

El refuerzo positivo y el negativo fortalecerán un comportamiento en particular, lo que hará que sea más probable que se produzca, mientras que el castigo y la extinción debilitarán un comportamiento en particular.

Para ver el condicionamiento operante en acción, B. F. Skinner realizó un experimento muy simple e inventó la cámara de condicionamiento operante, que actualmente se conoce como *la caja de Skinner*.

LA CAJA DE SKINNER Y EL CONDICIONAMIENTO OPERANTE

1. Para realizar el experimento, empieza por meter una rata hambrienta dentro de la caja. Cada vez que la rata presione una palanca que está en el interior de la caja, recibirá una bolita de comida. La rata pronto aprenderá que al presionar la palanca obtendrá alimento (el cual constituye una condición positiva); por lo tanto, este comportamiento es fortalecido por el refuerzo positivo.
2. A continuación, mete una rata en la caja y somete sus patas a una leve descarga eléctrica (esta es una condición negativa). Si la rata presiona la palanca, la descarga cesa. Seguidamente, manda otra pequeña descarga eléctrica a las patas del animal. Una vez más, cuando presiona la palanca, la descarga se detiene. Cada vez que la rata recibe una descarga eléctrica, va aprendiendo que para detenerla debe presionar la palanca.

Este es un ejemplo de refuerzo negativo, porque la rata está aprendiendo un comportamiento para poner fin a una condición negativa.

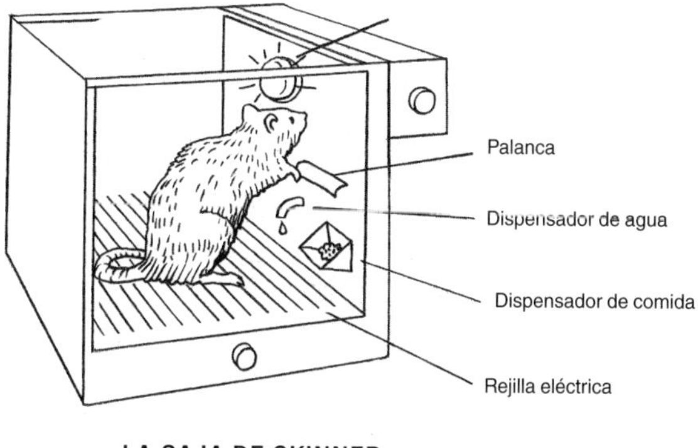

LA CAJA DE SKINNER

3. Mete una rata en la caja y somete sus patas a una leve descarga eléctrica (es decir, a la condición negativa) cada vez que presione la palanca. El comportamiento de presionar la palanca se debilitará debido a la condición negativa: este es un ejemplo de castigo.
4. Ahora, mete una rata en la caja y no le des comida ni la sometas a una descarga eléctrica cada vez que presione la palanca. La rata no asociará una condición positiva o negativa al comportamiento de presionar la palanca, por lo que este comportamiento se debilitará. Este es un ejemplo de extinción.

El desafortunado legado de la caja de Skinner

En 1943, la esposa de Skinner le pidió, estando embarazada, que construyera una cuna más segura para su hija. Con sus dotes de inventor, creó una cuna con calefacción que se cerraba con una ventana de plexiglás. Skinner envió un artículo al *Ladies' Home Journal*, y publicaron la historia bajo el título «Baby in a Box» ('bebé en una caja'). A partir del legado del trabajo de Skinner sobre el condicionamiento operante, se difundió el rumor de que había usado su cámara de condicionamiento operante experimental con su propia hija, y que acabó por volverla loca, hasta el punto de que se suicidó. Este rumor, sin embargo, resultó ser completamente falso.

LOS PROGRAMAS DE REFORZAMIENTO

Otro componente importante del condicionamiento operante es la noción de programas de reforzamiento. La frecuencia y el momento en que se refuerza un comportamiento pueden afectar en gran medida a la fuerza del comportamiento y la tasa de respuesta. Se pueden usar reforzamientos positivos y negativos, con el objetivo, en todos los casos, de fortalecer el comportamiento y aumentar las probabilidades de que vuelva a producirse. Los programas de reforzamiento se pueden dividir en dos tipos:

1. **Reforzamiento continuo:** cada vez que se produce un comportamiento, es reforzado.
2. **Reforzamiento parcial:** un comportamiento es reforzado parte del tiempo.

Curiosamente, la respuesta que resulta del reforzamiento parcial es más resistente a la extinción, porque estos comportamientos se aprenden con el tiempo en lugar de adquirirse de golpe. El reforzamiento parcial se puede dividir en cuatro programas:

1. **Programas de razón fija:** la respuesta se refuerza después de un determinado número de respuestas. Por ejemplo, una rata solo recibe gránulos de comida después de presionar la palanca tres veces.
2. **Programas de razón variable:** el reforzamiento tiene lugar después de un número impredecible de respuestas. Por ejemplo,

una rata presiona la palanca varias veces y se le da un gránulo de comida de forma aleatoria, sin haber predeterminado ninguna frecuencia.

3. **Programas de intervalo fijo:** una respuesta es recompensada después de un período de tiempo asignado. Por ejemplo, si una rata presiona la palanca dentro de un período de treinta segundos, se le dará un gránulo de comida. No importa cuántas veces presione la palanca, porque solo se le dará un gránulo durante ese período de tiempo.
4. **Programas de intervalo variable:** el reforzamiento se produce después de una cantidad de tiempo impredecible. Por ejemplo, la rata puede recibir un gránulo cada quince segundos, después cada cinco segundos, luego cada cuarenta y cinco segundos, etc.

Se pueden encontrar ejemplos de los cuatro programas de reforzamiento en la vida diaria. Por ejemplo, es habitual encontrar un programa de razón fija en los videojuegos (en que el jugador tiene que conseguir una cierta cantidad de puntos o monedas para obtener una recompensa), las máquinas tragamonedas (o tragaperras) muestran un programa de razón variable, recibir una paga semanal o quincenal es un ejemplo de programa de intervalo fijo, y cuando un jefe entra en la oficina para comprobar los avances de un empleado en momentos aleatorios, tenemos un ejemplo de programa de intervalo variable. Cuando se está aprendiendo un comportamiento nuevo, siempre es mejor un programa de razón fija, mientras que un programa de intervalo variable es extremadamente resistente a la extinción.

Aunque el conductismo fue perdiendo su popularidad con el tiempo, el impacto que tuvo B. F. Skinner es innegable. Sus técnicas operantes siguen siendo vitales para el tratamiento de la salud mental por parte de los profesionales y sus ideas sobre el reforzamiento y el castigo aún se utilizan en la enseñanza y en el adiestramiento de perros.

SIGMUND FREUD (1856-1939)

El creador del psicoanálisis

Sigmund Freud nació el 6 de mayo de 1856 en Freiberg (Moravia, actualmente República Checa). Su madre era la segunda esposa de su padre y tenía veinte años menos que este. Freud tenía dos hermanastros que eran unos veinte años mayores que él; además, fue el primero de los siete hijos que tuvo su madre. Con cuatro años de edad, se mudó con su familia de Moravia a Viena (Austria), donde pasaría la mayor parte de su vida, a pesar de que afirmó que no le gustaba la ciudad.

A Freud le fue bien en la escuela, y como era judío –aunque más tarde se definió como ateo– se matriculó en la Facultad de Medicina de la Universidad de Viena en 1873 (la medicina y el derecho eran las únicas opciones viables disponibles para los hombres judíos en ese momento en Viena). Aunque deseaba dedicarse a la investigación neuropsicológica, era extremadamente difícil acceder a los puestos de investigación. En consecuencia, empezó a ejercer como médico neurólogo por su cuenta.

En el transcurso de su formación, trabó amistad con un médico y psicólogo llamado Josef Breuer. Esta relación pasó a ser increíblemente importante para el desarrollo del trabajo de Freud cuando el doctor Breuer comenzó a tratar a los pacientes con histeria usando la hipnosis y animándolos a hablar sobre su pasado. El proceso de hipnosis, al que una paciente de Breuer llamada Anna O. se refirió como «la cura del habla», permitía a los pacientes hablar sobre recuerdos a los que no podían acceder en el estado de vigilia; el resultado era que los síntomas de su histeria se reducían. Freud escribió el libro *Estudios sobre la histeria* con Breuer, y después viajó a París para aprender más sobre la hipnosis con el reputado neurólogo francés Jean-Martin Charcot.

En 1886, Freud regresó a Viena y abrió una consulta privada. Al principio, usó la hipnosis con sus pacientes aquejados de neurosis e histeria, pero pronto se dio cuenta de que podía obtener más información de ellos si hacía que se sentasen en una posición relajada (en un diván por ejemplo) y los animaba a decir lo que les pasaba por la cabeza (este procedimiento se conoce como *asociación libre*). Freud creía que de esta manera podría analizar lo que decía el paciente y determinar qué suceso traumático del pasado era el responsable de su sufrimiento actual.

Sus obras más famosas se sucedieron con gran rapidez. En el lapso de cinco años publicó tres libros que tendrían un impacto en la psicología en las décadas siguientes:* *La interpretación de los sueños* en 1900, obra en la que presentó al mundo la idea de la mente inconsciente; *Psicopatología de la vida cotidiana* en 1901, donde teorizó que los *lapsus linguae*, más tarde conocidos como deslices freudianos, eran en realidad comentarios significativos revelados por el «inconsciente dinámico», y *Tres ensayos sobre teoría sexual* en 1905, donde, entre otras cosas, habló del actualmente famoso complejo de Edipo.

Freud, una de las principales mentes científicas de su época, atrajo una atención no deseada cuando, en 1933, el régimen nazi llegó al poder en Alemania y comenzó a quemar sus obras. En 1938, los nazis se apoderaron de Austria y le confiscaron el pasaporte. Fue solo debido a su fama internacional y a la influencia de personalidades extranjeras que se le permitió trasladarse a Inglaterra, donde permaneció hasta su muerte, en 1939.

LAS ETAPAS DEL DESARROLLO PSICOSEXUAL

La teoría de Freud del desarrollo psicosexual es una de las más conocidas y controvertidas del campo de la psicología. Freud creía que la

* N. del T.: Aun cuando se escriben aquí los títulos en castellano, los años corresponden a la publicación de las obras originales.

personalidad estaba casi establecida a los seis años de edad y que cuando se completaba con éxito una secuencia predeterminada de etapas el resultado era una personalidad saludable, mientras que si no tenía lugar esta compleción el resultado era una personalidad malsana.

Freud aseguraba que las etapas de la secuencia tenían como base zonas erógenas (partes sensibles del cuerpo que despiertan el placer, el deseo y la estimulación sexuales) y que la imposibilidad de completar una etapa haría que el niño se obsesionara con esa zona erógena. Esto llevaría a la persona a excederse o reprimirse en la adultez.

Etapa oral (desde el nacimiento hasta los dieciocho meses)

En esta etapa, el bebé se enfoca en placeres orales como chupar, porque estos placeres le proporcionan una sensación de comodidad y confianza. Si experimenta muy poca o demasiada gratificación en esta etapa, el niño desarrollará una personalidad oral o una fijación oral y se preocupará por los comportamientos orales. Según Freud, los individuos que tienen este tipo de personalidad son más propensos a morderse las uñas, comer en exceso, fumar o beber, y serán crédulos, dependerán de otras personas y siempre serán seguidores.

Etapa anal (de los dieciocho meses a los tres años)

Durante esta etapa, el niño pasa a enfocarse sobre todo en el control de la vejiga y los intestinos, y obtiene placer al controlar estas actividades. Freud creía que el niño pasaba con éxito esta etapa cuando los padres usaban los elogios y las recompensas para enseñarle a ir al baño, de tal forma que el hijo se sentía capaz y productivo; este comportamiento llevaría al niño a tener una personalidad creativa y competente más adelante en la vida. Si, en cambio, los padres eran demasiado indulgentes con el niño durante el entrenamiento para ir al baño, podía desarrollar una personalidad anal-expulsiva que hiciese de él un individuo destructivo, desordenado y derrochador. Por otra parte, si los padres adoptaban un enfoque demasiado estricto o forzaban el control de los esfínteres demasiado pronto, el niño podía desarrollar una personalidad anal-retentiva y acabar obsesionado con la perfección, la limpieza y el control.

Etapa fálica (de los tres a los seis años)

Freud creía que en esta etapa las zonas de placer pasaban a ser los genitales, lo cual le hizo concebir una de sus ideas más famosas, la del complejo de Edipo. Opinaba que, en esta etapa, el niño desarrolla inconscientemente un deseo sexual por su madre, ve a su padre como un competidor por su afecto y desea reemplazar a este. Además, desarrolla la denominada *ansiedad de castración* cuando empieza a ver a su padre como alguien que está tratando de castigarlo por sus sentimientos edípicos. Sin embargo, en lugar de pelear con el padre, el niño se identifica con él en un esfuerzo por poseer indirectamente a la madre. Freud creía que en esta etapa la fijación podía conducir a la desviación sexual y a la confusión o la debilidad respecto a la propia identidad sexual.

En 1913, Carl Jung acuñó la denominación *complejo de Electra*, que hace referencia a una relación similar que experimentan las niñas con sus padres. Pero Freud no estuvo de acuerdo con este concepto; creía que las niñas experimentaban lo que denominó *envidia del pene* (un resentimiento y un descontento derivados del deseo de haber nacido con pene).

Etapa de latencia (de los seis años hasta la pubertad)

En esta etapa se reprimen los impulsos sexuales y la energía sexual del niño se dirige hacia otros intercambios, como las interacciones sociales y las actividades intelectuales. Durante esta etapa los niños juegan principalmente con niños del mismo sexo y no se produce ningún desarrollo psicosexual ni surge ninguna fijación.

Etapa genital (pubertad y adultez)

La última etapa en el modelo de Freud implica el reavivamiento de los impulsos sexuales y el interés sexual por el sexo opuesto. Si todas las etapas anteriores se completaron con éxito, la persona será cariñosa y equilibrada, y el placer se centrará en los genitales. Si existe una fijación en esta etapa, sin embargo, el individuo puede albergar perversiones sexuales.

Por supuesto, no todo el mundo está de acuerdo con la teoría de Freud. Se centró casi exclusivamente en el desarrollo del macho. Y su investigación no se basó en el comportamiento de los niños, sino en lo que le decían sus pacientes adultos. Debido al largo tiempo transcurrido entre la hipotética «causa» en la infancia y el «efecto» que se produciría en la edad adulta según sus teorías, es increíblemente difícil evaluar o probar si las ideas de Freud sobre el desarrollo psicosexual se corresponden de forma precisa con la realidad.

LOS MODELOS ESTRUCTURALES DE LA PERSONALIDAD

Además de sus ideas sobre el desarrollo psicosexual, Freud creía que había muchas otras fuerzas impulsoras que eran importantes para comprender el desarrollo de la personalidad del individuo. Su modelo estructural de la personalidad intenta describir cómo funciona la mente efectuando distinciones entre tres partes de la personalidad y la mente humana: el ello, el yo y el superyó.

El ello

Toda persona nace con un *ello*. El ello es responsable de que las necesidades básicas del recién nacido sean satisfechas. Freud afirmó que el ello se basa en algo conocido como *principio de placer*, lo cual significa, esencialmente, que el ello quiere lo que le hace sentir bien en el momento y no tiene en cuenta las implicaciones. No toma en consideración cómo podría desarrollarse el resto de la situación ni las consecuencias para las otras personas implicadas. Por ejemplo, cuando un bebé se hace daño, quiere comer algo, necesita que le cambien el pañal o desea que le dediquen atención, el ello lo motiva a llorar hasta que ve satisfechas sus necesidades.

El yo

El siguiente aspecto de la personalidad, el yo, comienza a desarrollarse de forma natural durante los primeros tres años de vida como resultado de la interacción del niño con el mundo que lo rodea. Debido a esto, Freud afirmó que la base del yo es lo que él denominó *principio de realidad*. El yo se da cuenta de que hay otras personas a su alrededor que también tienen deseos y necesidades, y de que el comportamiento egoísta e impulsivo puede ser nocivo. El yo tiene que tomar en consideración la realidad de cualquier circunstancia en particular al mismo tiempo que debe satisfacer las necesidades del ello. Por ejemplo, cuando un niño se lo piensa dos veces antes de hacer algo inapropiado porque comprende que habría alguna consecuencia negativa, el yo se está autoafirmando.

El superyó

El superyó se desarrolla cuando el niño tiene cinco años y se acerca al final de la etapa fálica. Esta es la parte de nuestra personalidad que está formada por los principios morales y los ideales que la sociedad y nuestros padres han adquirido y nos han inculcado. Muchas personas consideran que el superyó equivale a la conciencia, ya que ambos términos han acabado por hacer referencia a la parte de nuestra personalidad que distingue lo que está bien de lo que está mal.

Freud creía que en una persona verdaderamente saludable el yo era más fuerte que el ello y el superyó; así la persona podía tener en cuenta la realidad de la situación y ocuparse de satisfacer las necesidades del ello a la vez que se aseguraba de que el superyó no fuera perturbado. En caso de que el superyó sea la parte más fuerte, la persona se guiará por unos principios morales muy estrictos, y si la parte más fuerte es el ello, buscará el placer por encima de la moral y podría terminar causando un gran daño (la violación, por ejemplo, es el resultado de que el individuo elige buscar el placer por encima de la moral; es indicativa de un ello fuerte).

CÓMO CONCEBÍA FREUD LA PSIQUE HUMANA

Freud creía que nuestros sentimientos, creencias, impulsos y emociones subyacentes se encontraban enterrados en nuestro inconsciente y que, por lo tanto, no estaban disponibles para la mente que está operativa en el estado de vigilia. Sin embargo, también creía que había niveles de conciencia más allá del consciente y el inconsciente. Para comprender mejor su teoría, imagina un iceberg.

El agua que rodea el iceberg se conoce como lo *no consciente*. Es todo lo que no ha llegado a formar parte de nuestro consciente. Es todo aquello que no hemos experimentado y de lo cual no somos conscientes; por lo tanto, no se integra en nuestra personalidad ni la moldea en ningún sentido.

La punta del iceberg, nuestro consciente, es solo una parte muy pequeña de nuestra personalidad. Dado que es la única parte de nosotros mismos con la que estamos familiarizados, de ello se desprende que sabemos muy poco de lo que constituye nuestra personalidad. El consciente contiene pensamientos, percepciones y la cognición cotidiana.

Directamente debajo del consciente, en la base del iceberg, está el preconsciente o subconsciente. Es posible acceder a la mente preconsciente, pero no forma parte activa de nuestro consciente y requiere «cavar» un poco. Contenidos como recuerdos de la infancia, nuestro antiguo número de teléfono, el nombre de un amigo que teníamos de pequeños y cualquier otro recuerdo profundamente almacenado se encuentran en esta zona. Al superyó se ubica en la mente preconsciente.

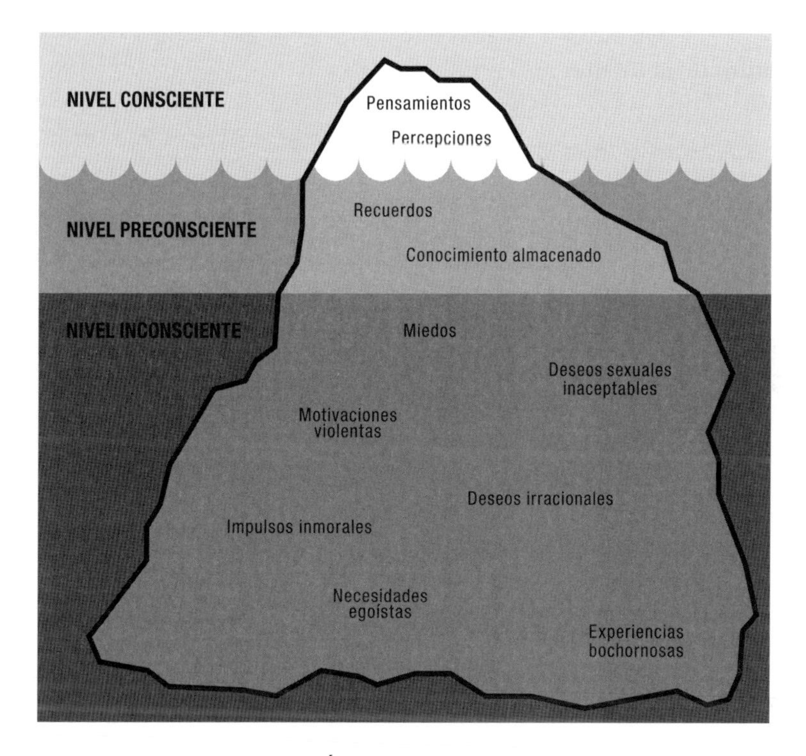

METÁFORA DEL ICEBERG

Puesto que solo somos conscientes de la punta del iceberg en cualquier momento dado, el inconsciente es increíblemente grande y está formado por las capas de la personalidad enterradas e inaccesibles. Es aquí donde encontramos contenidos como miedos, impulsos inmorales, experiencias bochornosas, necesidades egoístas, deseos irracionales y deseos sexuales inaceptables. Esta es la morada del ello. El yo no está confinado en ninguna parte del iceberg y podemos encontrarlo en el consciente, el preconsciente y el inconsciente.

No se puede negar la gran influencia que tuvo Sigmund Freud en los campos de la psicología y la psiquiatría. Sus ideas cambiaron por completo la forma en que la gente veía la personalidad, la sexualidad, la memoria y la terapia, y es quizá el psicólogo más conocido entre la población en general un siglo después de su llegada como destacado erudito de la mente.

ANNA FREUD (1895-1982)

Piensa en los niños

Anna Freud nació el 3 de diciembre de 1895 en Viena (Austria) y fue la menor de los seis hijos de Sigmund Freud. Aunque se sentía distante respecto de sus hermanos y su madre, se sentía muy cercana a su padre. A pesar de que asistió a una escuela privada, afirmó haber aprendido muy poco en clase y que gran parte de sus conocimientos los había adquirido gracias al contacto con los amigos y socios de su padre.

Tras finalizar sus estudios en la escuela secundaria, empezó a traducir el trabajo de su padre al alemán y a trabajar como maestra de educación primaria, contexto en el que comenzó a interesarse por la terapia infantil. En 1918, contrajo tuberculosis y tuvo que dejar su puesto de profesora. Durante esos momentos difíciles, empezó a contarle sus sueños a su padre. Cuando comenzó a analizarla, ella no tardó en tomar interés por la profesión de su padre y decidió dedicarse al psicoanálisis. Aunque Anna Freud creía en muchas de las ideas básicas en las que creía su progenitor, estaba menos interesada en la estructura del subconsciente y más en el yo y las dinámicas, o motivaciones, de la psique. Este interés la llevó a publicar su libro pionero titulado *El ego y los mecanismos de defensa*, en 1936.*

Anna Freud es quizá mejor conocida por crear el campo del psicoanálisis infantil, que arrojó mucha luz en el ámbito de la psicología infantil; también es reconocida por desarrollar varios métodos para tratar a los niños. En 1923, sin haber obtenido un título universitario, abrió una consulta para tratar a niños con el psicoanálisis en Viena, y fue nombrada presidenta de la Asociación Psicoanalítica de Viena.

* N. del T.: Este es el título del libro en castellano; el año corresponde a la publicación de la obra original.

En 1938, ella y su familia huyeron del país y se mudaron a Inglaterra a causa de la invasión nazi. En 1941, fundó una institución en Londres con Dorothy Burlingham y Helen Ross llamada Hampstead War Nursery ('guardería de guerra de Hampstead'), que fue un hogar de acogida en el que se ofrecía atención psicoanalítica a niños sin hogar. Escribió tres libros a partir de su trabajo en la guardería: *Young Children in War-time* [Los niños pequeños en tiempos de guerra] en 1942 y *Niños sin hogar* y *La guerra y los niños* en 1943.* En 1945, la guardería cerró y Anna Freud creó el Hampstead Child Therapy Course and Clinic ('curso y clínica de terapia infantil de Hampstead'), entidad que dirigió hasta su muerte. Cuando falleció en 1982, había dejado un legado profundo y duradero en el campo de la psicología que posiblemente solo se vio eclipsado por el impacto monumental de su padre y un puñado de psicólogos más.

LOS MECANISMOS DE DEFENSA

Para comprender las contribuciones de Anna Freud a la noción de los mecanismos de defensa, primero debemos echar un vistazo al trabajo de su padre. Sigmund Freud describió ciertos mecanismos de defensa que utiliza el yo cuando se enfrenta a conflictos con el ello y el superyó. Afirmó que la reducción de la tensión es un impulso importante para la mayoría de las personas, y que esta tensión es causada en gran medida por la ansiedad. Además, dividió la ansiedad en tres tipos:

1. **Ansiedad ante la realidad:** es el miedo a que ocurran determinados sucesos en el mundo real. Por ejemplo, una persona tiene miedo de que la muerda un perro feroz que se encuentra cerca. La forma más fácil de reducir la tensión asociada a esta ansiedad es alejarse de la situación.

* N. del T.: Los años de publicación corresponden a las obras originales.

2. **Ansiedad neurótica:** es el miedo inconsciente a que nos dominen los impulsos del ello, a perder el control de esos impulsos y a que esto culmine en un castigo.
3. **Ansiedad moral:** es el miedo a vulnerar nuestros propios principios y valores morales, lo que nos genera sentimientos de vergüenza o culpa. Este tipo de ansiedad proviene del superyó.

Sigmund Freud afirmó que cuando se manifiesta la ansiedad se activan unos mecanismos de defensa para hacerle frente y proteger al yo de la realidad, el ello y el superyó. Dijo que muchas veces estos mecanismos distorsionan inconscientemente la percepción de la realidad y pueden ser utilizados en exceso por la persona para evitar un problema. Por lo tanto, puede ser beneficioso comprender y destapar estos mecanismos de defensa para que el individuo pueda manejar su ansiedad de una manera más saludable.

¿Y cuál es el papel de Anna Freud en todo esto? Principalmente, identificó los mecanismos de defensa específicos que utiliza el yo para reducir la tensión. Son los siguientes:

- **Negación:** negarse a admitir o reconocer que algo está ocurriendo o ha ocurrido.
- **Desplazamiento:** manifestar los propios sentimientos y frustraciones hacia algo o alguien que es menos amenazante.
- **Intelectualización:** pensar en algo desde una perspectiva fría y objetiva para evitar centrarse en la parte estresante y emocional de la situación.
- **Proyección:** tomar los propios sentimientos incómodos y atribuirlos a otra persona para que parezca que es ella la que siente así en lugar de uno mismo.
- **Racionalización:** la persona justifica con argumentos creíbles, pero falsos, un determinado sentimiento o comportamiento, mientras evita el verdadero motivo.

- **Formación reactiva:** comportarse de la manera opuesta para ocultar los verdaderos sentimientos.
- **Regresión:** volver a un comportamiento infantil. Anna Freud afirmó que una persona manifestaría ciertos comportamientos sobre la base de la etapa de desarrollo psicosexual en la que se había quedado. Por ejemplo, un individuo atrapado en la etapa oral podría empezar a comer o fumar en exceso, o volverse más agresivo verbalmente.
- **Represión:** llevar al subconsciente pensamientos que nos hacen sentir incómodos.
- **Sublimación:** hacer que comportamientos inaceptables deriven en comportamientos más aceptables. Por ejemplo, una persona que siente rabia empieza a practicar boxeo para desahogarse. Freud creía que la sublimación era un signo de madurez.

EL PSICOANÁLISIS INFANTIL

Para crear una terapia que tuviese éxito con los niños, Anna Freud originalmente planeó usar el trabajo de su padre como guía, para poder establecer una cronología y determinar la tasa normal de crecimiento y desarrollo de los niños. De esta manera, en caso de faltar o estar retrasados ciertos desarrollos, como la higiene por ejemplo, el terapeuta podría identificar la causa de un trauma específico y a continuación podría aplicar la terapia conveniente para abordarlo.

Sin embargo, no tardó en darse cuenta de que había grandes diferencias entre los niños y los pacientes adultos que había atendido su padre, y tuvo que ir cambiando sus técnicas continuamente. Mientras que los pacientes de Sigmund Freud eran adultos autosuficientes, ella trataba con niños, para quienes los padres tenían un papel fundamental. Vio la importancia que tenían los padres desde el principio; un aspecto importante de la terapia infantil incluía que los progenitores asumieran un papel activo en el proceso. Por ejemplo, generalmente se informa a los padres de lo que sucede exactamente durante la terapia para que puedan aplicar las mismas técnicas en la vida diaria.

Anna Freud también vio lo útil que podía ser el juego en la terapia con los niños. Los niños podían utilizar el juego como un medio para adaptar su realidad o afrontar sus problemas, y les permitía hablar libremente durante la terapia. Ahora bien, aunque el juego puede ayudar a un terapeuta a identificar el trauma de un niño y tratarlo, no revela mucho de la mente inconsciente, porque, a diferencia de los adultos, los niños no han aprendido a ocultar y reprimir sucesos y emociones. Cuando un niño dice algo, ¡lo dice en serio!

Aunque pudo haber comenzado su carrera bajo la sombra de su padre, Anna Freud demostró ser también un activo increíblemente valioso para el campo de la psicología. Sus contribuciones al trabajo de su padre sobre los mecanismos de defensa y, lo más importante, la creación del psicoanálisis infantil siguen siendo extremadamente importantes e influyentes. Gran parte de lo que sabemos sobre la psicología infantil proviene de su trabajo.

LAWRENCE KOHLBERG

(1927-1987)

Dilemas morales

Lawrence Kohlberg nació en el seno de una familia adinerada en Bronxville (Nueva York) el 25 de octubre de 1927. Cuando llegó la Segunda Guerra Mundial, se alistó en la marina mercante, una decisión que resultó tener un gran impacto en él y, posteriormente, en el campo de la psicología.

Como marinero, Kohlberg trabajó en un carguero y ayudó a pasar de forma clandestina a refugiados judíos a través de un bloqueo británico ubicado en Palestina. Esta fue la primera vez que se interesó por el razonamiento moral; más adelante regresó a lo que actualmente es Israel para estudiar más acerca del razonamiento moral de los niños que crecían en kibutz (comunidades agrícolas de Israel basadas en principios colectivistas). Tras regresar de la guerra, estudió Psicología en la Universidad de Chicago. Kohlberg obtuvo una puntuación tan alta en las pruebas de admisión que no tuvo que hacer muchos de los cursos requeridos y obtuvo la licenciatura en un año. En 1958 se doctoró. En 1967, era profesor de Educación y Psicología Social en la Universidad de Harvard, y llegó a ser muy conocido y respetado por su teoría de las *etapas del desarrollo moral*.

En 1971, Kohlberg estaba trabajando en Belice cuando contrajo una infección parasitaria. Como consecuencia de la enfermedad, se pasó los siguientes dieciséis años de su vida luchando contra la depresión y un dolor constante y debilitante. El 19 de enero de 1987, solicitó ausentarse un día del hospital donde estaba recibiendo tratamiento. Acto seguido, se suicidó ahogándose en el puerto de Boston. Tenía cincuenta y nueve años.

LAS ETAPAS DEL DESARROLLO MORAL

La teoría de Kohlberg sobre las etapas del desarrollo moral era una modificación del trabajo realizado por el psicólogo suizo Jean Piaget. Mientras que Piaget describió el desarrollo moral como un proceso en dos etapas, Kohlberg identificó seis etapas dentro de tres niveles. Propuso que el desarrollo moral es un proceso que tiene lugar a lo largo de la vida de la persona. Con el fin de aislar y describir estas etapas, presentó una serie de dilemas morales difíciles a grupos de niños de distintas edades. Después los entrevistó para averiguar el razonamiento con el que justificaban cada una de sus decisiones y para ver cómo cambiaba el razonamiento moral con la edad.

El dilema de Heinz

Kohlberg les contó a los niños una historia sobre una mujer europea que está cerca de la muerte a causa de un tipo especial de cáncer. Los médicos creen que hay un fármaco que podría salvarla, una modalidad de radio descubierta recientemente por el farmacéutico de esa misma ciudad. Aunque es caro fabricar el medicamento, el farmacéutico está cobrando diez veces más de lo que cuesta fabricarlo; pagó doscientos dólares y está cobrando dos mil por una pequeña dosis. Heinz, el marido de la mujer enferma, intenta pedir prestado dinero a todos sus conocidos, pero solo consigue mil dólares, la mitad de lo que está cobrando el farmacéutico. Heinz le habla de su esposa moribunda y le pregunta si está dispuesto a venderle el medicamento a un precio más bajo o a permitir que le pague más tarde, pero el farmacéutico se niega, con el argumento de que descubrió el fármaco y quiere ganar dinero con él. Heinz, desesperado, irrumpe en la farmacia para robar el medicamento para su esposa. A continuación, Kohlberg plantea esta pregunta: «¿Debería haber hecho eso el marido?». Este es el dilema de Heinz.

Las respuestas a los dilemas no eran tan importantes para Kohlberg como los razonamientos que había detrás de las decisiones. Según sus investigaciones, las respuestas de los niños se podían clasificar en tres niveles y seis etapas.

Nivel 1: moralidad preconvencional

- **Etapa 1:** obediencia y castigo

  En esta etapa, los niños ven las reglas como absolutas. Obedecer las reglas significa evitar el castigo. Esta etapa del desarrollo moral es particularmente común en los niños más pequeños, aunque los adultos también pueden expresar este razonamiento.
- **Etapa 2:** individualismo e intercambio

  En esta etapa, los niños empiezan a tomar en consideración los puntos de vista individuales y juzgan las acciones en función de cómo satisfacen las necesidades de la persona. En el caso del dilema de Heinz, los niños argumentaron que la elección que mejor satisfacía las necesidades de Heinz era el mejor curso de acción.

Nivel 2: moralidad convencional

- **Etapa 3:** relaciones interpersonales

  En esta etapa, los niños se enfocan en estar a la altura de las expectativas establecidas por la sociedad o las personas cercanas a ellos. En otras palabras: es importante ser bueno y amable. Por esta razón, esta actitud también se conoce como la orientación del *buen chico o la buena chica*.
- **Etapa 4:** mantener el orden social

  En esta etapa, se toma en consideración la sociedad en su conjunto. Esto significa que se pone el acento en seguir las reglas para mantener la ley y el orden, incluso en situaciones extremas; se respeta la autoridad y se cumple con el deber con el que uno se ha comprometido.

Nivel 3: moralidad posconvencional

- **Etapa 5:** contrato social y derechos individuales
  En esta etapa se entiende que las personas tienen creencias, opiniones y valores diferentes y que, para mantener la cohesión social, las reglas de la ley deben basarse en unos criterios acordados.
- **Etapa 6:** principios universales
  La etapa final se basa en seguir los principios internos relativos a la justicia y la ética, aunque esto signifique ir en contra de lo que establecen las reglas y leyes.

Es importante señalar que Kohlberg creía que solo es posible pasar por estas etapas en el orden expuesto y que no todas las personas culminan el proceso.

CRÍTICAS A LAS ETAPAS DEL DESARROLLO MORAL

Aun siendo extremadamente importante e influyente, el modelo de Kohlberg ha recibido críticas. Se ha argumentado que su trabajo refleja un prejuicio favorable a los hombres (afirmó que la mayoría de los hombres se encuentran en la etapa 4 y la mayoría de las mujeres en la etapa 3), que existe una diferencia notable entre lo que una persona dice que debería hacer y lo que hace en realidad, y que se centró únicamente en la justicia, pero no tomó en consideración elementos como la compasión y la bondad. Incluso se ha cuestionado la forma en que Kohlberg realizó su experimento, ya que entrevistó a varios niños de distintas edades en lugar de entrevistar a los mismos niños durante un período de tiempo más largo. Sea como sea, el trabajo de Kohlberg sobre la moralidad sigue siendo increíblemente influyente, y las ideas que expuso se aplican habitualmente en el terreno de la educación y se utilizan para comprender el comportamiento de los niños.

STANLEY MILGRAM (1933-1984)

Un psicólogo realmente impactante

Stanley Milgram nació el 13 de agosto de 1933 en la ciudad de Nueva York en el seno de una familia judía. Su padre era un panadero húngaro y su madre, rumana, se hizo cargo de la panadería después de la muerte de su marido, en 1953. Milgram siempre había destacado en los estudios y participó activamente en las producciones teatrales de la escuela secundaria James Monroe, en la que estudió. Esta experiencia con el teatro dejó huella en él, pues le influyó a la hora de diseñar los experimentos de carácter realista por los que es especialmente conocido.

En 1953, tras graduarse en el Queens College (Nueva York) con una licenciatura en Ciencias Políticas, Milgram quiso matricularse en la Universidad de Harvard para cursar el doctorado en Psicología Social. Aunque al principio su solicitud fue rechazada por no contar con formación académica en el campo de la psicología, finalmente fue admitido en Harvard, en 1954, y obtuvo el doctorado en 1960.

A lo largo de su carrera, Milgram se centró en los problemas sociales. Entre 1959 y 1960 estudió con el psicólogo Solomon Asch, famoso por sus perturbadores experimentos centrados en la conformidad social. En 1961, dio inicio a su famoso estudio sobre la obediencia, que sigue siendo uno de los experimentos psicológicos más tremendos e influyentes jamás realizados.

En el otoño de 1960, trabajó como profesor asistente en la Universidad Yale, y entre 1963 y 1966 fue profesor asistente en el Departamento de Relaciones Sociales de Harvard. En 1967, pasó a ser profesor en Harvard; sin embargo, se le negó la titularidad, probablemente de resultas del controvertido experimento Milgram. Ese mismo año pasó a ser profesor titular en el Centro de Graduados de la Universidad de la Ciudad de Nueva York. El 20 de diciembre de 1984, sufrió un infarto y murió en Nueva York. Tenía cincuenta y un años.

EL ESTUDIO SOBRE LA OBEDIENCIA DE MILGRAM

Stanley Milgram es quizá más conocido gracias a su famoso, pero extremadamente controvertido, experimento sobre la obediencia. Estaba fascinado por el efecto que la autoridad tenía sobre la obediencia y creía que las personas casi siempre obedecerían las órdenes por el deseo de mostrarse colaboradoras o a causa del miedo, aunque esto implicase ir en contra de sus mejores criterios o deseos.

El encaje del experimento de Milgram en la historia

Milgram empezó su experimento sobre la obediencia en 1961. Poco antes, el mundo había quedado cautivado por el juicio al criminal de guerra nazi Adolf Eichmann, quien, entre otras cosas, fue acusado de ordenar la muerte de millones de judíos. En su defensa, Eichmann alegó que solo estaba cumpliendo órdenes.

Milgram realizó el experimento en la Universidad Yale. Para comenzar, reclutó a cuarenta hombres a través de anuncios en periódicos. A los participantes se les informó (falsamente) de que el estudio en el que iban a participar estaba centrado en la memoria y el aprendizaje. Se les dijo que una persona asumiría el rol de profesor y la otra el rol de alumno, y que estos roles se elegirían al azar. Cada participante tomó un papelito. Supuestamente, el azar iba a decidir los roles; en realidad, sin embargo, en todos los papelitos estaba escrita la palabra *profesor*. Los únicos «alumnos» eran actores que estaban compinchados con Milgram.

Experimento de Milgram

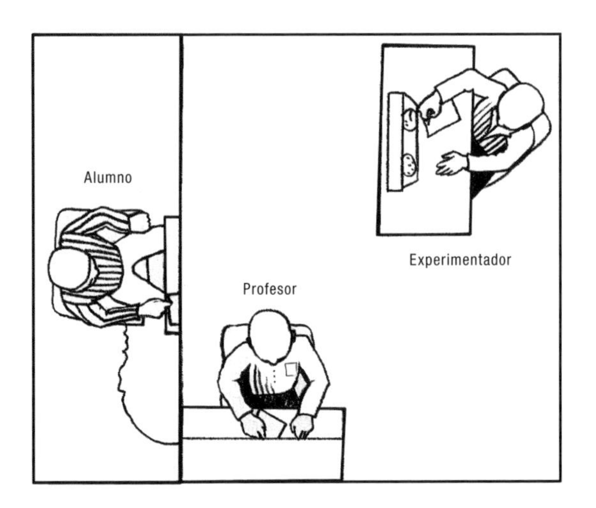

ESQUEMA VISUAL DEL EXPERIMENTO DE MILGRAM

1. Cada «profesor» participante se empareja con uno de los «alumnos» compinchados. El profesor observa mientras el alumno está atado a una silla y los ayudantes de laboratorio le colocan electrodos.
2. A continuación, el profesor es conducido a una habitación separada, donde aún puede comunicarse con el alumno, si bien no pueden verse el uno al otro. Se indica al profesor que se sitúe ante un «generador de descargas» que empieza con 30 voltios y va subiendo de intensidad, en incrementos de 15 voltios, hasta llegar a los 450. Hay estas etiquetas en los interruptores: «Moderado» para la franja de los 75 a los 120 voltios, «Fuerte» para el intervalo que va de los 135 a los 180 voltios, «Peligro: descarga intensa» para la franja de los 375 a los 420 voltios, y los dos niveles más altos están etiquetados como «XXX». El «generador de

descargas» no las produce en realidad, sino que emite un ruido cuando se pulsan los interruptores.

3. Se le dice al profesor que le enseñará pares de palabras al alumno, y que si este comete un error deberá castigarlo administrándole una descarga. Por cada error cometido, el profesor debe administrar una descarga 15 voltios más alta que la anterior. Para mostrar que el experimento es real, el profesor recibe una descarga de 15 voltios; es la única que se administra en el transcurso de toda la prueba.
4. Comienzan los emparejamientos de palabras, y llegado un punto el alumno empieza a cometer errores, que habían sido planificados. Con cada error, el profesor incrementa el voltaje de la descarga a la que somete al alumno. Cuando las descargas falsas alcanzan los 75 voltios, el alumno gruñe. A los 120 voltios, se queja de que las descargas son dolorosas. A los 150 voltios, grita que quiere ser liberado. A partir de ahí, el alumno suplica cada vez con mayor angustia a medida que la intensidad de las descargas va aumentando, y se queja de que padece una afección cardíaca.
5. Si en cualquier momento el profesor cuestiona el proceso, el experimentador le dice cosas como «por favor, continúe», «es absolutamente esencial que prosiga», «el experimento requiere que continúe» o «no tiene otra opción; debe seguir adelante».
6. A los 300 voltios, el alumno golpea las paredes y exclama que no puede soportar el dolor. A los 330 voltios, permanece en silencio. El experimentador le dice al profesor que la falta de respuesta es una respuesta incorrecta y que debe dar una descarga al alumno.
7. El experimento termina cuando se alcanza el nivel más alto en el generador de descargas.

LOS HALLAZGOS DE MILGRAM

Milgram pidió a un grupo de estudiantes de Yale que pronosticaran cuántas personas pensaban que administrarían el nivel máximo de descarga, y estimaron que tres de cada cien personas lo harían.

Sorprendentemente, Milgram se encontró con que el sesenta y cinco por ciento de los participantes del estudio administraron el nivel de descarga de 450 voltios. Aunque mostraron signos de lucha interna a través de gemidos, risas nerviosas y temblores, la mayoría obedecieron la solicitud del experimentador de continuar con el experimento. Cuando los entrevistó después de haber finalizado, Milgram les pidió que calificaran lo dolorosas que creían que habían sido las descargas, y la respuesta que dieron la gran mayoría fue «extremadamente dolorosas». Incluso se encontró con que los participantes, en un esfuerzo por justificar su comportamiento, minusvaloraron a los alumnos; dijeron que su estudiante era tan tonto que realmente se merecía las descargas. Milgram pudo demostrar que, en determinadas circunstancias, personas comunes consideradas «normales» son capaces de causar un dolor y un sufrimiento intensos. Explicó así un grado tan alto de obediencia:

- La obediencia aumentó debido a la presencia física de una figura de autoridad (el experimentador).
- Muchos participantes creyeron que el experimento era seguro porque estaba patrocinado por Yale.
- El proceso de selección de los profesores y los alumnos parecía aleatorio.
- Los participantes supusieron que el experimentador era un experto competente.
- Se les dijo a los participantes que las descargas eran dolorosas pero no peligrosas.

Cuestiones éticas

El estudio sobre la obediencia de Milgram generó duras críticas con respecto a la ética del procedimiento. A los sujetos involucrados en él se les hizo creer que estaban causando dolor a otra persona cuando, en realidad, estaban siendo engañados por actores que fingían sentir dolor. El experimento provocó un gran estrés a los sujetos, y el hecho de creer que estaban haciendo daño a un completo desconocido podría haberlos traumatizado.

EL EXPERIMENTO DEL MUNDO PEQUEÑO

A pesar de que es famoso, sobre todo, por su estudio sobre la obediencia, Milgram también participó en varios experimentos más inofensivos. ¿Alguna vez has oído hablar de los *seis grados de separación*? Si es así, es gracias a Stanley Milgram.

En la década de 1950, el politólogo Ithiel de Sola Pool y el matemático Manfred Kochen plantearon varias preguntas: ¿cuál era la probabilidad de que dos completos desconocidos tuvieran un amigo en común? En caso de no tenerlo, ¿cómo de larga debería ser la cadena para que llegaran a conocerse? Aproximadamente una década después, Milgram llevó a cabo un experimento conocido como *el experimento del mundo pequeño* con el objeto de responder estas preguntas.

Entregó trescientas cartas con instrucciones a personas residentes en Omaha (Nebraska) y Wichita (Kansas) y estableció un «objetivo» en Boston (Massachusetts). Las trescientas personas recibieron la instrucción de enviar la carta a un amigo que estuviera relativamente cerca del objetivo, y este amigo recibía las mismas instrucciones, con lo que se iba creando una cadena. Milgram recibía una postal con cada reenvío, que le permitió registrar la relación entre el remitente y el receptor. Realizó este experimento varias veces y se encontró con que en casi todos los casos, las cadenas tenían aproximadamente cinco o seis eslabones entre dos personas dadas.

Stanley Milgram aportó una visión de la humanidad, a veces aterradora, de formas que muchos nunca habían visto antes. Si bien su controvertido (y ahora clásico) estudio sobre la obediencia mostró el lado negativo de lo que un individuo es capaz de llegar a hacer, su experimento del mundo pequeño pudo mostrar la interconectividad y cercanía que hay entre las personas. Hasta el día de hoy, su trabajo continúa siendo increíblemente influyente y extremadamente importante, y él está firmemente asentado como uno de los psicólogos de referencia de la historia de la psicología y la experimentación.

ALFRED ADLER (1870-1937)

Todo tiene que ver con el individuo

Alfred Adler nació el 7 de febrero de 1870 en Viena (Austria) en el seno de la familia de un comerciante de granos judío. Padeció raquitismo a corta edad, debido al cual no aprendió a caminar hasta los cuatro años. A los cinco, contrajo una neumonía que casi acaba con su vida. Sus experiencias tempranas con la enfermedad hicieron que se interesara por la medicina y le impulsaron a hacerse médico.

Una vez finalizados los estudios, trabajó como oftalmólogo y después como médico generalista. Instaló su consulta en la parte de Viena donde habitaban las clases bajas. Al otro lado de la calle había un parque de atracciones y un circo. En consecuencia, la mayoría de los pacientes que acudían a él eran artistas de circo. Al estudiar los aspectos fuertes y débiles inusuales propios de estos artistas, Adler empezó a elaborar su teoría de la inferioridad de los órganos, en la que postuló que una persona que tenga un defecto específico de carácter físico experimentará sentimientos de insuficiencia o inferioridad debido a esta desventaja e intentará compensarlo. Más tarde, este enfoque tuvo un gran impacto en algunos de los trabajos más importantes que realizó en el campo de la psicología.

Con el tiempo, Adler comenzó a alejarse de la oftalmología para dirigirse hacia la psicología. En 1907, lo invitaron a unirse a los grupos de debate dirigidos por Sigmund Freud. Esos encuentros acabaron por dar lugar a la Sociedad Psicoanalítica de Viena, y Sigmund Freud nombró a Adler presidente y coeditor del boletín de la organización.

A pesar de su condición de presidente, Adler expresó sus desacuerdos con varias de las teorías de Freud. Finalmente, tuvo lugar un debate entre los partidarios de Freud y los partidarios de Adler, y este último, junto con otros nueve miembros, abandonó la Sociedad Psicoanalítica de Viena. Crearon la Sociedad para el Psicoanálisis Libre en 1911, que un año más tarde se convertiría en la Sociedad para la Psicología Individual.

Aunque Adler jugó un papel importante en el desarrollo del psicoanálisis con Freud, fue uno de los primeros en romper con esta escuela de pensamiento y crear la suya propia, a la que llamó *psicología individual*. Una de las ideas más influyentes que surgió de ella fue la noción del complejo de inferioridad, según la cual la personalidad y el comportamiento son el resultado del trabajo, por parte del individuo, destinado a superar un sentimiento de inferioridad inherente.

Cuando estalló la Primera Guerra Mundial, Adler trabajó como médico en el frente ruso y luego en un hospital infantil. Durante la Segunda Guerra Mundial, a pesar de que se había convertido al cristianismo, los nazis cerraron sus clínicas debido a su ascendencia judía; entonces emigró a los Estados Unidos, donde aceptó un puesto de profesor en el Long Island College of Medicine. El 28 de mayo de 1937, durante una gira de conferencias, Alfred Adler sufrió un ataque cardíaco y murió. Sin embargo, sus contribuciones al campo perduraron hasta mucho después de su repentina muerte y contribuyeron en gran medida a moldear el pensamiento psicológico de los cincuenta años siguientes.

LA PSICOLOGÍA INDIVIDUAL

Mientras que Freud creía que había factores biológicos universales que hacían que las personas se comportaran de cierta manera, Adler opinaba que la base de los comportamientos eran las experiencias del individuo y factores ambientales y sociales. La personalidad era determinada por la confrontación de fuerzas de los ámbitos del amor, la vocación y la sociedad.

Esencialmente, Adler creía que cada persona era única y que ninguna de las teorías anteriores podía aplicarse a cada individuo. Es por esta razón por lo que llamó a su teoría *psicología individual*. Su teoría es extremadamente compleja, porque cubre una amplia gama de temas psicológicos; sin embargo, el principio central de la psicología individual es extremadamente simple, porque está basado en una idea: la lucha por el éxito o la superioridad.

LA LUCHA POR EL ÉXITO Y LA SUPERIORIDAD

Adler creía firmemente que las fuerzas impulsoras que había detrás de los actos de los individuos eran el deseo de obtener una ganancia personal, el cual llamó *superioridad*, y el deseo de lograr un beneficio para la comunidad, el cual llamó *éxito*. Como todos nacemos con un cuerpo pequeño, delicado e inferior, desarrollamos una sensación de inferioridad, que intentamos superar. Aquellos que luchan por la superioridad se preocupan poco por los demás y solo se centran en el beneficio personal; por lo tanto, tienen una psicología malsana. Por otra parte, quienes luchan por el éxito lo hacen por toda la humanidad sin perder su identidad y, por lo tanto, tienen una psicología saludable.

Definiciones clínicas

- **COMPLEJO DE INFERIORIDAD:** sentimiento de inferioridad total o parcialmente inconsciente, o sentimientos de falta de valía. La compensación excesiva de estos sentimientos puede dar lugar a síntomas de neurosis.
- **COMPLEJO DE SUPERIORIDAD:** reprimir sentimientos existentes en un intento por superar un complejo de inferioridad.

Según Adler, los rasgos de personalidad de un individuo dado derivan de estos factores externos:

1. **Compensación:** cuando una persona sufre una desventaja, se encuentra en una posición de inferioridad respecto a los demás y tiene como objetivo poner fin a esa desventaja. Quienes son capaces de hacerlo tienen éxito a escala individual y social.
2. **Renuncia:** tiene lugar cuando las personas se rinden frente a sus desventajas y se conforman con ellas. Este es el caso con la mayoría de los individuos.
3. **Sobrecompensación:** se produce cuando una persona se obsesiona con la idea de compensar sus debilidades o desventajas y se excede en la búsqueda de la lucha por el éxito. Adler indicó que estos individuos son neuróticos.

Alfred Adler presentó al mundo ideas drásticamente diferentes a las de Sigmund Freud al enfocarse en la singularidad del individuo, en lugar de centrarse solamente en un conjunto de factores biológicos universales. Diferenciándose de Freud y sus contemporáneos, ofreció una visión competitiva del desarrollo psicológico, especialmente en los niños, y estableció unos principios que todavía hoy se consideran fundamentales en las interpretaciones modernas de la psicología.

TEORÍAS BÁSICAS SOBRE LOS GRUPOS

Qué ocurre cuando la gente se junta

Aunque no nos demos cuenta, los grupos tienen un efecto muy poderoso y drástico en el comportamiento humano. Todos los individuos actúan de manera diferente cuando están cerca de otras personas que cuando están solos.

LA FACILITACIÓN SOCIAL

La teoría más básica con respecto a la psicología social es que cuando una persona está sola, se siente más relajada y no le preocupa la impresión que podría causar su comportamiento. Basta con añadir a una persona más a la ecuación para que los comportamientos cambien y el individuo se vuelva más consciente de lo que sucede a su alrededor. ¿Cuál es la repercusión? Los estudios han demostrado que una persona dada podrá realizar mejor tareas sencillas o bien aprendidas si hay alguien cerca. Sin embargo, si se intenta hacer algo nuevo o difícil habiendo otra persona cerca, el nivel de la ejecución disminuirá. Este fenómeno se conoce como *facilitación social*: debido a la presencia de otras personas, nos esforzamos más, y el nivel de nuestra ejecución se reduce cuando abordamos tareas nuevas o difíciles.

Tomemos el baloncesto como ejemplo. Si estás comenzando a aprender este deporte, te sentirás más relajado practicando solo que con otras personas cerca, porque la presencia de otros te hará sentir cohibido y cometerás más errores. Sin embargo, si eres un jugador de baloncesto profesional, ya dominas este deporte, y la presencia de otras personas hará que te desempeñes mejor; te esforzarás por demostrar tus habilidades.

LA TOMA DE DECISIONES GRUPAL

Cuando los grupos toman decisiones, suele ocurrir una de dos cosas: se produce el denominado *pensamiento grupal* o acontece la denominada *polarización grupal*.

El pensamiento grupal

Cuando un grupo está de acuerdo en la mayoría de los temas, se tiende a acallar cualquier disentimiento. El grupo anticipa la armonía. Si todos están de acuerdo y están contentos, no encontrarán útil escuchar argumentos que se opongan a su parecer. El pensamiento grupal puede ser desastroso, porque conduce a no escuchar ni identificar todos los aspectos de una cuestión y puede desembocar en decisiones impulsivas. Ejemplos de pensamiento grupal que acaban mal son los disturbios de masas y las turbas de linchamiento. Para combatir el pensamiento grupal, se debe fomentar la verdadera disensión.

La polarización grupal

La polarización grupal arraiga cuando empiezan a generarse posiciones extremas en el seno de un grupo que son alimentadas por el grupo y no se habrían producido si cualquiera de los individuos hubiera permanecido solo. Por ejemplo, al comienzo de un proceso de toma de decisiones, quizá los miembros del grupo se oponían solo ligeramente a algo. Sin embargo, al final del debate conjunto, todo el grupo se opone drásticamente a eso y la oposición ha alcanzado un grado extremo. Para reducir la polarización grupal, debe evitarse la homogeneidad.

EL EFECTO ESPECTADOR

El *efecto espectador* es probablemente el fenómeno más trágico que se produce dentro de los grupos. Se ha constatado que cuanto mayor es un grupo, más se reduce el impulso interno de ayudar a otras personas necesitadas. Aunque este fenómeno es similar a la *pereza social*, el efecto espectador se produce porque los individuos se vuelven seguidores y solo ayudarán a alguien si ven que otra persona presta su ayuda en primer lugar. Hay que subrayar que este fenómeno es estrictamente grupal; si solo están presentes una persona y la víctima, esa persona generalmente ayudará a la víctima.

Uno de los ejemplos más famosos del efecto espectador

El 13 de marzo de 1964, a las 3:20 de la madrugada, Catherine «Kitty» Genovese, de veintiocho años, estaba regresando a casa del trabajo y un hombre se le acercó en la entrada de su apartamento. El hombre la atacó y apuñaló. Genovese pidió ayuda en repetidas ocasiones, pero ni uno solo de los cerca de cuarenta testigos oculares que oyeron sus gritos de ayuda y vieron cómo se desarrollaban los acontecimientos llamó a la policía. Todos creyeron que alguna otra persona lo estaba haciendo. Nadie avisó a la policía hasta las 3:50 de la madrugada.

REGLAS EN CUANTO A LOS GRUPOS

Sea cual sea el tipo de grupo del que se trate, ya sea una banda, amigos, una reunión de trabajo, un equipo deportivo, etc., todos los grupos tienen en común unos procesos psicológicos similares y siguen ciertas reglas.

1. **Pueden crearse grupos a partir de casi nada:** los grupos contribuyen a nuestro sentido de identidad; por eso, es algo innato en los seres humanos querer formar y construir grupos.

2. **Por lo general, existe algún tipo de rito de iniciación:** si alguien se une a un grupo ya existente, generalmente debe pasar por algún tipo de rito de iniciación, que puede ser de tipo intelectual, monetario o físico, o estar basado en experiencias similares. Los grupos quieren poner a prueba a las personas que ingresan en ellos y desean que vean como algo valioso el hecho de pertenecer al grupo.
3. **Los grupos inducen conformidad:** los grupos tienen ciertas normas que son seguidas por los miembros, las cuales pueden doblegar el comportamiento de un individuo y hacerlo actuar en contra de su sentido común. (Uno de los mejores ejemplos al respecto lo proporcionan los experimentos de Solomon Asch sobre la conformidad; puedes leer sobre ellos en este mismo libro).
4. **Hay que aprender las normas del grupo:** si uno de los miembros del grupo rompe las reglas establecidas por este, los otros miembros se asegurarán de hacérselo saber.
5. **Las personas asumen roles dentro de los grupos:** aunque hay reglas a las que deben atenerse todos los miembros de un grupo, los individuos también empezarán a asumir roles específicos y seguirán un conjunto de reglas asociadas a esos roles.
6. **La mayoría de las veces, los líderes emergen en el grupo poco a poco:** aunque se pueden nombrar e imponer líderes, la mayoría de las veces surgen al adecuarse al grupo, tras lo cual se ganan la confianza de los demás; esto hace que se sientan más seguros de sí mismos y con el tiempo los demás acaban por seguirlos.
7. **Los grupos fomentan un mejor desempeño:** la presencia de otras personas puede hacer que un individuo se desempeñe mejor. Es más probable que ocurra esto cuando las tareas que realiza son distintas de las que ejecutan otras personas y, así, se le puede juzgar por sus propios méritos.
8. **Habrá rumores y la mayoría de las veces serán ciertos:** en 1985, un estudio llevado a cabo en un entorno laboral reveló que el

ochenta por ciento del tiempo que el personal dedicaba a hablar lo hacía para comentar rumores y chismes, y que el ochenta por ciento de esa información era cierta, un porcentaje asombroso. Otros estudios han mostrado resultados muy similares.

9. **Los grupos fomentan la competencia:** las personas que están en grupos pueden sospechar de las pertenecientes a grupos rivales y desconfiar de ellas. Este hecho promueve las actitudes del tipo «nosotros contra ellos», e incluso si se piensa que un individuo de un grupo rival tiene un talante cooperativo, el grupo en su conjunto se considera poco fiable o malo.

Los grupos juegan un papel increíblemente importante en la vida diaria y tienen un gran impacto en las decisiones que tomamos. Un grupo puede ser de muchos tipos, desde una reunión de compañeros de trabajo responsables de tomar decisiones financieras importantes hasta un grupo de amigos que están decidiendo dónde les gustaría tomar su próxima comida. La mera presencia de otras personas tiene un efecto notable en nuestro comportamiento. Un grupo puede surgir de la nada y hacer que algunos individuos se desempeñen mejor, motivar que otros elijan no hacer nada y generar roles y normas que los miembros del grupo deberán seguir.

PHILIP ZIMBARDO

(1933 - PRESENTE)

El hombre que creó una cárcel

Philip Zimbardo nació el 23 de marzo de 1933 en la ciudad de Nueva York. En 1954 se licenció en el Brooklyn College, donde se especializó en Psicología, Sociología y Antropología. Luego asistió a la Universidad Yale, donde realizó un máster en Psicología en 1955 y su doctorado en Psicología en 1959.

Después de dar clase por poco tiempo en Yale, ejerció como profesor de Psicología en la Universidad de Nueva York hasta 1967. A continuación dio clases durante un año en la Universidad de Columbia, y en 1968 pasó a ser miembro del cuerpo docente de la facultad de la Universidad de Stanford, donde permaneció hasta el momento de su jubilación, en 2003 (aunque impartió su última conferencia en 2007). Fue en la Universidad de Stanford donde realizó su trabajo más importante e influyente: el experimento de la cárcel de Stanford, en 1971.

Aunque Zimbardo es conocido sobre todo por el experimento que acabo de mencionar, también ha realizado investigaciones sobre el heroísmo, la timidez y el comportamiento de culto, y ha publicado más de cincuenta libros. Fue elegido presidente de la Asociación Estadounidense de Psicología en 2002 y es el fundador del Heroic Imagination Project ('proyecto de imaginación heroica'). Este proyecto tiene como objetivo inspirar el comportamiento heroico y alcanzar la comprensión de qué hace que algunas personas cometan actos inicuos mientras que otras realizan actos heroicos.

EL EXPERIMENTO DE LA CÁRCEL DE STANFORD

En 1971, Philip Zimbardo diseñó un experimento destinado a comprender el comportamiento abusivo dentro del sistema penitenciario y cómo las situaciones pueden afectar al comportamiento humano. Planteó la cuestión de qué pasaría si los individuos se viesen despojados de su dignidad e individualidad. El resultado fue el horrible experimento de la cárcel de Stanford, uno de los más reveladores que se han llevado a cabo en el campo de la psicología.

Zimbardo y su equipo transformaron el sótano del Departamento de Psicología de la Universidad de Stanford en algo similar a una cárcel. Puso anuncios en los periódicos locales para reclutar sujetos; ofreció quince dólares diarios por participar en un estudio de dos semanas. Se entrevistó a los solicitantes y se eligió a veinticuatro sujetos masculinos que, por lo que se determinó, gozaban de buena salud emocional y mental; la mayoría eran de clase media y blancos. Los veinticuatro hombres fueron divididos en dos grupos de forma aleatoria; doce serían celadores y los otros doce prisioneros. Zimbardo actuaría como director de la cárcel.

Vestidos para la ocasión

Los celadores vestirían uniformes de estilo militar y llevarían gafas de sol (para evitar el contacto visual), y cada uno tendría una porra de madera; así quedaría claro cuál era su estatus. Los prisioneros llevarían puesto un gorro de lana y una bata incómoda, no llevarían ropa interior y solo se les permitiría identificarse a través del número que se les había asignado, no dando su nombre. También llevarían una pequeña cadena atada a una pierna como recordatorio de que eran presos. Dentro de las celdas solo tendrían un colchón y se les servirían comidas sencillas.

Antes de que comenzara el experimento, se les dijo a los prisioneros que regresaran a su casa y esperaran más instrucciones. Una vez allí, sin previo aviso, las casas de los «prisioneros» fueron asaltadas por agentes de la Policía local (que habían accedido a contribuir al experimento) y cada uno de los sujetos fue acusado de robo a mano armada. A continuación se les leyeron los derechos, se les tomaron las huellas dactilares y fotos para la ficha policial, y fueron desnudados, registrados, despiojados y llevados a las celdas de la «cárcel», donde pasarían las próximas dos semanas. Se metió a tres presos en cada celda, donde iban a permanecer tanto de día como de noche. Sin embargo, los celadores no tenían que permanecer ahí al llegar el final de su turno y podían administrar la cárcel como quisieran, si bien no debían infligir castigos físicos.

LOS RESULTADOS

Hubo que poner fin al experimento de la cárcel de Stanford al sexto día. Al segundo día, los prisioneros de la celda 1 usaron sus colchones para bloquear la puerta. Celadores de varios turnos se ofrecieron a trabajar para reprimir el motín y utilizaron extintores contra los prisioneros.

A continuación, los celadores decidieron disponer una «celda de privilegio», en la que los prisioneros que no habían participado en el motín recibirían alguna recompensa especial, como una comida de mejor calidad. Sin embargo, los presos de la «celda de privilegio» se negaron a tomar esa comida y se solidarizaron con sus compañeros de cárcel.

Cuando el estudio llevaba apenas treinta y seis horas en marcha, un prisionero, el número 8612, comenzó a gritar salvajemente y a maldecir, y perdió tanto el control que Zimbardo no vio otra opción que liberarlo.

Los celadores empezaron a castigar a los presos haciéndoles repetir los números que les habían asignado, obligándolos a hacer ejercicio y confiscando sus colchones para que no tuvieran más remedio que dormir sobre el duro y frío cemento. Convirtieron el uso del baño en un privilegio y con frecuencia no dejaban que los presos accedieran a él; en lugar de ello, les daban un balde para que lo usaran en la celda. También hicieron que los prisioneros limpiaran el baño con las manos desnudas. Y con el fin de humillarlos aún más, obligaron a algunos a desnudarse completamente.

Un tercio de los celadores mostraron tendencias sádicas, e incluso el propio Zimbardo se vio inmerso en su rol de carcelero. Al cuarto día empezó a circular el rumor de que el preso que había sido liberado volvería para liberar a los presos restantes. Zimbardo y los celadores trasladaron la cárcel a otro piso y Zimbardo esperó en el sótano por si el preso regresaba; en este caso, le diría que el experimento había finalizado antes de lo previsto. Sin embargo, el prisionero nunca apareció, y la cárcel se volvió a instalar en el sótano.

Cuando se introdujo a un nuevo preso, se le dio la instrucción de que iniciara una huelga de hambre en respuesta al trato que estaban recibiendo sus compañeros de cárcel. Estos, en lugar de verlo como una víctima, lo vieron como un alborotador. Los celadores pusieron al nuevo preso en régimen de aislamiento y dieron una opción al resto de los presos: si entregaban sus mantas, sacarían al hombre de su confinamiento. Todos excepto uno decidieron conservar sus mantas.

Sorprendentemente, ninguno de los reclusos quiso irse antes de tiempo, incluso cuando les dijeron que no les darían el dinero acordado por participar. Zimbardo concluyó que los presos habían interiorizado y adoptado sus roles. Se habían institucionalizado.

Cuando el experimento iba por el sexto día, llevaron a una estudiante de posgrado para que entrevistara a los prisioneros y celadores, y lo que vio la consternó absolutamente. A partir de esta perspectiva externa, Zimbardo puso fin al experimento. Señaló que, entre cincuenta visitantes, ella fue la única persona que cuestionó la ética del experimento.

El experimento de la cárcel de Stanford es uno de los experimentos psicológicos más importantes y controvertidos que jamás se hayan realizado. Hoy en día no se podría reproducir, porque no cumple con muchos de los criterios establecidos en el Código de Ética actual de la Asociación Estadounidense de Psicología. En cualquier caso, Zimbardo demostró que la situación en la que se encuentra una persona puede influir en su comportamiento, y hay numerosos ejemplos del mundo real que lo han demostrado también, como los abusos a los que fueron sometidos muchos prisioneros de Abu Ghraib, en Irak.

SOLOMON ASCH (1907-1996)

El poder de la influencia social

Solomon Asch nació el 14 de septiembre de 1907 en Varsovia (Polonia) en el seno de una familia judía. Cuando tenía trece años, su familia se mudó a los Estados Unidos y se instaló en Manhattan. Asch se licenció en el College de la Ciudad de Nueva York en 1928. A continuación asistió a la Universidad de Columbia, donde estudió con Max Wertheimer y realizó un máster en 1930 y el doctorado en 1932. Seguidamente pasó a ejercer como profesor de Psicología en el Swarthmore College, donde permaneció durante diecinueve años y trabajó con Wolfgang Köhler, psicólogo de la Gestalt.

En la década de 1950, fue objeto de mucha atención por sus investigaciones sobre psicología social y su innovadora serie de experimentos conocidos como *experimentos de conformidad con el grupo de Asch*. Estos le hicieron adquirir relevancia en el campo académico y permitieron establecer varias teorías, aún vigentes, sobre la influencia social.

Entre 1966 y 1972, fue el director del Instituto de Estudios Cognitivos de la Universidad Rutgers. Fue profesor emérito de Psicología en la Universidad de Pensilvania a partir de 1979 y profesor de Psicología en esta misma institución entre 1972 y 1979.

Solomon Asch murió el 20 de febrero de 1996, con ochenta y ocho años.

Experimentos de conformidad con el grupo de Asch

En 1951, Solomon Asch diseñó un experimento destinado a comprender cómo las presiones sociales de una mayoría podían hacer que un individuo se adaptara. Los experimentos de conformidad con el grupo de Asch se cuentan entre los experimentos más famosos realizados en el campo de la psicología, y son increíblemente fáciles de reproducir.

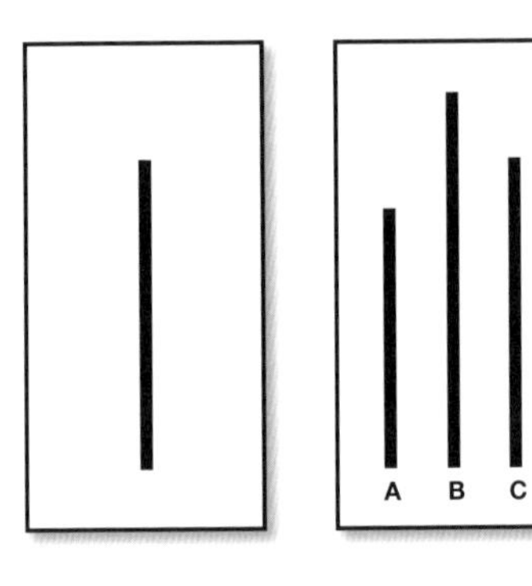

TARJETAS DE MUESTRA DE LOS EXPERIMENTOS DE CONFORMIDAD CON EL GRUPO DE ASCH

1. Reúne entre seis y ocho personas para el estudio. Todas menos una estarán compinchadas, pero no lo dirán al sujeto sometido a prueba. A ojos de este, todos los participantes estarán en su misma situación.
2. Se harán dieciocho preguntas visuales sencillas; la respuesta siempre debe ser obvia. Todos los participantes responderán cada pregunta en presencia de los demás.
3. Haz que los participantes se sienten formando una fila, de tal manera que el sujeto sometido a prueba se siente al final y sea el último o el penúltimo en dar su respuesta.
4. Enseña a los participantes una tarjeta que muestre una raya, similar a la tarjeta de la izquierda que puede verse más arriba. A continuación enséñales una tarjeta como la de la derecha, que muestra tres rayas etiquetadas como A, B y C.
5. Indica a cada persona que diga en voz alta cuál de las tres rayas (la A, la B o la C) es más similar a la raya de la izquierda.
6. Las dos primeras respuestas deben ser correctas, para que el sujeto sometido a prueba se sienta cómodo.
7. A partir de la tercera respuesta, todos los cómplices deben comenzar a dar la misma respuesta incorrecta.

8. Las personas compinchadas deben dar la misma respuesta incorrecta a doce de las dieciocho preguntas. Estas doce son las *preguntas críticas*.
9. El objetivo de este experimento es ver si el sujeto de prueba empieza a dar la misma respuesta que el resto del grupo aunque esta sea incorrecta.

LOS RESULTADOS

Sorprendentemente, Asch se encontró con que, a lo largo de las dieciocho preguntas, el setenta y cinco por ciento de los participantes dieron al menos una vez la misma respuesta claramente incorrecta que había dado la mayoría del grupo. Tras examinar todos los datos, concluyó que el treinta y dos por ciento de los participantes se ajustaron al criterio mayoritario. Para asegurarse de que percibieran correctamente la longitud de las rayas, les pidió que escribieran cuáles pensaban que eran las coincidencias correctas, y acertaron el noventa y ocho por ciento de las veces. Este porcentaje de acierto fue mayor que el que tuvieron en el otro contexto porque la presión de estar en un grupo ya no era un problema.

Asch también observó cómo afectaba a la conformidad el número de personas presentes. Cuando solo había otra persona con el sujeto sometido a prueba, esta circunstancia prácticamente no tenía ningún impacto en las respuestas ofrecidas por este último. Cuando había otras dos personas presentes, se producía un efecto pequeño. Sin embargo, cuando había tres o más personas aliadas, los resultados eran mucho más significativos.

Cuando era más difícil establecer la comparación entre las rayas porque su longitud era muy similar, Asch descubrió que la conformidad aumentaba. Esto demuestra que cuando las personas no están seguras de algo, es más probable que recurran a otros individuos en busca de confirmación. Cuanto más difícil es la tarea, mayor es la probabilidad de que se dé la conformidad.

Asch también encontró que si un solo cómplice daba la respuesta correcta mientras que el resto de los aliados decían la incorrecta, la conformidad era drásticamente menor; en estos casos, solo la manifestaban entre el cinco y el diez por ciento de los sujetos de prueba. Este dato muestra que el apoyo social puede jugar un papel clave contra la conformidad.

REFLEXIONES SOBRE LA CONFORMIDAD

Cuando hubo concluido el experimento, se preguntó a los sujetos sometidos a prueba por qué se habían pronunciado en el mismo sentido que el resto del grupo. La gran mayoría comentaron que sabían que la respuesta era incorrecta, pero no quisieron arriesgarse a quedar en ridículo. Otros comentaron que realmente creyeron que lo que estaba diciendo el grupo era correcto.

¿Qué nos dice el experimento de Asch sobre la conformidad? Pues que esta se produce por dos razones principales: o por el deseo de encajar (lo cual se conoce como *influencia normativa*) o debido a la *influencia informativa*, que consiste en que la persona cree que el grupo está sin duda mejor informado o domina más el tema. Ambos tipos de influencia pueden tener un gran impacto en las personas que se encuentran dentro de un entorno grupal. Si bien muchos psicólogos podían haber sospechado que la dinámica grupal podía influir en la percepción individual, no fue hasta que Asch llevó a cabo su famoso experimento cuando el mundo finalmente advirtió en qué medida podía la presión externa alterar la percepción.

JOHN B. WATSON (1878-1958)

Fundador del conductismo

John Broadus Watson nació el 9 de enero de 1878 en Carolina del Sur. Su padre dejó la familia cuando él solo tenía trece años, lo cual lo obligó a crecer en una granja en medio de la pobreza y la soledad. Watson afirmó que era un estudiante pobre e indisciplinado de niño y que parecía destinado a llevar una vida marcada por la irreflexión y la violencia, como su padre. Sin embargo, a los dieciséis años entró en la Universidad Furman.

Watson se graduó cinco años después y se fue a la Universidad de Chicago para obtener el doctorado en Psicología y Filosofía. En 1903 había dejado la filosofía y se doctoró en Psicología. En 1908 empezó a impartir clases en la Universidad Johns Hopkins como profesor de Psicología Experimental y Comparativa.

En esa época, ya estaba empezando a conformar ideas sobre lo que más tarde sería una rama completamente nueva de la psicología: el conductismo. Inspirado por el trabajo de Iván Pávlov, se puso a estudiar fisiología, biología, el comportamiento animal y el comportamiento de los niños. Watson creía que los niños actuaban sobre la base de los mismos principios que regían la conducta de los animales, si bien eran seres más complicados. Llegó a la conclusión de que todo animal era una máquina muy compleja que respondía a las situaciones a partir de su «cableado», es decir, las vías nerviosas que habían sido condicionadas a través de la experiencia.

En 1913, Watson impartió una conferencia en la Universidad de Columbia titulada «La psicología desde el punto de vista del conductista». En ella, abogó por someter a una revisión extrema los métodos de investigación del campo de la psicología; defendió que se abandonase la introspección en favor del estudio del comportamiento y que este fuese evaluado independientemente de la conciencia. Instó a que en el campo de la psicología no se efectuasen distinciones entre el comportamiento animal y el humano y a que la psicología fuese una ciencia objetiva, natural, en la que se pudiesen desarrollar principios que permitiesen no solo predecir el comportamiento, sino también controlarlo. Además, desechó la idea de que un factor significativo del comportamiento era la herencia, y mostró su desacuerdo con las ideas estructurales de Sigmund Freud. Esa conferencia fue publicada un poco más adelante, ese mismo año, como artículo en la revista *Psychological Review*, y se llegaría a conocer como el «manifiesto del conductismo».

Watson trabajó en la Universidad Johns Hopkins hasta 1920, año en que le pidieron que dimitiera a causa del romance que estaba manteniendo con su compañera de investigación. En 1924, con todo su caudal de conocimientos sobre el comportamiento y la psicología humanos, entró en el campo de la publicidad y llegó a ser el vicepresidente de J. Walter Thompson, una de las mayores agencias de publicidad de los Estados Unidos.

En los cinco últimos años de su vida, Watson vivió recluido en una granja de Connecticut, y la relación con sus hijos, que ya no era buena, empeoró. Poco antes de morir, quemó muchas de sus cartas y de sus documentos no publicados. Murió el 25 de septiembre de 1958.

El conductismo

El conductismo postula que la persona es un ser pasivo que solo responde a los estímulos ambientales a través del condicionamiento, tanto el clásico como el operante. En esencia, un individuo es una tabla rasa y su comportamiento es el resultado de reforzamientos positivos o negativos. Como el comportamiento se puede observar, es mucho más fácil recoger y cuantificar datos. Aunque el conductismo ya no disfruta de la popularidad de la que gozó a mediados del siglo XX, su influencia aún es manifiesta en métodos de crianza de los hijos, métodos de enseñanza, el adiestramiento de animales y el cambio de hábitos en personas dañinas o inadaptadas.

EL EXPERIMENTO DEL PEQUEÑO ALBERT

John B. Watson se interesó mucho por el experimento de Iván Pávlov centrado en los perros y el condicionamiento, y quiso ver si podía llevar el condicionamiento conductista un paso más allá y condicionar, por medio del condicionamiento clásico, las reacciones emocionales de las personas.

El sujeto del experimento fue un bebé de casi nueve meses a quien Watson llamó Albert B., aunque actualmente es mucho más conocido como *pequeño Albert*. Watson y su ayudante de investigación, Rosalie Raynor (la persona con la que tendría una aventura), expusieron al bebé a una diversidad de estímulos y grabaron sus reacciones. Los estímulos fueron un conejo, un mono, un ratón blanco, periódicos en llamas y máscaras. Al principio, el bebé no mostró absolutamente ningún miedo frente a ninguno de los estímulos.

La siguiente vez que Watson expuso al bebé al ratón blanco, golpeó una tubería de metal al mismo tiempo con un martillo, lo cual generó un ruido extremadamente fuerte. El bebé rompió a llorar a causa del ruido. Watson repitió el mismo acto (es decir, volvió a asociar ambos estímulos) y al final el bebé empezó a llorar solo con ver el ratón blanco, sin que el ruido estuviese presente.

- El estímulo neutro fue el ratón blanco.
- El estímulo incondicionado fue el ruido fuerte generado por el golpe de martillo sobre la tubería.

- La respuesta incondicionada fue el miedo.
- El estímulo condicionado fue el ratón blanco.
- La respuesta condicionada fue el miedo.

Como Pávlov, Watson había mostrado que era posible provocar una respuesta condicionada a un estímulo neutro, si bien en el caso de Watson la respuesta condicionada tenía lugar en un humano y era emocional, no meramente fisiológica. Además, advirtió una reacción nueva de miedo en el pequeño Albert, que manifestaba ante todos los objetos blancos; este fenómeno sería conocido como *generalización del estímulo*.

Por ejemplo, a partir del condicionamiento, el bebé del experimento del pequeño Albert no solo pasó a estar asustado al ver el ratón blanco sino también objetos blancos de distinta naturaleza, desde un abrigo de piel blanco hasta la barba de Papá Noel.

Definición clínica

GENERALIZACIÓN DEL ESTÍMULO: un sujeto responde a estímulos que son similares al estímulo condicionado original pero no idénticos a este.

CRÍTICAS AL EXPERIMENTO

Aunque el experimento de Watson del pequeño Albert marcó un hito en el campo de la psicología, ha sido criticado por varios motivos. Las reacciones del bebé no se evaluaron objetivamente sino que solo se recogieron las interpretaciones subjetivas de Watson y Raynor. Además, el experimento plantea muchas cuestiones de tipo ético. Si hoy en día alguien quisiese llevar a cabo ese mismo experimento, la Asociación

Estadounidense de Psicología no lo consideraría ético, porque evoca miedo en una persona, y esta circunstancia solo es ética si la persona accede a participar en el estudio sabiendo de antemano que se la asustará a propósito. En cualquier caso, los psicólogos conductistas pudieron extraer muchas conclusiones importantes de la labor de Watson y de los resultados del experimento del pequeño Albert, que no han dejado de modelar el campo de la psicología.

HERMANN RORSCHACH

(1884-1922)

La personalidad a través de las manchas de tinta

Hermann Rorschach nació el 8 de noviembre de 1884 en Zúrich (Suiza) y fue el primogénito de un artista fracasado que se ganaba la vida como profesor de arte. Ya de pequeño se sentía fascinado por las manchas de tinta (probablemente como consecuencia de las actividades artísticas de su padre y su propia pasión por el arte) y en la escuela secundaria fue conocido por el apodo Klex, que literalmente significaba 'mancha de tinta'. Su madre murió cuando él tenía doce años, y su padre, cuando tenía dieciocho.

Tras completar los estudios en la escuela secundaria, en la que se graduó con honores, Rorschach se matriculó en la universidad para hacerse médico. En 1912 se licenció en la Universidad de Zúrich y empezó a trabajar en varias instituciones mentales.

En 1911, mientras se estaba formando en la universidad mencionada, llevó a cabo experimentos con escolares en los que usó manchas de tinta para ver si los niños con mayor talento artístico eran también más imaginativos a la hora de interpretar dichas manchas. Estos experimentos tuvieron un impacto determinante no solo en los estudios de Rorschach, sino también en todo el campo de la psicología. Si bien no fue el primero en incorporar las manchas de tinta en su trabajo, su experimento sí constituyó la primera ocasión en que estas se usaron de forma significativa en el contexto de un enfoque analítico. Los resultados del experimento se perdieron, pero durante los diez años siguientes Rorschach realizó investigaciones con el fin de crear un método sistemático que condujese a descubrir rasgos de la personalidad a través de las manchas de tinta, exclusivamente.

Como trabajaba en un hospital psiquiátrico, podía acceder fácilmente a los pacientes; además, obtuvo información de personas estables y saludables desde el punto de vista mental y emocional. Así, pudo crear una prueba sistemática basada en manchas de tinta que permitía analizar a un individuo y llegar a conclusiones significativas sobre los rasgos de su personalidad.

En 1921, presentó su trabajo con la publicación de su libro, *Psychodiagnostik* [Psicodiagnóstico]. En esta obra, también trata el tema de sus propias teorías de la personalidad. Uno de los principales argumentos que expone es que todos los seres humanos tienen, mezcladas, una personalidad introvertida y una personalidad extrovertida; es decir, están motivados tanto por influencias internas como externas. Rorschach creía que la prueba de las manchas de tinta permitía evaluar la cantidad relativa de estos rasgos de personalidad, lo cual podía ayudar a poner de manifiesto cualquier anormalidad o fortaleza mental.

Cuando su libro salió a la luz, la comunidad psiquiátrica lo ignoró en gran medida, ya que la creencia más extendida en esos tiempos era que la personalidad no se podía medir ni dilucidar mediante pruebas. Pero en 1922 los psiquiatras empezaron a ver la utilidad del test de Rorschach, y este habló de mejorarlo en un encuentro de la Sociedad Psicoanalítica. El día 1 de abril de 1922, cuando llevaba una semana sufriendo dolores abdominales, fue ingresado en un hospital aquejado de apendicitis. Murió al día siguiente. Solo tenía treinta y siete años y nunca llegó a ser testigo del éxito de su prueba basada en las manchas de tinta.

LAS MANCHAS DE TINTA DE RORSCHACH

El test de Rorschach está compuesto por diez manchas de tinta en total: cinco están hechas con tinta negra, dos con tinta roja y negra, y tres con múltiples colores. El psicólogo debe presentar cada mancha (cada una está impresa en una lámina) en un orden muy específico y preguntarle al paciente qué podría ser eso. Una vez que el paciente ha visto todas las manchas y ha manifestado su parecer, el psicólogo se las vuelve a mostrar, una tras otra. El paciente debe decir todo lo que ve, dónde lo ve y qué hay en la mancha que le haga decir eso. Las láminas con las manchas pueden manipularse de cualquier manera; por ejemplo, se las puede hacer girar, inclinar o invertir. El psicólogo debe grabar todo lo que diga y haga el paciente, y registrar el tiempo que tarda en dar cada una de las respuestas. Después, las respuestas son analizadas y puntuadas. Se genera un resumen de los datos arrojados por la prueba a través de una serie de cálculos matemáticos y son interpretados utilizando datos empíricos.

Si la persona no reacciona al principio o no parece capaz de describir la lámina que está mirando, esto puede significar que tiene un bloqueo en el área representada por la lámina, o que esta hace referencia a un asunto que la persona no quiere afrontar en ese momento.

Lámina 1

La primera lámina solo contiene tinta negra. Como esta es la primera lámina que verá la persona, puede proporcionar información acerca de cómo aborda las tareas nuevas y estresantes. Quienes miran esta lámina suelen ver en ella un murciélago, una polilla, una mariposa o la cara de algún tipo de animal, como un elefante o un conejo. Esta lámina suele reflejar a la persona.

- Si bien un murciélago puede significar algo inmundo o demoníaco para algunos individuos, para otros puede significar transitar por la oscuridad y renacer.
- Las mariposas pueden simbolizar la transición, la transformación y la capacidad de crecer, cambiar y superar obstáculos.
- Las polillas pueden representar sentirse ignorado o feo; también las propias debilidades y enojos.

- La cara de un animal, especialmente la de un elefante, puede representar las formas en que afrontamos los problemas y el miedo a mirar nuestro mundo interior. También puede indicar lo evidente que es ignorado o pasa inadvertido (el elefante en la habitación) y los comentarios sobre un asunto por el que se está pasando de puntillas.

Lámina 2

Esta lámina contiene tinta roja y negra, y suele apreciarse que su carácter es sexual. Las partes rojas suelen interpretarse como sangre, y la forma en que responde la persona puede reflejar cómo gestiona los sentimientos, el daño físico o la ira. La gente suele ver en esta lámina a alguien rezando, dos personas, una persona mirándose en el espejo o animales de cuatro patas como un perro, un oso o un elefante.

- Ver dos personas puede indicar codependencia, obsesión por el sexo, sentimientos ambivalentes sobre el sexo, o la tendencia a enfocarse en los vínculos y las relaciones.
- Ver una persona que está mirando su reflejo en un espejo puede representar ensimismamiento o introspección. Puede ser un rasgo negativo o positivo, según los sentimientos del individuo.
- Ver un perro puede representar un amigo afectuoso y leal. Si el individuo lo percibe como algo negativo, ello puede ser indicativo de la necesidad de afrontar los propios miedos y de reconocer sentimientos más profundos.
- Ver un elefante puede indicar reflexión, memoria e inteligencia, pero también una percepción negativa del propio físico.
- Ver un oso puede ser indicativo de agresividad, rivalidad, independencia y resurrección; o, en un juego de palabras, puede significar

'desnudo',[*] lo cual puede hacer referencia a sentimientos de vulnerabilidad o desprotección, o a que uno siente que es alguien sincero y honesto.
- Esta lámina es extremadamente sexual, por lo que ver una persona rezando puede representar las creencias del individuo relativas al sexo en el contexto de su religión. La sangre también puede indicar que la persona asocia el dolor físico con la religión, que acude a la oración cuando está experimentando emociones difíciles como la ira o que asocia la ira con la religión.

Lámina 3

Esta lámina contiene tinta roja y negra, como la anterior, y representa la forma en que el individuo se relaciona con los demás en las interacciones sociales. Respuestas habituales a esta lámina son ver dos personas, una persona mirándose al espejo, una mariposa o una polilla.

- Ver dos individuos que están comiendo juntos indica que la vida social de la persona es rica. Ver que dos individuos se están lavando las manos puede expresar inseguridad, la sensación de no estar limpio o pensamientos paranoicos. Ver dos individuos que participan en algún tipo de juego puede indicar una visión competitiva de las relaciones sociales.
- Ver una persona que mira su reflejo en un espejo puede representar ensimismamiento, ser ajeno a los demás o no verlos como son.

Lámina 4

La cuarta lámina se conoce a menudo como la «lámina del padre». Está compuesta de tinta negra y presenta sombreado. Esta

* N. del T.: *Oso* es *bear* en inglés; cambiando el orden de las letras obtenemos *bare*, palabra que se pronuncia de forma prácticamente idéntica a la anterior y que significa, entre otras cosas, 'desnudo'.

mancha de tinta está relacionada con los sentimientos de la persona hacia la autoridad y su educación, y se la suele ver como una figura grande y a veces intimidante o aterradora, más a menudo masculina que femenina. Son respuestas habituales ver un animal grande o un monstruo, o la piel de un animal.

- Ver un animal grande o un monstruo puede representar sentimientos de inferioridad hacia la autoridad o un miedo importante a figuras de autoridad, incluida la figura del padre.
- Ver la piel de un animal puede indicar una gran incomodidad cuando se trata el tema del padre. En el otro extremo, puede ser indicativo de que el individuo tiene pocos problemas con la autoridad y la inferioridad.

Lámina 5

Esta lámina contiene tinta negra y, como la primera, nos refleja. Normalmente no se considera amenazadora, y así como las láminas anteriores eran más difíciles de interpretar, esta debería ser relativamente fácil y dar lugar a una respuesta de calidad. Si la respuesta no es similar a la que se dio para la primera lámina, ello es indicativo de que las láminas 2 a 4 han influido en la interpretación, posiblemente. Respuestas habituales para esta lámina son un murciélago, una mariposa o una polilla.

Lámina 6

La mancha de esta lámina está hecha con tinta negra, y su característica dominante es su textura. Esta lámina está asociada con la cercanía interpersonal, razón por la cual es conocida como la «lámina del sexo». La respuesta más habitual es que representa la piel de un animal, lo cual puede ser indicativo de resistencia a la cercanía, con el consiguiente sentimiento de vacío personal y desconexión.

Lámina 7

Esta lámina contiene tinta negra y suele estar ligada a la feminidad. Se la conoce como la «carta de la madre» porque muchas personas ven mujeres y niños. Si el individuo tiene dificultades para dar una respuesta, ello puede deberse a que tiene problemas con figuras femeninas presentes en su vida. En esta mancha suelen percibirse cabezas o caras de mujeres o niños, y besos.

- Ver cabezas de mujeres indica sentimientos asociados con la visión que uno tiene de su propia madre. Estos sentimientos también influyen en cómo ve la persona a las mujeres en general.
- Ver cabezas de niños indica sentimientos asociados con la infancia y la necesidad de cuidar del niño interior. También puede ser indicativo de que la persona necesita examinar y sanar la relación que tiene con su madre.
- Ver cabezas que están a punto de besarse expresa el deseo de afecto por parte de una figura materna y de reconectar con esta figura. Ello puede indicar que una vez hubo una relación cercana con la madre que actualmente se está buscando en otras relaciones, de tipo romántico o social.

Lámina 8

Esta lámina es extremadamente colorida y contiene tinta gris, rosa, naranja y azul. No solo es la primera lámina multicolor, sino que, además, es extremadamente compleja. Si esta lámina o el cambio a una mayor complejidad hace que la persona se sienta incómoda, puede ser que tenga dificultades para procesar las situaciones complejas o los estímulos emocionales. Es habitual que en esta mancha se perciban animales de cuatro patas, una mariposa o una polilla.

Lámina 9

Esta lámina contiene tinta verde, rosa y naranja. La mancha se caracteriza por su vaguedad y por lo extremadamente difícil que es decir lo que puede representar. Por este motivo, esta lámina explora lo bien o mal que lidia la persona con la falta de estructura y la vaguedad. Interpretaciones habituales son que la mancha representa una forma humana genérica o algún tipo de forma maligna indeterminada.

- Si se ve un ser humano, los sentimientos que evoca al individuo pueden representar cómo lidia este con el tiempo y la información desestructurados.
- Ver una figura maligna puede representar que la persona necesita de la estructura en su vida para sentirse a gusto y que no tolera bien la vaguedad.

Lámina 10

La última lámina del test de Rorschach es la más colorida; contiene tinta naranja, amarilla, rosa, verde, gris y azul. Desde el punto de vista estructural, se parece a la lámina 8, pero su complejidad es similar a la de la lámina 9. Muchas personas encuentran que esta lámina es agradable, pero aquellas a las que no les gusta la complejidad de la lámina 9 pueden experimentar la misma impresión con la 10, lo cual puede ser indicativo de dificultades para lidiar con estímulos similares, sincrónicos o coincidentes. En esta mancha suele verse un cangrejo, una langosta, una araña, una cabeza de conejo, serpientes u orugas.

- Ver un cangrejo puede representar la tendencia a aferrarse a cosas o personas, o perseverancia.
- Ver una langosta puede ser indicativo de fuerza, perseverancia y la capacidad de lidiar con pequeños problemas. La langosta también

puede representar miedo a hacerse daño a uno mismo o a que te hagan daño.

- Ver una araña puede indicar miedo, la sensación de encontrarse en una situación difícil o la impresión de estar atrapado en una situación incómoda como resultado de decir mentiras. También puede representar una madre autoritaria y el poder femenino.
- Ver la cabeza de un conejo puede indicar fertilidad y una actitud positiva.
- Las serpientes pueden representar peligro, sentirse engañado o miedo a lo desconocido. Las serpientes también pueden ser consideradas un símbolo fálico y pueden tener que ver con el sexo inaceptable o prohibido.
- Como esta lámina es la última del test, ver orugas representa espacio para el crecimiento y la comprensión de que uno se está reinventando y está evolucionando constantemente.

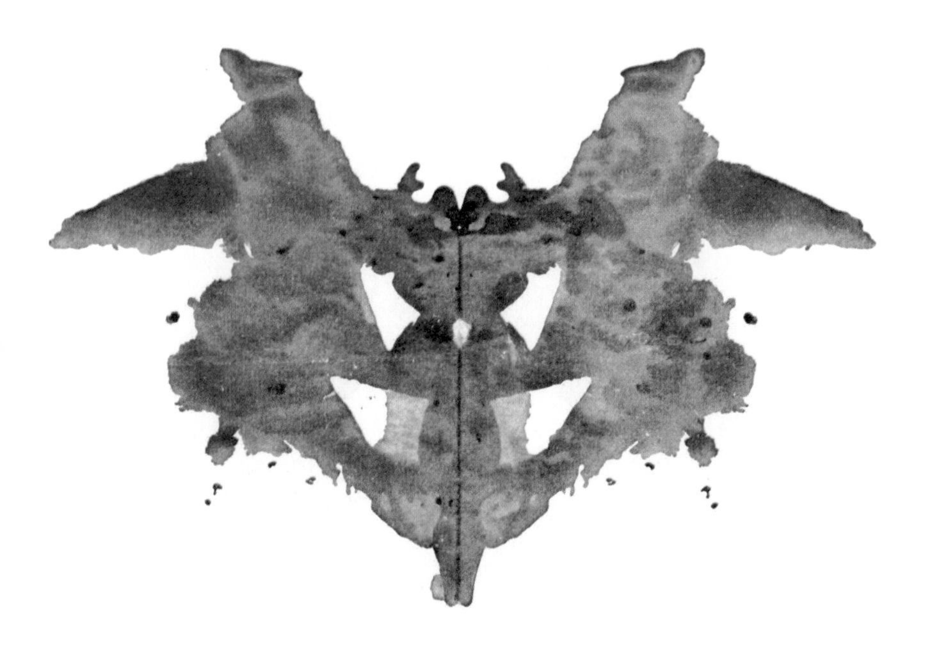

PRIMERA MANCHA DE RORSCHACH

SEGUNDA MANCHA DE RORSCHACH

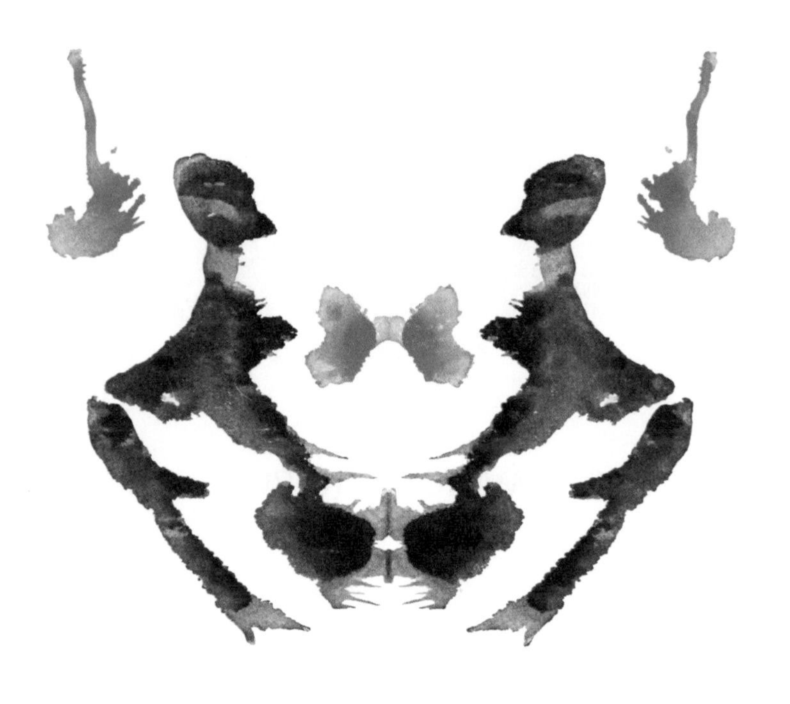

TERCERA MANCHA DE RORSCHACH

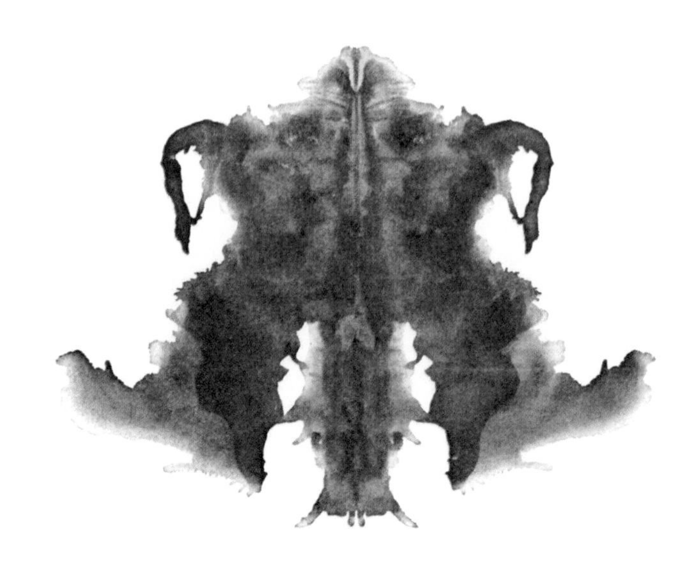

CUARTA MANCHA DE RORSCHACH

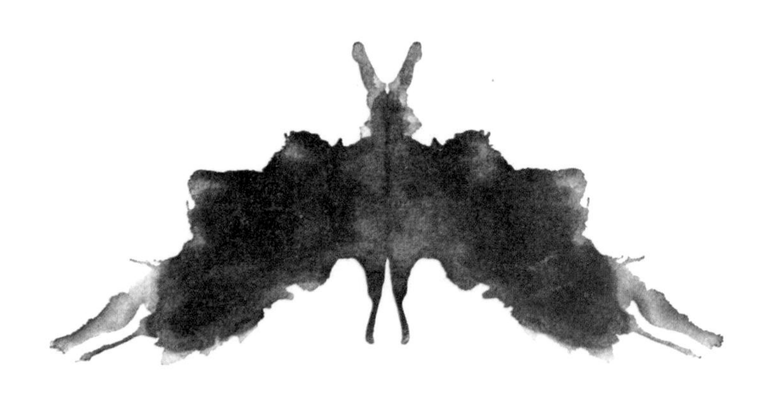

QUINTA MANCHA DE RORSCHACH

SEXTA MANCHA DE RORSCHACH

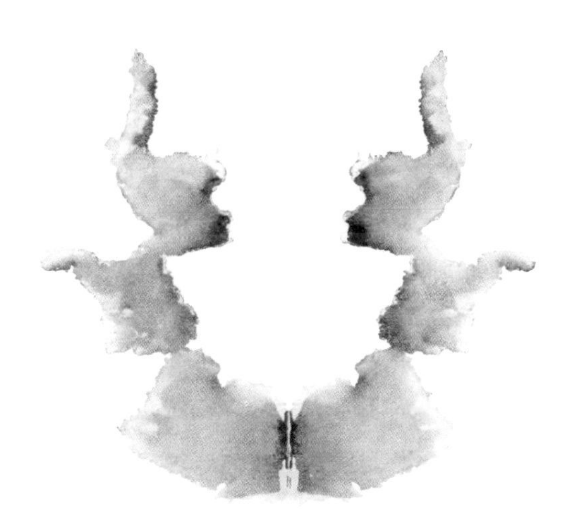

SÉPTIMA MANCHA DE RORSCHACH

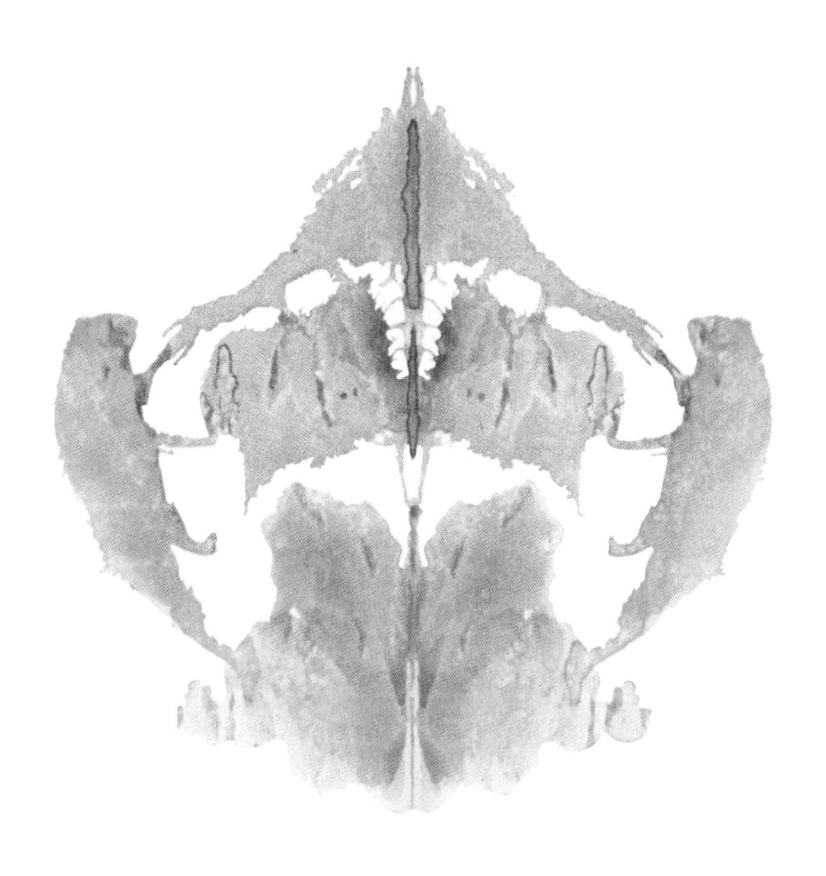

OCTAVA MANCHA DE RORSCHACH

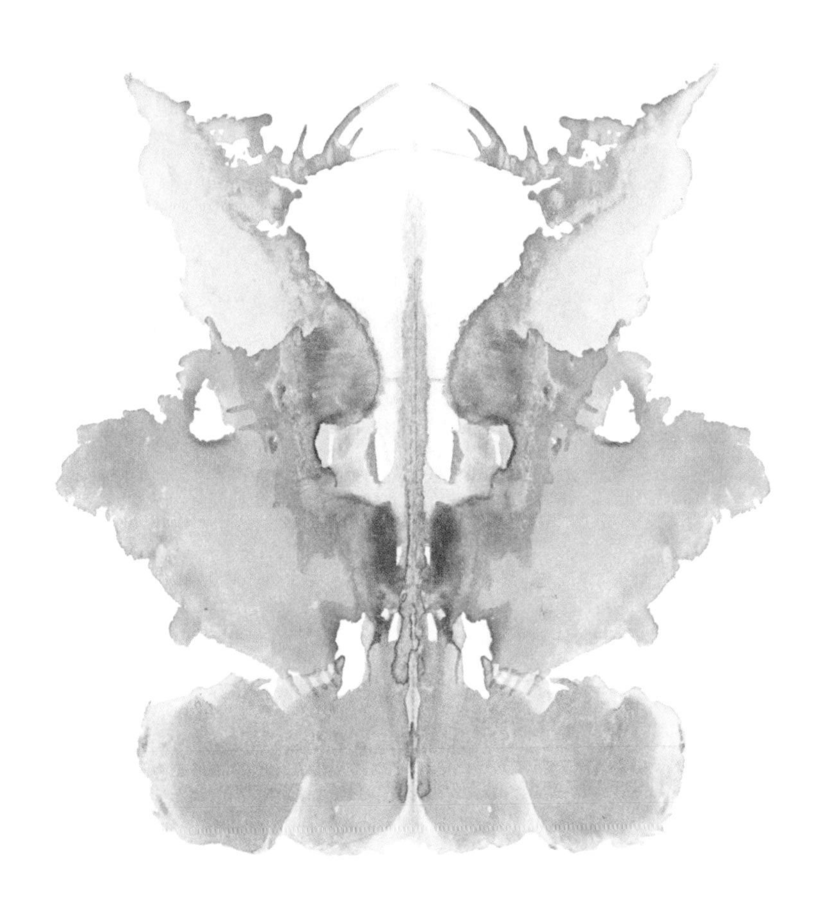

NOVENA MANCHA DE RORSCHACH

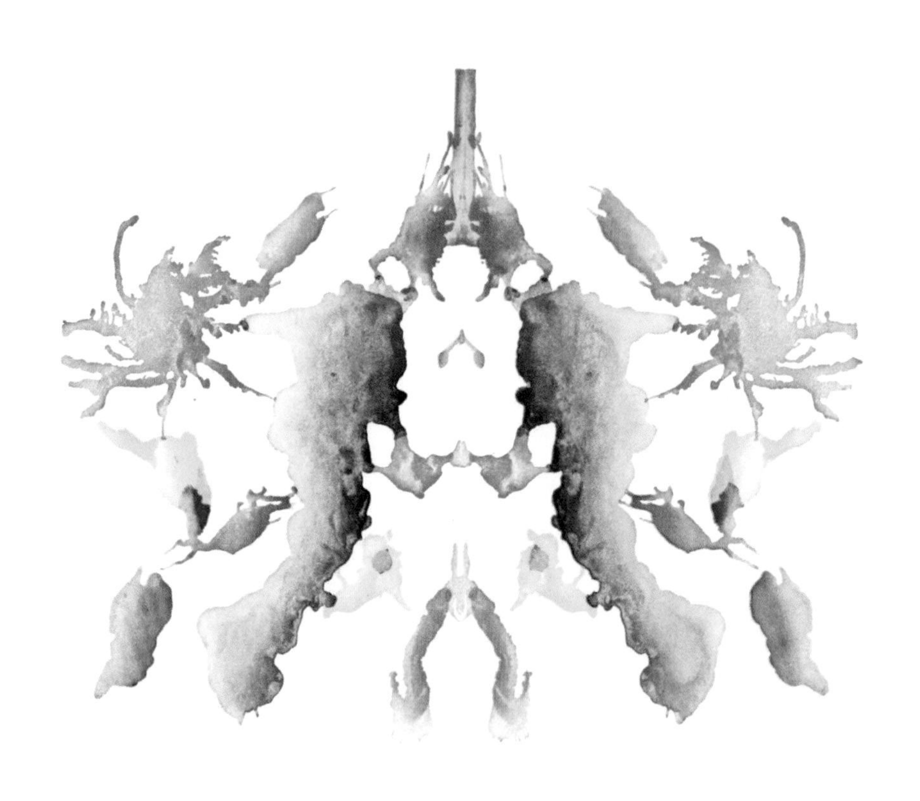

DÉCIMA MANCHA DE RORSCHACH

LA PERCEPCIÓN VISUAL

Cómo vemos lo que vemos

Los seres humanos reciben información a través de los órganos sensoriales, entre ellos los oídos, la nariz y los ojos. Estos órganos forman parte de sistemas sensoriales mayores que reciben información y la mandan al cerebro. En el ámbito de la percepción visual, los psicólogos intentan averiguar cómo la información transmitida desde los órganos sensoriales establece la base de la percepción. En otras palabras: los psicólogos intentan explicar, por ejemplo, por qué percibes una silla cuando la luz llega a tus ojos o por qué, cuando llega a ti una onda sonora, percibes ese sonido de cierta manera. Aún no hay consenso entre los psicólogos en cuanto a la medida en que la percepción se basa en la información que se encuentra en el estímulo. Las dos principales teorías sobre cómo procesamos la información son el *procesamiento de arriba abajo* y el *procesamiento de abajo arriba*; ambas cuentan con apasionados defensores dentro de la comunidad psicológica.

EL PROCESAMIENTO DE ARRIBA ABAJO

En 1970, el psicólogo Richard Gregory afirmó que la percepción era constructiva, y que cuando una persona mira algo empieza a efectuar hipótesis perceptivas al respecto a partir de los conocimientos de los que dispone, las cuales suelen ser acertadas. El procesamiento de arriba abajo se basa en el reconocimiento de patrones y en el uso de información contextual. Por ejemplo, si estás tratando de leer algo escrito por alguien que tiene una mala caligrafía, te costará más entender una determinada palabra que toda una frase, porque el significado de las otras palabras contribuirá a tu comprensión al proporcionar un contexto.

Gregory estimó que alrededor del noventa por ciento de la información que llega al ojo se pierde antes de llegar al cerebro. Entonces el cerebro acude a experiencias del pasado para construir una percepción de la realidad. La percepción implica ir comprobando muchas hipótesis para que la información presentada por los órganos sensoriales pueda estar dotada de lógica. Cuando los receptores sensoriales obtienen información del entorno, esta información se combina con información del entorno que ha sido previamente almacenada a partir de experiencias del pasado.

EL CUBO DE NECKER

El cubo de Necker es usado para justificar y apoyar la hipótesis del procesamiento de arriba abajo mostrando que las hipótesis incorrectas dan lugar a errores de percepción, como las ilusiones visuales.

Si miras fijamente los vértices del cubo, advertirás que su orientación parece cambiar. Este patrón físico es inestable y da lugar a dos percepciones.

Los partidarios del procesamiento de arriba abajo afirman que la razón por la que se producen dos percepciones es que el cerebro ha desarrollado dos hipótesis que son igualmente plausibles a partir de la información sensorial y las experiencias previas, y que no puede decidir entre las dos.

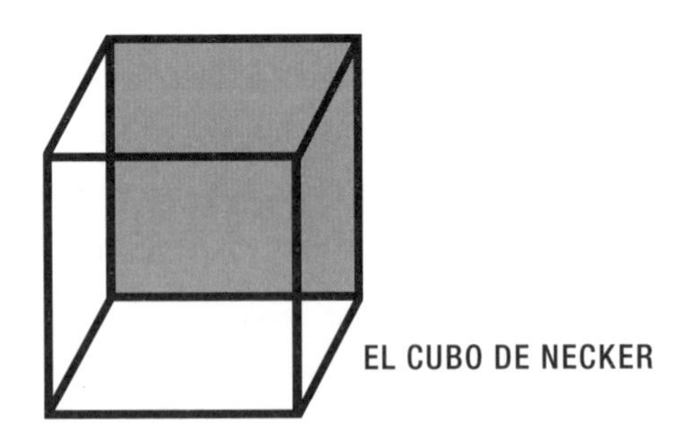

EL CUBO DE NECKER

EL PROCESAMIENTO DE ABAJO ARRIBA

No todos los psicólogos creen que el procesamiento de arriba abajo ofrezca la interpretación correcta de los estímulos visuales. El psicólogo James Gibson no está de acuerdo con que estemos verificando hipótesis continuamente; afirma que la percepción es más directa. Según él, podemos interpretar el mundo muy directamente, ya que hay información suficiente en nuestro entorno. En el procesamiento de abajo arriba de Gibson, no tiene lugar ninguna interpretación ni procesamiento de la información recibida, porque esta información ya es lo bastante detallada. En apoyo de este argumento, podemos pensar en el escenario siguiente: estamos sentados en un tren que va a gran velocidad, y a medida que avanza, los objetos más cercanos pasan más rápido que los que están más alejados. Podemos apreciar que los objetos lejanos se encuentran a cierta distancia por la velocidad relativa con la que «pasan». En el procesamiento de abajo arriba (o procesamiento a partir de los datos) la percepción empieza con el estímulo en sí y es analizada en una sola dirección: desde una interpretación simple de la información sensorial tal como se presenta hacia análisis cada vez más complejos.

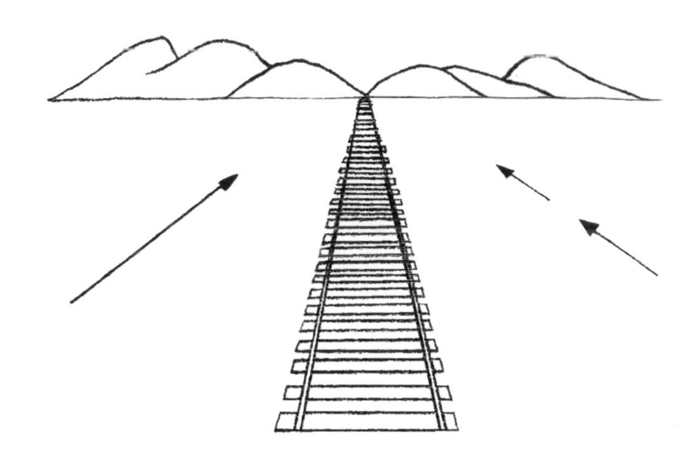

VISIÓN DESDE LA COLA DE UN TREN

Después de trabajar con pilotos sobre el tema de la percepción de la profundidad durante la Segunda Guerra Mundial, Gibson llegó a la conclusión de que la percepción de las superficies era más importante que la percepción de la profundidad o el espacio, porque las superficies tienen características que permiten distinguir unos objetos de otros. También afirmó que, en parte, la percepción consiste en comprender la función de un objeto (en saber, por ejemplo, si uno puede sentarse en él, si puede ser arrojado o si puede llevarlo consigo).

Mientras estuvo trabajando en la aviación, Gibson descubrió algo que denominó *patrones de flujo óptico*. Cuando un piloto se aproxima a una pista de aterrizaje, el punto hacia el que se mueve parece quieto mientras el entorno visual parece alejarse de ese punto. Gibson afirmó que los patrones de flujo óptico pueden dar a los pilotos información inequívoca en cuanto a la velocidad, la dirección y la altitud. Gracias al concepto de patrones de flujo óptico, Gibson fue capaz de elaborar una descripción más completa, en tres partes, de su teoría del procesamiento de abajo arriba.

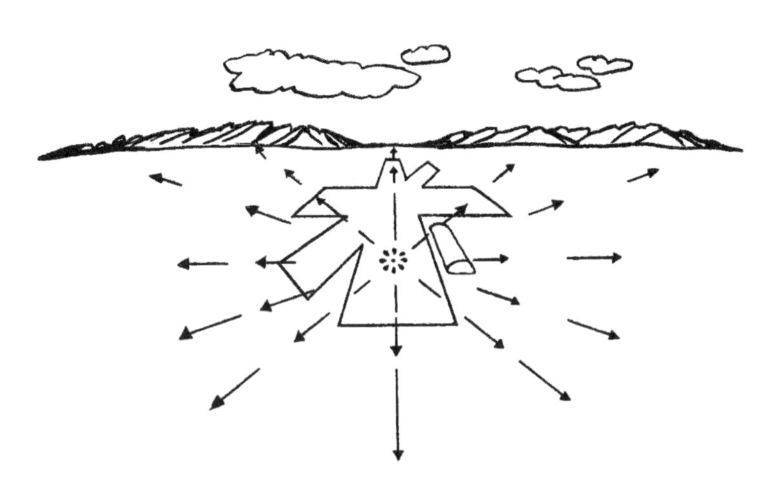

EL FENÓMENO ÓPTICO QUE ORIENTA EN EL ATERRIZAJE

Patrones de flujo óptico

- Si no hay cambios ni flujo en el conjunto óptico, el observador permanece estático. Si hay cambios o flujo, el observador se está desplazando.
- El flujo o bien proviene de un punto específico, o bien avanza hacia un punto específico. El observador puede decir en qué dirección se está desplazando basándose en el centro del movimiento; si el flujo avanza hacia ese punto, el observador se está alejando de él, pero si el flujo sale de ese punto, el observador se está desplazando hacia él.

Invariantes

Cada vez que movemos los ojos o la cabeza, o que caminamos, van entrando y saliendo objetos de nuestro campo visual. Por esta razón, es poco habitual que mantengamos una visión estancada de los objetos o las escenas.

- Mientras nos aproximamos a un objeto, la textura se expande, y mientras nos alejamos de un objeto, la textura se contrae.
- Como el flujo de la textura acontece del mismo modo siempre que nos desplazamos, es un ejemplo de invariante. Así, nos proporciona información sobre el entorno y es esencial para la percepción de la profundidad.
- La textura y la perspectiva lineal son dos buenos ejemplos de invariantes.

Ofrecimientos estimulares

Los ofrecimientos estimulares son señales ambientales que apoyan la percepción y proporcionan significado. Gibson no creía que la memoria a largo plazo proporcionara significados, sino que la utilidad potencial de un objeto se podía percibir directamente. Por ejemplo, una silla proporciona la oportunidad de sentarse y una escalera de mano la de subir o bajar por ella. Estos son algunos ofrecimientos estimulares importantes:

- **Matriz óptica:** los patrones de luz procedentes del entorno que llegan al ojo.
- **Brillo relativo:** los objetos que presentan una imagen más nítida y brillante se perciben como más cercanos.
- **Tamaño relativo:** a medida que un objeto se aleja, la imagen que ve el ojo se percibe más pequeña, y los objetos que presentan una imagen más pequeña se ven como más lejanos.

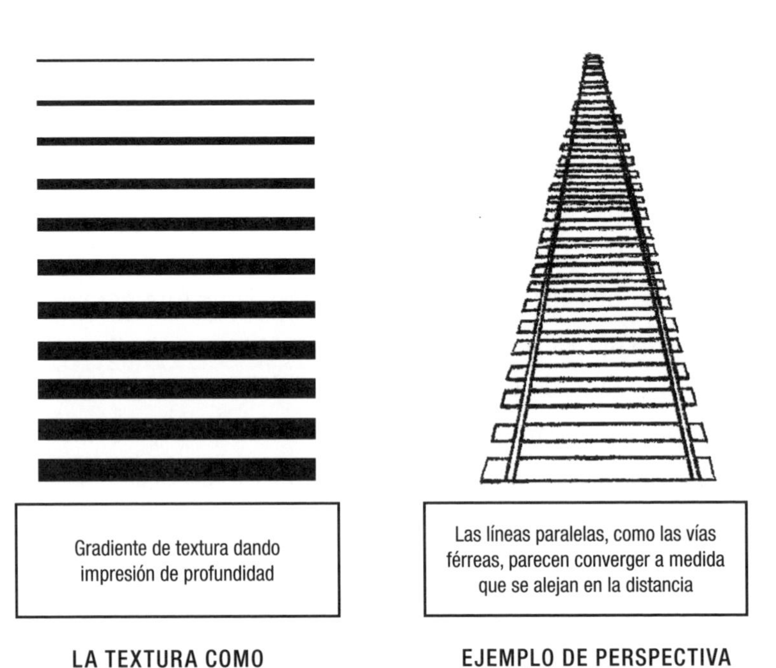

LA TEXTURA COMO MEDIO PARA MOSTRAR PROFUNDIDAD

EJEMPLO DE PERSPECTIVA LINEAL

- **Altura en el campo visual:** cuando un objeto está más alejado, esto significa que normalmente está más arriba en el campo visual.

- **Gradiente de textura:** cuando un objeto se aleja, las partículas que componen su superficie se ven más pequeñas.
- **Superposición:** cuando la imagen de un objeto impide que se vea la imagen de otro objeto, ello significa que el primer objeto se aprecia más cercano que el segundo.

Ni la teoría de Gregory ni la de Gibson son capaces de describir todo lo relativo a la percepción de forma precisa, y se han propuesto teorías adicionales que afirman que los procesos de arriba abajo y los procesos de abajo arriba interactúan entre sí, lo cual debería desembocar en la mejor interpretación. Sea cual sea la solución final, ambas interpretaciones de la percepción han allanado el camino a las reflexiones de los psicólogos sobre esta cuestión tan complicada.

LA PSICOLOGÍA DE LA GESTALT

El comportamiento y la mente, contemplados como un todo

Creada por Max Wertheimer, Kurt Koffka y Wolfgang Köhler en la década de 1920, la psicología de la Gestalt es una escuela de pensamiento basada en la idea de que el comportamiento y las complejidades de la mente no deben estudiarse por separado, sino considerarse como un todo, porque a menudo es así como los humanos experimentan los eventos.

La psicología de la Gestalt afirma que el todo no es lo mismo que la suma de sus partes. A partir de esta idea, los psicólogos de la Gestalt fueron capaces de descomponer la organización perceptual en una serie de principios y de explicar cómo pequeños objetos pueden agruparse para dar lugar a objetos más grandes. Sobre la base de esta misma idea, la terapia Gestalt se centra en el comportamiento de una persona dada, en su forma de hablar y en cómo experimenta el mundo que la rodea para ayudarla a sentirse completa o a ser más consciente.

LOS PRINCIPIOS DE LA ORGANIZACIÓN PERCEPTUAL, SEGÚN LA GESTALT

En su intento de expresar la idea de que el todo no es lo mismo que la suma de sus partes, los psicólogos de la Gestalt establecieron una serie de principios, conocidos como *principios de la Gestalt de organización perceptual*. Estos principios, que en realidad son atajos mentales que usan las personas para resolver problemas, explican con acierto cómo objetos pequeños pueden agruparse y convertirse en objetos más grandes, y muestran que hay una diferencia entre el todo y las diversas partes que lo componen.

LA LEY DE LA SIMILITUD

El ser humano tiende a agrupar los elementos similares. En la siguiente imagen, lo habitual es ver columnas verticales compuestas de círculos y cuadrados.

AGRUPACIONES SIMILARES PERCIBIDAS

LA LEY DE LA PRÄGNANZ

En alemán, *prägnanz* significa 'buena forma'.* La ley de la *Prägnanz* establece que vemos los objetos en su forma más simple.

Por ejemplo, en la imagen siguiente, en lugar de ver una serie de formas complejas vemos cinco círculos.

* N. del T.: En realidad, el significado principal de *prägnanz* es 'concisión'. En cualquier caso, la Wikipedia alemana (de.wikipedia.org) aclara que en el contexto de la psicología de la Gestalt este término «debe entenderse más en el sentido de 'ser destacado' o 'conspicuo'». Tal vez el autor ha efectuado una traducción aproximada pensando en otro nombre por el que es conocida esta ley: *ley de la buena forma*. También es conocida como *ley de la pregnancia*. *Pregnancia* es un vocablo recogido en el *Diccionario de la lengua española* de la RAE con este significado: «Cualidad de las formas visuales que captan la atención del observador por la simplicidad, equilibrio o estabilidad de su estructura».

AGRUPACIONES SIMPLIFICADAS PERCIBIDAS

LA LEY DE LA PROXIMIDAD

La ley de la proximidad establece que cuando hay objetos próximos entre sí las personas tienden a agruparlos juntos.

En la imagen siguiente, parece como si los círculos de la derecha estuviesen agrupados en filas horizontales, mientras que los círculos de la izquierda parecen agrupados en columnas verticales.

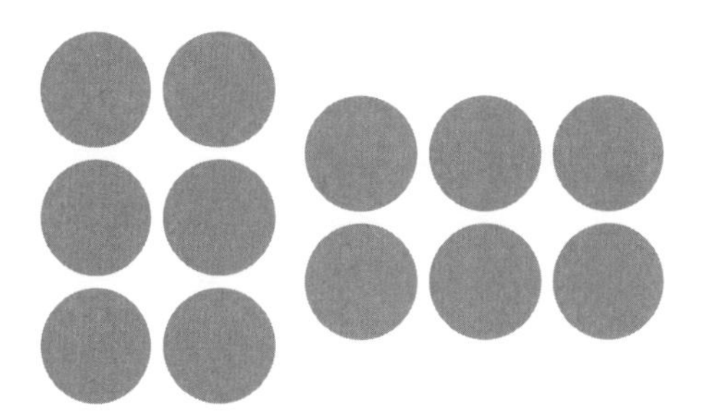

AGRUPACIONES PRÓXIMAS

LA LEY DE LA CONTINUIDAD

La ley de la continuidad establece que las personas encontrarán el camino más sencillo cuando haya puntos que parezcan conectados por líneas curvas o rectas. Parecerá que esas líneas tienen continuidad entre sí, en lugar de parecer líneas y ángulos individuales.

Por ejemplo, en la imagen siguiente, en lugar de ver la parte inferior como una línea separada, la vemos como una extensión de la serie.

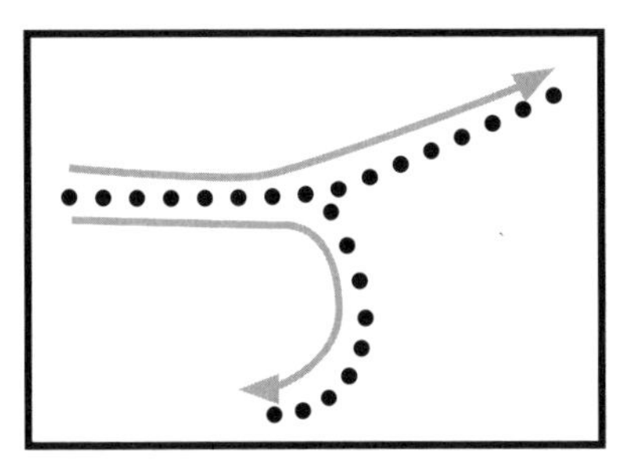

TRANSICIONES SUAVES PERCIBIDAS

LA LEY DEL CIERRE

La ley del cierre establece que nuestro cerebro tiende a llenar vacíos cuando se agrupan objetos de tal manera que la agrupación puede verse como un todo.

En la imagen siguiente, por ejemplo, nuestro cerebro ignora los espacios que hay entre los objetos y completamos las líneas de contorno. Nuestro cerebro completa la información que falta y concibe triángulos y círculos, que son formas con las que estamos familiarizados.

PERCEPCIÓN DE FORMAS EN UN ESPACIO NEGATIVO

FIGURA Y FONDO

El principio de figura y fondo muestra que las personas tienen una tendencia innata a reconocer solo una parte de un evento como la figura (también conocida como primer plano) y la otra como el fondo. Aunque la siguiente es una imagen simple, solo pueden verse dos caras o una copa, pero nunca al mismo tiempo.

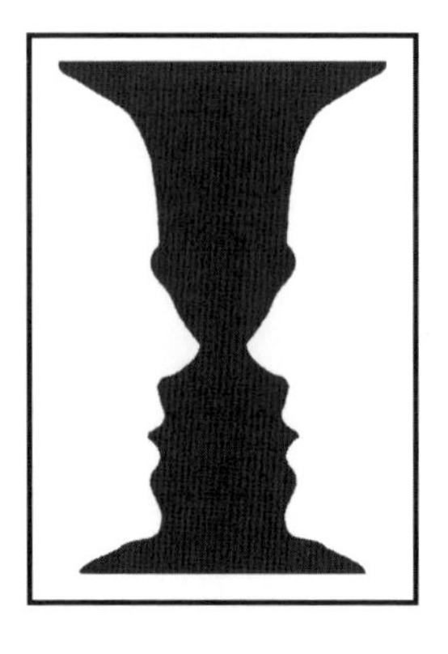

RECONOCIMIENTO DEL PRIMER PLANO Y EL FONDO

LA TERAPIA GESTALT

Los cónyuges Frederick y Laura Perls crearon la terapia Gestalt en la década de 1940 basándose en el trabajo de la psicología perceptiva de los orígenes de la Gestalt, así como en varias otras influencias, como el trabajo de Sigmund Freud y Karen Horney, e incluso el teatro.

Así como la psicología de la Gestalt se enfocaba en el todo, la terapia Gestalt se centra en la totalidad del ser humano a través de elementos como el comportamiento, la manera de hablar, la postura y la forma en que el individuo lidia con el mundo.

Mientras que la primera psicología de la Gestalt se enfocó en el primer plano y el fondo (en la teoría de la figura-fondo), la terapia Gestalt se sirve de la idea del primer plano y el fondo para ayudar al individuo a volverse consciente de sí mismo; lo ayuda a identificar su identidad sobre un fondo de situaciones y emociones que permanecen sin resolver.

TÉCNICAS TERAPÉUTICAS DE LA GESTALT HABITUALES

Una técnica muy utilizada en la terapia Gestalt es el juego de roles. Ayuda al individuo a averiguar el modo de finalizar una situación o resolver un problema. La técnica de este tipo más utilizada es la de la silla vacía, y consiste en hablarle a una silla vacía como si hubiera una determinada persona sentada en ella. Esta técnica no solo permite al individuo desahogarse, sino que además lo ayuda a encontrar nuevas formas de poner fin a un problema.

La terapia Gestalt también pone mucho el acento en el análisis de los sueños, a partir de la idea de que los sueños pueden poner de manifiesto la psicología del individuo y cualquier trauma con origen en su pasado. Una técnica que se suele utilizar en la terapia Gestalt consiste en hacer que la persona escriba sus sueños durante dos semanas, elija uno que le parezca especialmente importante o significativo y lo represente. Esto le permite reconectar con partes de su experiencia que no tenía integradas.

Otra técnica muy utilizada en la terapia Gestalt consiste en golpear un sofá con bates suaves o palos acolchados para liberar sentimientos de ira. Al visualizar aquello por lo que uno está enojado y golpearlo con el bate o el palo, puede soltar la ira improductiva y pasar a enfocarse en su verdadero yo.

Finalmente, una de las técnicas de la terapia Gestalt más famosas es también una de las más simples. Como la idea que hay detrás de la terapia Gestalt es que la persona se vuelva consciente de sí misma, debe empezar por incrementar su conciencia, lo cual puede hacer definiendo su estado al decir «soy consciente de que...». Por ejemplo, puede decir «soy consciente de que estoy sentado/a frente a mi escritorio», «soy consciente de que estoy triste ahora mismo», etc. Esta técnica ayuda a que el individuo permanezca en el presente, separa los sentimientos de las interpretaciones y juicios y contribuye a que perciba con mayor claridad cómo se ve a sí mismo.

LA PSICOLOGÍA COGNITIVA

¿Qué ocurre en tu cabeza en realidad?

La psicología cognitiva es la rama de la psicología que se enfoca en cómo adquiere, procesa y almacena la información el individuo. Antes de la década de 1950, la escuela de pensamiento dominante había sido el conductismo. Durante los veinte años siguientes, el mundo de la psicología empezó a dejar de centrarse en el estudio de los comportamientos observables para pasar a enfocarse en el estudio de los procesos mentales, por lo que pasó a poner la mirada en cuestiones como la atención, la memoria, la resolución de problemas, la percepción, la inteligencia, la toma de decisiones y el procesamiento del lenguaje. La psicología cognitiva se diferenciaba del psicoanálisis en que utilizaba métodos de investigación científicos para estudiar los procesos mentales, en lugar de basarse en las percepciones subjetivas del psicoanalista.

Se dice que entre la década de 1950 y la de 1970 tuvo lugar la *revolución cognitiva*, porque fue durante este período cuando se crearon los modelos de procesamiento y los métodos de investigación. El psicólogo estadounidense Ulric Neisser fue el primero en usar la denominación *psicología cognitiva*, en su libro de 1967 que lleva este mismo título.

Los dos supuestos de la psicología cognitiva

Pueden reconocerse y comprenderse partes individuales de los procesos mentales usando un método científico, y es posible describir los procesos mentales con algoritmos o reglas en modelos de procesamiento de la información.

LA ATENCIÓN

En el campo de la psicología cognitiva, la atención hace referencia a cómo el individuo procesa de forma activa la información presente en su entorno. Mientras estás leyendo estas páginas, también estás experimentando los numerosos sonidos, imágenes y sensaciones que te rodean: el peso del libro en tus manos, los sonidos que está emitiendo la persona que está hablando por teléfono cerca de ti, la sensación de estar sentado en tu silla, la vista de los árboles que hay al otro lado de tu ventana, el recuerdo de una conversación que has tenido, etc. Los psicólogos que estudian la psicología cognitiva quieren entender cómo una persona puede experimentar todas estas sensaciones y, aun así, permanecer enfocada en un solo elemento o una sola tarea.

CUATRO TIPOS DE ATENCIÓN

- **Atención enfocada:** es una respuesta a corto plazo, que puede no durar más de ocho segundos, a estímulos auditivos, táctiles o visuales muy específicos. Por ejemplo, un teléfono que suena o un suceso repentino pueden hacer que alguien se enfoque en eso durante unos pocos segundos, para pasar a centrarse de nuevo, a continuación, en la actividad que estaba realizando o en los pensamientos en los que estaba enfrascado.
- **Atención sostenida:** es un grado de atención que dará lugar a resultados al realizar, a lo largo del tiempo, una tarea continua y repetitiva. Por ejemplo, si una persona que está lavando los platos aplica una atención sostenida a esta tarea, la llevará a cabo hasta el final. Si la persona deja de estar enfocada en la tarea, puede ser que deje de realizarla cuando vaya por la mitad y pase a acometer otra. La mayoría de los adultos y adolescentes no pueden mantener la atención en una tarea durante más de veinte minutos y eligen reenfocarse en ella repetidamente; esto les permite

mantener la atención en actividades de mayor duración, como ver películas.

- **Atención dividida:** consiste en poner la atención en varias cosas a la vez. Es una capacidad limitada, y tiene un impacto en la cantidad de información que se procesa.
- **Atención selectiva:** consiste en dedicar atención a ciertas cosas a la vez que se excluyen otras. Por ejemplo, si te encuentras en una fiesta en la que hay mucho ruido, eres igualmente capaz de mantener una conversación con alguien, a pesar de la presencia de otras sensaciones a tu alrededor.

LA CEGUERA POR FALTA DE ATENCIÓN Y LA PRUEBA DEL GORILA INVISIBLE

La ceguera por falta de atención consiste en que una persona sometida a un exceso de sensaciones no percibe estímulos evidentes, aunque los tenga justo delante. No hay nadie que sea «inmune» a la ceguera por falta de atención, porque es mental y físicamente imposible percibir todos los estímulos. Uno de los experimentos más famosos que muestran este fenómeno es la prueba del gorila invisible, de Daniel Simon.

Se pedía a un grupo de sujetos que viera un vídeo corto* que mostraba cómo dos grupos de personas se pasaban dos pelotas de baloncesto. Los miembros de uno de los grupos llevaban puesta una camiseta blanca y los del otro grupo una camiseta negra. Los miembros de cada uno de los grupos solo se pasaban la pelota entre sí, y los sujetos tenían que contar cuántos pases se producían dentro de uno de los grupos.

Mientras los miembros de ambos grupos se pasaban la pelota dentro de un mismo espacio, una persona vestida con un traje de gorila llegaba caminando al centro de la escena, se golpeaba el pecho y seguía andando hasta que dejaba de verse.

* N. del T.: Puede verse en Internet.

Tras ver el vídeo, se preguntaba a los sujetos si habían visto algo inusual, y en la mayoría de los casos, el cincuenta por ciento no había visto el gorila. Este experimento demuestra que la atención juega un papel significativo en la relación que hay entre la percepción de la persona y el campo visual.

LA RESOLUCIÓN DE PROBLEMAS

En el campo de la psicología cognitiva, un problema se define como una cuestión o situación que entraña dificultades, incertidumbre o dudas. El proceso mental de la resolución de problemas consiste en detectar, analizar y resolver el problema, siendo el objetivo último superar un obstáculo y resolver el asunto aplicando la mejor solución posible.

El ciclo de la resolución de problemas

Los investigadores creen que la mejor manera de resolver un problema es a través de una serie de pasos conocidos como el *ciclo de la resolución de problemas*. Es importante decir, sin embargo, que aunque los pasos están expuestos de forma secuencial, las personas raramente siguen este esquema rígidamente; lo habitual es saltarse varios pasos o volver atrás tantas veces como sea necesario, hasta conseguir el resultado deseado.

1. **Identificar el problema:** en este primer paso se reconoce la existencia del problema. Aunque esto pueda parecer simple, equivocarse al identificar el origen del problema hará que cualquier intento de resolverlo sea ineficaz y, posiblemente, inútil.
2. **Definir el problema e identificar limitaciones:** una vez que está claro que hay un problema, la persona debe definirlo totalmente para que pueda resolverse. En otras palabras: ahora que se sabe que hay un determinado problema, es más fácil definir en qué consiste.

3. **Conformar una estrategia de resolución:** la manera de establecer una estrategia dependerá de la situación y de las preferencias del individuo.
4. **Organizar la información relativa al problema:** ahora, la persona debe organizar cualquier información disponible para estar capacitada para concebir una solución oportuna.
5. **Adjudicar y usar los recursos mentales y físicos necesarios:** según lo importante que sea el problema, puede ser necesario destinarle dinero, tiempo o algún otro tipo de recurso. Si el problema no es muy importante, puede no ser esencial usar muchos recursos para aplicar la solución.
6. **Hacer el seguimiento de los avances:** si no se efectúan avances, hay que reevaluar el enfoque y buscar otras estrategias.
7. **Evaluar los resultados para tener certezas:** para tener la seguridad de que la solución aplicada era la mejor sin lugar a dudas, hay que evaluar los resultados. Esto puede hacerse a lo largo del tiempo, como cuando se evalúan los resultados de un régimen de ejercicio, o se puede hacer de inmediato, como cuando se comprueba la respuesta a un problema matemático.

ESTRATEGIAS COGNITIVAS PARA LA RESOLUCIÓN DE PROBLEMAS

Hay dos tipos de problemas: los que están bien definidos y los que están mal definidos. En el caso de los problemas bien definidos, los objetivos están claros, el camino que conduce a la solución está muy especificado y los obstáculos son fáciles de identificar a partir de la información de la que se dispone. En el caso de los problemas mal definidos, no se cuenta con un camino o una fórmula específicos que conduzcan a la solución, y se debe investigar para poder definirlos, comprenderlos y resolverlos.

Como no hay una fórmula que permita resolver los problemas mal definidos, hay que recoger y analizar información para dar con la solución. Los problemas mal definidos también pueden presentar subproblemas bien definidos. Para encontrar una solución, es posible que haya que combinar varias estrategias. Los investigadores han encontrado más de cincuenta estrategias de resolución de problemas; estas son algunas de las que más se utilizan:

- **Lluvia de ideas:** hacer una lista de todas las opciones sin evaluarlas, analizarlas y elegir una.
- **Analogía:** usar una opción que se conoce por haber afrontado problemas similares.
- **Desglose:** tomar un problema grande o complejo y descomponerlo en problemas más pequeños y simples.
- **Verificar hipótesis:** concebir una hipótesis a partir de la causa del problema, reunir información y ponerla a prueba.
- **Ensayo y error:** poner a prueba soluciones de forma aleatoria hasta encontrar la correcta.
- **Investigar:** adaptar y aplicar ideas ya existentes a problemas similares.
- **Análisis de medios y fines:** en cada fase del ciclo de resolución de problemas, realizar una acción que acerque al objetivo.

LA MEMORIA

En el campo de la psicología cognitiva, la memoria son los procesos utilizados para adquirir, almacenar, retener y recuperar información. Hay tres procesos principales: la codificación, el almacenamiento y la recuperación.

Para que se genere un nuevo recuerdo, lo primero que debe ocurrir es que la información sea codificada, para poder transformarla en algo utilizable. Una vez codificada, se almacena en nuestra memoria, para poder ser utilizada con posterioridad. La mayor parte de la información almacenada se encuentra fuera de nuestra conciencia, hasta que la necesitamos. En ese momento, pasa por el proceso de recuperación, lo cual nos permite ser conscientes de ella.

Para comprender el funcionamiento y la estructura básicos de la memoria, podemos echar un vistazo al modelo de la memoria basado en etapas, que contempla la existencia de tres:

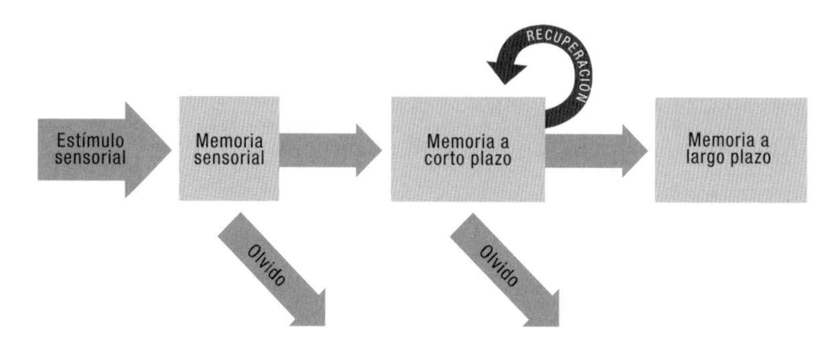

AVANCE DE LA FORMACIÓN DE LA MEMORIA

1. **Memoria sensorial:** esta es la primera etapa en el proceso de formación de la memoria. Durante un corto período se almacena la información sensorial obtenida del entorno como una copia exacta de lo que la persona ve u oye. La información auditiva se almacena durante tres o cuatro segundos, y la información visual durante medio segundo a lo sumo. Solo determinados aspectos de los recuerdos sensoriales reciben atención, lo cual permite que alguna información pase a la siguiente etapa.
2. **Memoria a corto plazo:** también conocida como *memoria activa*, hace referencia a aquella información en la que estamos pensando en el momento o de la que somos conscientes. Esta información se conserva durante un lapso de veinte a treinta segundos y se genera al dedicar atención a los recuerdos sensoriales. Aunque lo habitual es que los recuerdos a corto plazo no tarden en olvidarse,

si se presta atención a esta información al repetirla en la mente, pasará a la siguiente etapa.

3. **Memoria a largo plazo:** hace referencia al almacenaje continuo de información. Freud se refirió a la memoria a largo plazo como el inconsciente y el preconsciente. Ahora la información se encuentra fuera de la conciencia de la persona, pero se puede evocar y utilizar cuando se la necesita. Mientras que es fácil recordar parte de esta información, hay otra a la que es mucho más difícil acceder.

Las diferencias entre la memoria a corto plazo y la memoria a largo plazo

Las diferencias entre la memoria a corto plazo y la memoria a largo plazo pasan a estar muy claras cuando se examina la recuperación de los recuerdos. Los recuerdos a corto plazo son almacenados y evocados en un orden secuencial, y están compuestos sobre todo de recuerdos sensoriales. Entonces, si por ejemplo te dijeran una lista de palabras y te pidieran que recordaras la sexta, tendrías que pasar revista a las palabras en el mismo orden en que las has escuchado para obtener la información correcta. Sin embargo, los recuerdos a largo plazo son almacenados y evocados a partir de significados y asociaciones.

CÓMO SE ORGANIZAN LOS RECUERDOS

Puesto que podemos acceder a información alojada en la memoria a largo plazo y evocarla, podemos utilizar estos recuerdos para interactuar con los demás, tomar decisiones y resolver problemas. Aún no se sabe cómo se organiza esta información; esta cuestión sigue envuelta en el misterio. Lo que sí se sabe es que los recuerdos quedan dispuestos en grupos a través de un proceso denominado *agrupamiento*.

Con el agrupamiento, la información se distribuye por categorías, para que sea más fácil recordarla. Por ejemplo, echa un vistazo al siguiente grupo de palabras:

Verde
Mesa
Frambuesa
Azul
Escritorio
Plátano
Melocotón
Magenta
Buró

Si lees esta lista, apartas la mirada y después tratas de escribir las palabras, probablemente tu memoria las agrupará en varias categorías: colores, frutas y muebles.

¿Lo tienes en la punta de la lengua?

Las investigaciones indican que cuanto más tiempo dedicamos a intentar averiguar la palabra que queremos decir, más probabilidades hay de que nos cueste recordarla también más adelante.

La memoria tiene un papel extremadamente importante en nuestra vida. Desde el corto plazo hasta el largo plazo, nuestras experiencias y la forma que tenemos de mirar el mundo son conformadas por nuestra memoria. Y a pesar de toda la atención que se ha dedicado a este tema, aún no se sabe qué es la memoria en realidad, en su nivel más básico.

LA TEORÍA DE LA DISONANCIA COGNITIVA

Luchar con uno mismo

En 1957, el psicólogo Leon Festinger propuso como hipótesis, en su teoría de la disonancia cognitiva, que toda persona tiene el impulso interno y el deseo de evitar la disonancia (o la desarmonía) en todas sus actitudes y creencias (cogniciones), y que en última instancia quiere alcanzar la armonía (la consonancia) entre sus cogniciones.

Si alguien se siente incómodo debido a que alberga, a la vez, cogniciones que están en conflicto, padece disonancia cognitiva. Con el fin de reducir la incomodidad y restablecer el equilibrio, una de las cogniciones tiene que experimentar algún tipo de alteración.

Festinger empezó a investigar su teoría mientras estaba estudiando a los miembros de una secta. Las personas a las que observó creían que una gran inundación iba a destruir el planeta, y algunas llegaron muy lejos a causa de esta creencia: vendieron la casa y dejaron el trabajo por esta calamidad inminente. Cuando la gran inundación que habían anunciado no llegó, Festinger quiso observar sus reacciones.

Mientras que algunos miembros reconocieron que habían sido unos insensatos y abandonaron la secta, los que estaban más comprometidos con la causa reinterpretaron lo ocurrido en favor de su historia y afirmaron que la Tierra se había salvado gracias a la fe de los miembros de la secta.

Al no ser coherentes entre sí las cogniciones, los miembros de la secta procuraron alterar sus creencias para restablecer la coherencia y la armonía.

Definición clínica

COGNICIÓN: porción de conocimiento en forma de emoción, comportamiento, idea, creencia, valor o actitud. Por ejemplo, el conocimiento de que has atrapado una pelota de béisbol, el conocimiento de que una canción te hace sentir feliz y el conocimiento de que te gusta el color verde son cogniciones. Una persona puede albergar muchas cogniciones a la vez, y las distintas cogniciones tienen una relación disonante o consonante con las demás.

EL EXPERIMENTO DE LA DISONANCIA COGNITIVA

Puede generarse disonancia cuando una persona se ve obligada a hacer en público algo que en privado no querría hacer. Esto da lugar a una disonancia entre la cognición «no quiero hacer esto» y el comportamiento. Esta circunstancia también se conoce como *cumplimiento forzoso*, que tiene lugar cuando la persona hace algo que no es coherente con aquello en lo que cree.

Puesto que un comportamiento pasado no se puede cambiar, la única manera de mitigar la disonancia es reevaluar y cambiar la actitud del individuo hacia el comportamiento. Para demostrar la existencia del cumplimiento forzoso, Leon Festinger y James Carlsmith llevaron a cabo el experimento siguiente.

Experimento de disonancia cognitiva centrado en el aburrimiento

1. Divide a los sujetos del experimento en dos grupos, el A y el B. Al grupo A no se le debe decir nada sobre las tareas, y al grupo B hay que presentárselas como si fuesen algo ameno e interesante.
2. Empieza haciendo que los participantes ejecuten una serie de tareas increíblemente aburridas y repetitivas. Durante la primera media hora, pídeles que vayan poniendo doce carretes en una bandeja y sacándolos de ahí, con una mano. Durante la siguiente media hora, deberán hacer girar cuarenta y ocho clavijas cuadradas en el sentido de las agujas del reloj en un tablero de clavijas, ejecutando un cuarto de vuelta en cada ronda, nuevamente con una sola mano.
3. Una vez transcurrido el tiempo dedicado a las dos actividades, entrevista a los sujetos para que manifiesten en qué grado las han encontrado divertidas.
4. Ahora, deja que alrededor de un tercio de los sujetos se vayan. Este es tu grupo de control. Antes de quedar liberados deben manifestar, en la entrevista, cómo se podría mejorar el proyecto para futuros estudios.
5. A todos los sujetos que quedan se les debe dar la opción de ser los experimentadores. Todo lo que deberán hacer será hablar al siguiente grupo de participantes de las tareas que estarán a punto de realizar con un enfoque positivo. A la mitad del grupo se le ofrecerá un dólar por su contribución y a la otra mitad se le darán veinte dólares.
6. Entrevista de nuevo a los sujetos y pídeles que puntúen estos cuatro aspectos del experimento: el grado en que consideran que las tareas que han tenido que realizar eran divertidas o interesantes (en una escala de –5 a +5), el grado en que el experimento les ha permitido descubrir algo respecto a sus habilidades (en una escala del 0 al 10), el grado en que creen que este experimento sirve para evaluar algo importante (en una escala del 0 al 10) y si querrían participar en otro estudio similar en el futuro (en una escala de –5 a +5).

Los resultados

En el experimento original de Festinger y Carlsmith, once de las setenta y una respuestas fueron consideradas inválidas por varias razones. Estas son las puntuaciones que se obtuvieron con el resto de respuestas:

PREGUNTAS A LOS SUJETOS	CONDICIÓN EXPERIMENTAL: CONTROL	CONDICIÓN EXPERIMENTAL: UN DÓLAR	CONDICIÓN EXPERIMENTAL: VEINTE DÓLARES
¿En qué grado han sido divertidas las tareas (de –5 a +5)	–0,45	+1,35	–0,5
¿Cuánto has aprendido? (de 0 a 10)	3,08	2,80	3,15
¿Qué relevancia científica crees que tiene el estudio? (de 0 a 10)	5,60	6,45	5,18
¿Participarías de nuevo en un experimento similar? (de –5 a +5)	–0,62	1,20	–0,25

Festinger y Carlsmith creían que la respuesta a la primera pregunta era la más importante y que estos resultados mostraban disonancia cognitiva. Como al grupo de control no se le ofreció dinero, sus respuestas a esta pregunta reflejan lo que pensaban realmente los participantes sobre la prueba en cuanto a lo divertida que era (la puntuación media que otorgaron fue de -0,45). La gran diferencia entre el grupo al que se le ofreció un dólar y el grupo al que se le ofrecieron veinte dólares se puede explicar por la disonancia cognitiva.

Los sujetos que animaron a los próximos participantes a realizar las tareas albergaban un conflicto entre dos cogniciones: «He dicho a otras personas que la prueba era interesante» y «La he encontrado realmente aburrida». Aquellos a quienes se les dio un dólar empezaron a asumir y racionalizar sus actitudes pensando que las tareas habían sido divertidas en realidad, ya que no podían encontrar ninguna otra justificación. Festinger y Carlsmith creyeron que los integrantes del grupo de los veinte dólares, sin embargo, podían justificar sus actos por el hecho de haber recibido una gratificación económica. Pero el dólar que habían recibido los miembros del otro grupo no bastó para que encontraran justificadas sus acciones, por lo que experimentaron un grado relevante de disonancia cognitiva.

LA TEORÍA DE LA REDUCCIÓN DEL IMPULSO

En busca del equilibrio personal

En las décadas de 1940 y 1950, el conductista Clark Hull se propuso explicar el comportamiento con su teoría de la reducción del impulso. Esencialmente, Hull creía que todas las personas presentan necesidades biológicas (a las que se refirió como *impulsos*) que motivan sus comportamientos y dan lugar a estados desagradables. Aseguraba que dichos impulsos son estados internos de tensión o excitación de carácter fisiológico o biológico. La principal influencia de la motivación proviene del deseo de mitigar estos impulsos; Hull creía que este deseo es fundamental para mantener la calma interior. Ejemplos de impulsos según él son la sed, el hambre y la necesidad de calor. Para reducir estos impulsos bebemos líquidos, ingerimos comida y nos ponemos más ropa o subimos la temperatura en el termostato.

Partiendo de la obra de Iván Pávlov, Charles Darwin y John B. Watson, entre otros, Hull basó la teoría de la reducción del impulso en la idea de la homeostasis. Creía que el comportamiento constituía una forma de mantener el equilibrio.

Definición clínica

HOMEOSTASIS: Es la idea de que el cuerpo necesita alcanzar un grado de equilibrio y, después, conservar este estado. Un ejemplo de homeostasis es la forma en que el organismo regula la temperatura corporal.

Hull, considerado un neoconductista, opinaba que el comportamiento se podía explicar con el condicionamiento y el reforzamiento. Un determinado comportamiento se ve reforzado cuando reduce un impulso, y este reforzamiento incrementa las probabilidades de que ese comportamiento se produzca de nuevo, en caso de que surja la necesidad de mitigar el impulso en el futuro.

LA TEORÍA MATEMÁTICO-DEDUCTIVA DEL COMPORTAMIENTO

Junto con la teoría de la reducción del impulso, Hull intentó crear una fórmula de aprendizaje y comportamiento que pudiese acompañar empíricamente sus teorías e ilustrar con mayor profundidad y de manera más técnica cómo influyen los impulsos en los actos y el pensamiento. Su ecuación, conocida como *teoría matemático-deductiva del comportamiento*, es la siguiente:

$$sEr = V \times D \times K \times J \times sHr - sIr - Ir - sOr - sLr$$

sEr: es el potencial de excitación, es decir, la posibilidad de que un organismo dé una respuesta (r) a un estímulo (s).

V: el estímulo.

D: la fuerza del impulso, determinada por la cantidad de privación biológica.

K: la magnitud del objetivo, conocida como *motivación de incentivo*.

J: la demora antes de que se pueda buscar el reforzamiento.

sHr: la fuerza del hábito, determinada por la cantidad de condicionamiento previo.

sIr: la inhibición condicionada. Es el resultado de la inexistencia de un reforzamiento previo o de la falta de reforzamiento.

Ir: la inhibición de la reacción, también conocida como letargo o fatiga.

sOr: tolerancia al error aleatorio.

sLs: el umbral de la reacción. Es la cantidad mínima de reforzamiento necesaria para que se produzca un aprendizaje.

CRÍTICAS A LA TEORÍA DE LA REDUCCIÓN DEL IMPULSO

Aunque el trabajo de Hull sobre el método científico y las técnicas experimentales dejó una huella profunda en el campo de la psicología, su teoría de la reducción del impulso ha caído prácticamente en el olvido. Como consecuencia de las variables estrechamente definidas de su fórmula, su teoría hace que sea difícil efectuar predicciones a partir de experiencias recurrentes.

Uno de los principales problemas que presenta la teoría de la reducción del impulso de Hull es que no tiene en cuenta el papel de los reforzadores secundarios y cómo contribuyen a reducir el impulso. Mientras que los reforzadores primarios lidian con impulsos de carácter biológico o fisiológico, los reforzadores secundarios no mitigan directamente estas necesidades biológicas o fisiológicas. El dinero, por ejemplo, es un reforzador secundario. El dinero no puede reducir un impulso, pero es una fuente de reforzamiento, y puede permitir a la persona obtener un reforzador primario para reducir un impulso.

Otra crítica que se ha hecho a la teoría de la reducción del impulso de Hull es que no explica por qué las personas tienen ciertos comportamientos que no reducen los impulsos. ¿Por qué bebe alguien cuando no tiene sed? ¿Por qué come cuando no tiene hambre? Algunos individuos incluso aumentan la tensión al participar en actividades como el *puenting* y paracaidismo. Estas actividades no satisfacen ningún tipo de necesidad biológica e incluso suponen un peligro para quienes las practican. En cualquier caso, y a pesar de los defectos de la teoría, el trabajo de Hull sobre la reducción del impulso estimuló a una generación de psicólogos a intentar comprender mejor cuáles son los factores concretos que hacen que los seres humanos actúen y reaccionen en su entorno.

HARRY HARLOW (1905-1981)

No estaba haciendo solo monerías

Harry Harlow (su nombre de nacimiento fue Harry Israel) nació el 31 de octubre de 1905 en Fairfield (Iowa). Empezó sus estudios universitarios en el Reed College de Oregón, pero se trasladó a la Universidad de Stanford con la esperanza de especializarse en lengua inglesa. En 1930, ahora con el apellido Harlow, se licenció y doctoró en Psicología en Stanford.

Tras graduarse, empezó a impartir clases en la Universidad de Wisconsin-Madison, y en menos de un año creó el Psychology Primate Lab ('laboratorio dedicado a la psicología de los primates'), que se fusionó con el Wisconsin Regional Primate Lab ('laboratorio regional de Wisconsin dedicado a los primates') en 1964. Fue nombrado director del centro de investigaciones, donde llevó a cabo muchos de sus experimentos más significativos y controvertidos.

El trabajo de Harlow se centró en el amor. Cuestionó la teoría, entonces popular, del apego, según la cual el amor derivaba de la alimentación proporcionada por la madre y después se aplicaba a otros miembros de la familia por extensión.

En 1957, inició su actualmente famoso –e infame– trabajo con macacos *rhesus* para mostrar los efectos del amor. Esta investigación no solo dejaría una gran huella en el campo de la psicología, sino que también jugó un papel clave en el cambio de enfoque adoptado por las instalaciones de cuidado infantil como orfanatos y por los grupos de servicios sociales, agencias de adopción y proveedores de cuidado infantil.

Aunque Harlow estudió el amor, esta área de su vida le resultó bastante complicada. Se casó con su primera mujer (que había sido alumna suya) en 1932. Tuvieron dos hijos y se divorciaron en 1946.

Ese mismo año, Harlow se casó con una psicóloga infantil con la que tuvo otros dos hijos. Su segunda esposa murió en 1970, tras librar una larga batalla contra el cáncer, y en 1971 Harlow se volvió a casar con su primera esposa. Tras la muerte de esta lidió con la depresión y el alcoholismo, y sus hijos se distanciaron de él. Harry Harlow murió el 6 de diciembre de 1981.

Los abundantes reconocimientos que recibió Harry Harlow

Harlow recibió muchos honores y premios durante su vida en los Estados Unidos. Estos son algunos de ellos:

- Jefe de la Subdivisión de Investigación en Recursos Humanos del Departamento del Ejército (1950-1952).
- Jefe de la División de Antropología y Psicología del Consejo Nacional de Investigaciones (1952-1955).
- Medalla Howard Crosby Warren (1956).
- Presidente de la Asociación Estadounidense de Psicología (1958-1959).
- Medalla Nacional de Ciencias (1967).
- Medalla de Oro de la Fundación Estadounidense de Psicología (1973).

LOS EXPERIMENTOS DE LOS MACACOS *RHESUS*

Harlow no comulgaba con la idea de que la relación inicial entre una madre y su hijo se basaba solamente en aliviar la sed, obtener comida y evitar el dolor. Usando crías de macacos *rhesus*, diseñó experimentos para intentar describir y clasificar el amor. Las crías pequeñas de macacos *rhesus* son de hecho más maduras que los bebés humanos, y, de forma similar a estos, pueden expresar un abanico de emociones y tienen que ser amamantadas.

En uno de sus experimentos más famosos, Harlow creó dos «madres» para que las crías de macaco *rhesus* eligieran entre ellas. Separó a las crías de su madre solo unas horas después de su nacimiento y enseguida las puso junto a las dos madres artificiales. Una «madre» estaba hecha de felpa suave pero no tenía comida para las crías, mientras que la otra estaba hecha de alambre y tenía una botella con comida junto a ella.

Harlow observó que las crías solo pasaban el tiempo imprescindible con la madre de alambre –el que necesitaban para obtener la cantidad suficiente de comida–, mientras que les gustaba pasar tiempo con la madre de felpa y acurrucarse junto a ella. Estos resultados demostraron que las crías de macaco no solo están interesadas en satisfacer sus necesidades fisiológicas, y que el vínculo entre una madre y su bebé no puede reducirse al efecto del amamantamiento.

A continuación, separó las crías en dos grupos. Uno de ellos solo pasaría tiempo con la madre de felpa y el otro con la madre de alambre. Los macacos de ambos grupos bebieron en la misma medida y crecieron al mismo ritmo. Sin embargo, podían observarse grandes diferencias entre los comportamientos de los dos grupos, que Harlow explicó como el resultado del apego emocional que habían desarrollado los macacos con la madre de felpa y que las otras crías no habían desarrollado con su madre de alambre.

Cuando había objetos y ruidos que asustaban a los macacos cuya madre era de felpa, acudían a ella corriendo en busca de protección y permanecían en contacto con ella hasta haberse tranquilizado. Sin embargo, cuando las crías cuya madre era de alambre se asustaban, se tiraban al suelo, se balanceaban de un lado a otro, se abrazaban a sí mismas y gritaban. Harlow observó que estos comportamientos eran parecidos a los que tenían los niños autistas y eran calcados a los que tenían los adultos que habían sido confinados en instituciones mentales.

Harlow dio continuidad a estos experimentos con prácticas aún más inhumanas. Intentando comprobar si era cierto lo de «más vale tarde que nunca», aisló completamente a crías de macacos *rhesus* durante los primeros ocho meses de su vida. Es decir, esas crías no tuvieron contacto con ningún otro macaco ni ningún tipo de madre sustituta. Esas pruebas comportaron un daño emocional significativo para esos animales. Queriendo comprobar cuánto tiempo podían estar las crías de macaco sin su madre, Harlow hizo pruebas con varios períodos, y llegó a la conclusión de que los efectos derivados de verse privado de la madre podían revertirse, pero solo si la privación era inferior a noventa días en el caso de las crías de macaco y no superior a seis meses en el caso de los bebés humanos.

EL IMPACTO DEL TRABAJO DE HARLOW

Aunque el trabajo de Harry Harlow fue controvertido y sería considerado inhumano según los criterios actuales, el caso es que fue extremadamente importante y dejó una gran huella en la crianza y el cuidado de los niños, las agencias de adopción, los orfanatos y los servicios sociales.

Harlow fue capaz de demostrar con datos irrefutables que el amor era vital en el desarrollo de un niño normal y que el hecho de verse privado de él podía conducir a un daño emocional grave. Su trabajo fue determinante en el desarrollo de tratamientos para niños desatendidos o víctimas de abusos, y mostró que la adopción era una opción muy superior al internamiento en instituciones desde el punto de vista del bienestar emocional y mental de los niños.

JEAN PIAGET (1896-1980)

El desarrollo de los niños

Jean Piaget nació el 9 de agosto de 1896 en Neuchâtel (Suiza). Su padre era profesor de Literatura Medieval y su madre, según él mismo, era neurótica, y su comportamiento avivó su interés por el campo de la psicología.

Tras completar sus estudios en la escuela secundaria, Piaget se doctoró en Ciencias Naturales en la Universidad de Neuchâtel. Estuvo durante un semestre en la Universidad de Zúrich, donde se interesó mucho por el psicoanálisis, y no tardó en mudarse a Francia. Mientras se encontraba trabajando en una institución para chicos creada por Alfred Binet, empezó a llevar a cabo estudios experimentales sobre la mente en desarrollo. Antes del trabajo de Piaget sobre el desarrollo cognitivo, la creencia imperante era que los adultos eran, sencillamente, pensadores más competentes que los niños. Mientras trabajaba en el Instituto Binet, se interesó por cómo justificaban los niños sus respuestas cuando respondían de forma incorrecta preguntas que requerían aplicar el pensamiento lógico. A partir de ahí se propuso estudiar el desarrollo cognitivo de forma sistemática. Fue el primero en hacerlo.

En 1923 se casó con Valentine Châtenay y tuvieron tres hijos. Piaget, que ya estaba fascinado por el crecimiento mental y emocional, empezó a estudiar el desarrollo de sus hijos de manera informal. Esas observaciones desembocaron en parte de su trabajo más importante y famoso: las etapas del desarrollo cognitivo.

Con más de sesenta libros y varios centenares de artículos publicados, Jean Piaget dejó su impronta no solo en el campo de la psicología, sino también en el de la educación, la sociología, la economía, el derecho y la epistemología. Murió el 16 de septiembre de 1980.

LA TEORÍA DEL DESARROLLO COGNITIVO DE PIAGET

Cuando Piaget empezó a trabajar en su teoría del desarrollo cognitivo, había algunas diferencias enormes entre lo que él estaba haciendo y lo que se había hecho en el pasado:

- En lugar de enfocarse en educandos de todas las edades, Piaget se centró en los niños.
- Su teoría no se refería al aprendizaje de un comportamiento específico o a la incorporación de información, sino al desarrollo en general.
- Frente a la idea extendida de que el desarrollo cognitivo era gradual y la cantidad de comportamientos era cada vez mayor y estos iban adquiriendo cada vez mayor complejidad, Piaget propuso la existencia de una serie de etapas separadas que se podían apreciar claramente a partir de unas diferencias de tipo cualitativo.

Piaget creía que no es que los niños sean menos competentes que los adultos, sino que nacen con una estructura mental básica que es el resultado de la genética y la evolución, y que el conocimiento y el aprendizaje derivan de esta estructura. Desde este supuesto, intentó explicar los procesos y mecanismos que desarrollan los bebés y los niños que acaban por desembocar en el pensamiento racional y el uso de hipótesis. Piaget creía que los niños forjan una comprensión de su entorno y experimentan divergencias entre lo que ya saben y lo nuevo que descubren. Su teoría del desarrollo cognitivo incluye tres componentes:

1. **Esquemas:** los esquemas son los componentes básicos, o unidades, del conocimiento. Cada esquema tiene que ver con una parte del mundo, como acciones, objetos y conceptos. Cada esquema

es una serie de representaciones del mundo vinculadas que se usan para comprender una determinada situación y responder a ella. Por ejemplo, si un padre muestra a su hijo la foto de un perro, el niño generará un esquema relativo al aspecto que presenta un perro: tiene cuatro patas, una cola y orejas.
Si un niño puede explicar lo que percibe con los esquemas de los que dispone, se considera que se encuentra en un estado de equilibrio mental.
Los esquemas son almacenados, para poder aplicarlos más adelante. Por ejemplo, un niño podría conformar un esquema sobre cómo pedir comida en un restaurante, por lo que la próxima vez que se encuentre en un restaurante será capaz de aplicar lo que ha aprendido a esta situación nueva y a la vez similar.
Piaget también afirmó que algunos esquemas están genéticamente programados en los niños, como el impulso de los bebés de chupar cosas.

2. **Procesos que permiten pasar de una etapa a otra:** Piaget creía que el crecimiento intelectual era el resultado de la adaptación y de la necesidad de estar siempre en un estado de equilibrio. La adaptación del conocimiento tiene lugar de dos maneras:

    - **Asimilación:** consiste en aplicar un esquema que ya existe a una nueva situación.
    - **Acomodación:** consiste en cambiar un esquema ya existente para incorporar nueva información.

Para comprender mejor cómo funcionan la asimilación y la acomodación, podemos examinar la anterior situación en que un padre mostraba a su hijo qué aspecto tiene un perro. Ahora, el niño tiene un esquema relativo a lo que es un perro: un ser con cuatro patas, una cola, orejas, etc. Pero cuando un verdadero

perro se acerca al niño, este se encuentra con nuevas características que no estaban en su esquema: el perro es peludo, lame, tal vez ladre. Como estos datos no se hallaban en el esquema original, se produce un desequilibrio y el niño empieza a buscar que la nueva situación tenga sentido. Cuando el padre le confirma que los nuevos datos también corresponden a lo que es un perro, se produce la asimilación y se recupera el equilibrio cuando el niño incorpora esta información al esquema original.
Pero ¿qué ocurre si el niño ve un gato? Un gato tiene algunos rasgos en común con un perro, pero es un animal diferente: maúlla, es capaz de trepar y se mueve y actúa de forma diferente a un perro. Al ver el gato, se produce el desequilibrio, y el niño debe encajar esta nueva información. Se crea un nuevo esquema y el niño regresa al estado de equilibrio.

3. **Las etapas del desarrollo:** Piaget creía que la cognición se desarrolla en cuatro etapas. Estas etapas se dan en todos los niños y siguen el mismo orden exactamente, sea cual sea el entorno cultural en el que crezcan o la parte del mundo en la que vivan. De todos modos, puede ser que algunos niños no lleguen nunca a las últimas etapas.

    - **Sensomotora (del nacimiento a los dos años)**
      Lo central en esta etapa es la permanencia de los objetos. Es decir, el niño se da cuenta de que los objetos seguirán existiendo incluso si no los ve o no los oye.
    - **Preoperacional (de los dos a los siete años)**
      Lo central en esta etapa es el egocentrismo. Es decir, en este período, los niños no son capaces de entender el punto de vista de los demás.

- **De las operaciones concretas (de los siete a los once años)**
  Lo central en esta etapa es la conservación. Es decir, los niños aún no son capaces de entender conceptos abstractos o hipotéticos, pero pueden empezar a pensar de forma lógica sobre cuestiones concretas.
- **De las operaciones formales (a partir de los once años)**
  Lo central en esta etapa es que el niño es capaz de manipular ideas en su cabeza, es decir, puede pensar de forma abstracta. En esta etapa surgen el razonamiento deductivo, el pensamiento lógico y la planificación sistemática.

CRÍTICAS A LA TEORÍA DE PIAGET

La mayoría de las críticas se basan en los métodos de investigación que empleó Piaget. No solo estudió a sus tres hijos, sino que además los otros niños a los que estudió pertenecían a un estatus socioeconómico alto. Por lo tanto, no tuvo en cuenta a un amplio espectro de la población, por lo cual es difícil considerar que los resultados que obtuvo sean aplicables en general. Además, algunos estudios no apoyan su conclusión de que los niños pasan de una etapa a la siguiente de forma automática, y muchos psicólogos creen que los factores ambientales tienen un papel determinante.

Por último, los investigadores opinan que subestimó las capacidades de los niños, pues los hay que con cuatro o cinco años son mucho menos egocéntricos de lo que indicó Piaget y tienen una comprensión mucho más sofisticada de sus procesos cognitivos. En cualquier caso, su hipótesis supuso el inicio del interés por los mecanismos de desarrollo intelectual de los niños y constituyó la piedra angular de muchas de las teorías que han venido después, incluidas las que han rebatido las conclusiones de la teoría original.

ALBERT BANDURA (1925-2021)

Aprender por medio de observar a los demás

Albert Bandura nació el 4 de diciembre de 1925 en Mundare, un pequeño pueblo de Canadá. Su padre colocaba vías para el ferrocarril transcanadiense y su madre trabajaba en una tienda del pueblo en la que se vendía de todo.

Bandura fue a la única escuela que había en el pueblo, en la que solo trabajaban dos profesores. En consecuencia, tuvo que espabilarse por su cuenta para formarse. Tras completar la educación secundaria, se matriculó en la Universidad de Columbia Británica. Empezó estudiando Ciencias Biológicas, pero se encontró con la psicología por casualidad. Como llegaba a la universidad mucho antes de que comenzaran sus clases, decidió asistir a «clases de relleno» para pasar el rato. Hojeó un catálogo de cursos y acabó eligiendo uno de psicología.

En 1949, se graduó en la Universidad de Columbia Británica en tres años solamente, habiéndose especializado en Psicología, y a continuación fue a la escuela de posgrado de la Universidad de Iowa, donde obtuvo el doctorado en 1952. Seguidamente le ofrecieron un puesto en la Universidad de Stanford, donde ejercería de profesor en lo sucesivo. Albert Bandura murió el 26 de julio de 2021 en Stanford.

Bandura es conocido sobre todo por su teoría del aprendizaje social, que mostraba que no todos los comportamientos están motivados por las recompensas o los reforzamientos, que era lo que afirmaba el conductismo. Frente a esta visión, ofreció una perspectiva alternativa y algo más matizada de las presiones sociales que contribuyen a los comportamientos aprendidos. Era un enfoque más moderno, que aún se considera valioso.

LA TEORÍA DEL APRENDIZAJE SOCIAL

Albert Bandura dio a conocer en 1977 su teoría del aprendizaje social, la cual es una de las teorías sobre el aprendizaje más influyentes del campo de la psicología. Según esta, los comportamientos adquiridos no tienen que ver con las recompensas y los reforzamientos estrictamente, sino que pueden forjarse a través de la observación. Bandura afirma que las personas aprenden cómo comportarse a partir de los comportamientos que tienen los individuos de su entorno.

Las personas están rodeadas de modelos que pueden observar: sus padres, sus compañeros, sus profesores, incluso personajes de programas televisivos. Estos modelos proporcionan comportamientos masculinos y femeninos que se pueden observar o codificar, y después imitar o copiar. Lo más probable será que un determinado individuo imite el comportamiento de alguien con quien sienta afinidad; habitualmente, será alguien del mismo sexo. La teoría del aprendizaje social de Bandura incluye tres conceptos principales:

1. **Las personas pueden aprender comportamientos por medio de la observación:** esto significa que pueden aprenderlos de modelos vivos (de personas que tienen esos comportamientos), de modelos verbales que dan instrucciones (explicaciones o descripciones de comportamientos concretos) o de modelos simbólicos (comportamientos reflejados en libros, la televisión y películas).
2. **El estado mental es un factor importante en el aprendizaje:** si bien el reforzamiento ambiental es un factor en el aprendizaje de un comportamiento, no es el único que se debe considerar. La satisfacción, el orgullo y los sentimientos de logro son ejemplos de lo que Bandura llamó *reforzamiento intrínseco* o *interno*. Es decir, la manera en que nos sentimos puede jugar un papel importante en el aprendizaje de un comportamiento.

3. **El aprendizaje no significa que un comportamiento vaya a cambiar necesariamente:** los conductistas creían que el hecho de aprender un comportamiento conducía a un cambio permanente en el comportamiento del individuo, pero Bandura muestra que con el aprendizaje basado en la observación, la persona puede aprender la nueva información sin tener que mostrar ese comportamiento. Y, a la inversa, el solo hecho de que un comportamiento sea observado no significa que será aprendido. Para que el aprendizaje social sea efectivo, deben estar presentes cuatro factores:

    - **Atención:** para aprender, es necesario prestar atención, y todo aquello que reduzca la atención afectará negativamente al aprendizaje por medio de la observación.
    - **Retención:** la persona debe ser capaz de almacenar la información y después, más adelante, debe ser capaz de recuperarla y utilizarla.
    - **Reproducción:** tras prestar atención y retener la información, hay que ejecutar el comportamiento observado. La práctica puede llevar a mejorar el comportamiento.
    - **Motivación:** el último paso en el proceso de aprendizaje de un comportamiento observado es que la persona debe sentirse motivada a imitar el comportamiento. Es en este punto en el que el reforzamiento y el castigo tienen un papel. Si un comportamiento observado es reforzado, la persona podría querer volver a dar esa respuesta, mientras que si es castigado, la persona podría sentirse motivada a no manifestarlo de nuevo.

EL EXPERIMENTO DEL MUÑECO BOBO

Para mostrar que los niños observan e imitan comportamientos que acontecen en su entorno, Bandura diseñó el famoso experimento del muñeco Bobo.

Al llevar a cabo el experimento, encontró que los niños que habían observado los modelos agresivos tendieron a imitar mucho más esas respuestas hacia el muñeco Bobo que los niños del grupo de control o los del grupo que había observado los modelos no agresivos.

También encontró que las niñas que habían observado el modelo agresivo expresaron más respuestas de agresión verbal si el modelo había sido una mujer, y más respuestas de agresión física si el modelo había sido un hombre. Los niños imitaron los actos de agresión física en mayor medida que las niñas e imitaron el modelo de su mismo sexo más a menudo que las niñas.

A través del experimento del muñeco Bobo, Bandura fue capaz de mostrar que los niños aprendían un determinado comportamiento social, la agresividad en este caso, al observar el comportamiento de otra persona. Con este experimento, pudo refutar una idea clave del conductismo: que todo comportamiento es el resultado de las recompensas y el reforzamiento.

EL EXPERIMENTO DEL MUÑECO BOBO

1. En este experimento participan treinta y seis niños y treinta y seis niñas de edades comprendidas entre los tres y los seis años.
2. Un subgrupo compuesto por doce niños y doce niñas constituye el control del experimento.
3. Los modelos de comportamiento los ofrecen un hombre y una mujer adultos.

4. Veinticuatro niños y niñas pueden ver cómo el hombre o la mujer atacan agresivamente un juguete llamado *el muñeco Bobo*. Entre otros actos, lo golpean con un martillo y lo arrojan al aire mientras gritan cosas como «¡zas, pumba!» y «¡toma, en toda la nariz!».
5. Otro grupo de veinticuatro niños y niñas es expuesto a un modelo que no se muestra agresivo con el muñeco Bobo.
6. Por último, el grupo de control no es expuesto a ningún modelo.

CARL ROGERS (1902-1987)

Ayudar a los demás a ayudarse a sí mismos

Carl Rogers nació el 8 de enero de 1902 en Oak Park (Illinois) en el seno de una familia protestante estricta. Siendo adolescente, él y su familia se mudaron a Glen Ellen (Illinois), donde se interesó por la agricultura. En 1919 empezó a asistir a la Universidad de Wisconsin, donde decidió especializarse en agricultura. Más adelante cambió de opinión y decidió especializarse en historia, y más adelante volvió a cambiar de opinión y quiso especializarse en religión.

Durante su tercer año de carrera en la Universidad de Wisconsin, Rogers y diez estudiantes más fueron elegidos para participar en una conferencia juvenil cristiana internacional que se celebró en China durante seis meses. A raíz de ese viaje, empezó a plantearse si había elegido la carrera correcta.

Tras graduarse en 1924, fue al Union Theological Seminary, pero pasó a estudiar en el Teachers College de la Universidad de Columbia en 1926. Ahí fue donde asistió a sus primeros cursos de psicología.

Tras doctorarse en Psicología, trabajó en la Universidad Estatal de Ohio, la Universidad de Chicago y la Universidad de Wisconsin. Fue en esta última donde desarrolló una de sus contribuciones más significativas al campo de la psicología: la terapia centrada en el cliente. Convencido de que el cliente o paciente era el responsable de su felicidad en última instancia, Rogers imprimió un cambio en el rol del terapeuta, que pasó de ser un mero técnico a ser alguien capaz de guiar al cliente hacia la felicidad. El terapeuta debía ser empático y congruente, y ofrecer un refuerzo positivo. Además, Rogers elaboró su *teoría del yo*, en la que describía cómo se veía a sí mismo el cliente y cómo la terapia podía transformar esta visión.

En la actualidad, su trabajo sería considerado *psicología humanista*. Sus ideas acerca de cómo debería funcionar la psicología estaban menos enfocadas en el diagnóstico y más en cómo el individuo podía ayudarse a sí mismo, con el fin último de llegar a ser, en sus propias palabras, una «persona plenamente funcional». Carl Rogers murió el 4 de febrero de 1987.

LA AUTORREALIZACIÓN

Carl Rogers rechazó el punto de vista del conductismo de que el comportamiento era el resultado del condicionamiento y también el enfoque del psicoanálisis, que se centraba en el inconsciente y los factores biológicos. En lugar de ello, planteó la hipótesis de que las personas se comportan de ciertas maneras según la forma en que perciben las situaciones y afirmó que solo la propia persona puede saber cuál es su percepción.

Rogers creía que los seres humanos tienen una motivación básica: la tendencia a autorrealizarse.

Definiciones clínicas

- **AUTORREALIZACIÓN:** tiene lugar cuando una persona hace realidad su potencial y llega a ser plenamente funcional, alcanzando así el más alto grado de realización humana.
- **YO IDEAL:** es lo que le gustaría ser a una persona. Incluye metas y ambiciones y está cambiando constantemente.

La modalidad más básica de autorrealización puede entenderse con la metáfora de la flor. Una flor está limitada por su entorno, y solo bajo las condiciones adecuadas será capaz de crecer hasta manifestar todo su potencial.

Por supuesto, los seres humanos son mucho más complejos que las flores. Nosotros nos desarrollamos según nuestra personalidad. Carl Rogers postuló que las personas son buenas y creativas de forma innata, y que solo se vuelven destructivas cuando limitaciones externas o una percepción deficiente de sí mismas sustituyen el proceso de valoración. Afirmó que un individuo con una autoestima elevada, que se ha acercado a su yo ideal, tiene que ser capaz de hacer frente a las dificultades de la vida, aceptar la infelicidad y el fracaso, sentirse seguro de sí mismo, tener una visión positiva de sí mismo y mostrarse abierto con los demás. Rogers creía que la persona debía encontrarse en un estado de congruencia con el fin de alcanzar una autoestima elevada y un grado de autorrealización.

LA CONGRUENCIA

Si el yo ideal de un individuo dado es similar a su experiencia real o coherente con esta, se encuentra en un estado de congruencia. En cambio, cuando hay una diferencia entre el yo ideal de alguien y su experiencia, esa persona se encuentra en un estado de incongruencia.

Es muy poco frecuente que un individuo experimente un estado de congruencia total, pero Rogers afirma que el ser humano es más congruente y tiene un sentimiento de valía más elevado cuando su autoimagen (la forma en que se ve a sí mismo) está próxima al yo ideal que intenta alcanzar. Como las personas quieren verse a sí mismas de formas compatibles con su autoimagen, puede ser que empiecen a utilizar mecanismos de defensa como la represión o la negación para sentirse menos amenazadas por sentimientos que podrían ser vistos como indeseables.

Rogers también subrayó la importancia que tienen los demás en la propia vida. Creía que las personas necesitan sentir que los demás las tienen en buena consideración, porque todo el mundo alberga el deseo de ser respetado, valorado, amado y tratado con afecto. Rogers planteó la existencia de dos tipos de consideración positiva:

1. **Consideración positiva incondicional:** se da cuando la persona es querida y respetada tal como es, especialmente por sus padres, su pareja y su terapeuta. Esto hace que no tenga miedo de probar cosas nuevas y cometer errores, incluso si las consecuencias de estos no son buenas. Cuando la persona se puede autorrealizar, normalmente es objeto de la consideración positiva incondicional.
2. **Consideración positiva condicional:** se da cuando se tiene en buena consideración a la persona no porque se la quiera y respete tal como es, sino porque se comporta de maneras que otros consideran correctas. La consideración positiva condicional se da, por ejemplo, cuando los niños reciben aprobación por parte de sus padres a causa de que se comportan tal como estos quieren. Lo más probable es que alguien que está buscando siempre la aprobación de los demás experimentase la consideración positiva condicional en la infancia.

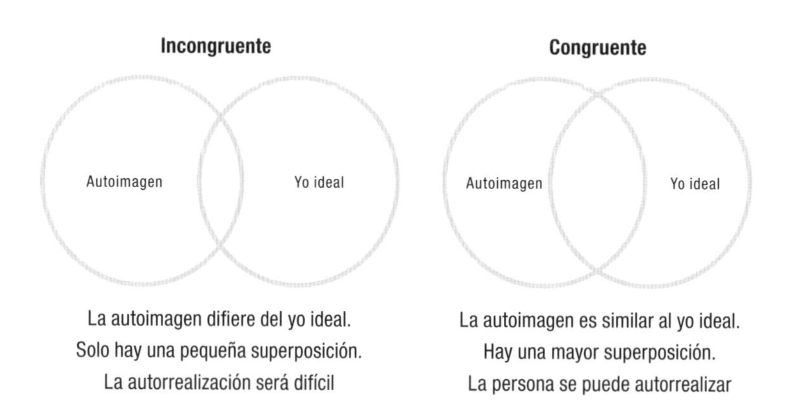

ILUSTRACIÓN VISUAL DE LA CONGRUENCIA

ABRAHAM MASLOW

(1908-1970)

Puso el foco en el potencial humano

Abraham Maslow nació el 1 de abril de 1908 en Brooklyn (Nueva York). Fue el mayor de siete hijos de un matrimonio de inmigrantes rusos judíos. El mismo Maslow dijo que había sido un niño tímido, solitario e infeliz, y que pasó gran parte de la juventud en la biblioteca, sumergido en sus estudios.

Empezó a estudiar Derecho en el City College de Nueva York, pero no tardó en trasladarse a la Universidad de Wisconsin, donde comenzó a asistir a cursos de psicología. Ahí, Harry Harlow, célebre por sus experimentos con macacos *rhesus*, se convirtió en su mentor y en su asesor de doctorado. Maslow cursó toda la carrera de Psicología en la Universidad de Wisconsin, donde se licenció en 1930, consiguió la maestría en 1931 y obtuvo el doctorado en 1934. Entonces prosiguió con sus estudios de psicología en la Universidad de Columbia, donde Alfred Adler, el «padre» del complejo de inferioridad, fue su mentor.

En 1937 empezó a ejercer como docente en el Brooklyn College, donde permanecería hasta 1951. Ahí tuvo dos mentores más: Max Wertheimer, psicólogo gestáltico, y la antropóloga Ruth Benedict. Maslow los admiraba tanto desde el punto de vista profesional y el personal, que empezó a observarlos detenidamente y a estudiar su comportamiento. Este fue el inicio del interés que tendría, durante el resto de su vida, por el potencial humano y la salud mental, y sentó las bases de sus principales contribuciones al campo de la psicología.

En la década de 1950, Maslow fue uno de los padres fundadores y líderes de la psicología humanista. En lugar de centrarse en la enfermedad o en lo anormal, se enfocó en la buena salud mental. La aparición de la psicología humanista condujo a la creación de varios tipos de terapia a partir de la idea de que las personas tienen el potencial de autosanarse mediante el uso de una terapia pertinente; el terapeuta solo ofrecería orientación y ayudaría a quitar de en medio los obstáculos con el fin de que el paciente pudiese realizar su potencial.

Abraham Maslow es conocido sobre todo por su *jerarquía de necesidades*, una de las piedras angulares del pensamiento y las enseñanzas de la psicología moderna. La base de esta jerarquía es la idea de que los seres humanos obedecen a la motivación de satisfacer una serie de necesidades, empezando por las muy básicas y continuando por otras cada vez más sofisticadas.

Maslow impartió clase en la Universidad Brandeis entre 1951 y 1969, año en que se trasladó a California para trabajar en el Instituto Laughlin. Murió de un ataque cardíaco el 8 de junio de 1970, con sesenta y dos años.

LA JERARQUÍA DE NECESIDADES

Abraham Maslow presentó su jerarquía de necesidades al mundo en 1943. Se suele representar en forma de pirámide. Según Maslow, las necesidades tienen un papel importante a la hora de motivarnos a comportarnos de ciertas maneras. Cuanto más básica es una necesidad, más abajo se encuentra en la pirámide, y cuanto más compleja, más arriba. Las necesidades que se encuentran en los niveles inferiores de la pirámide son más de tipo físico, y las que se encuentran en los niveles superiores son más de tipo psicológico y social. Los niveles deben satisfacerse partiendo del más básico, por orden ascendente. Las necesidades son las siguientes:

Fisiológicas

Las necesidades fisiológicas son las más básicas y vitales para la supervivencia. Todas las otras necesidades son secundarias mientras estas no están satisfechas. Incluyen la necesidad de comida, agua, aire, sueño, homeostasis y reproducción sexual.

Seguridad

Las necesidades relativas a la seguridad también son importantes para la supervivencia, pero no tan cruciales como las fisiológicas. Este nivel del modelo incluye necesidades como la seguridad personal (como contar con un hogar y vivir en un vecindario seguro), la seguridad económica, una salud lo bastante buena y algún tipo de red de seguridad para protegerse de los imprevistos (como la que ofrecen los seguros).

Amor y pertenencia

La necesidad de amor y la de pertenencia, también conocidas como necesidades sociales, incluyen el deseo de pertenecer, el de ser amado, el de sentirse aceptado y el de no estar solo. Estas necesidades son menos básicas que las de los dos primeros niveles y pueden satisfacerse por medio de las amistades, las relaciones románticas y la familia; también perteneciendo a grupos y organizaciones de los ámbitos religioso, social o comunitario.

Estima

Todas las personas tienen la necesidad de ser respetadas y valoradas por las demás y tener la sensación de que están efectuando una contribución al mundo. Contar con una autoestima elevada y con el respeto de los demás puede desembocar en la confianza, mientras que una autoestima baja y la falta de respeto de los demás puede conducir a sentimientos de inferioridad. Las personas pueden sentirse valoradas y gozar de una buena autoestima participando en actividades profesionales, equipos deportivos y aficiones, y también gracias a sus logros en el ámbito académico.

Autorrealización

En la parte superior del modelo de Maslow se encuentra la necesidad de autorrealización, es decir, de realizar el propio potencial. En otras palabras: el ser humano debe llegar a ser aquello que es capaz de llegar a ser. Ahora bien, es necesario tener resueltas las necesidades que se encuentran por debajo antes de poder alcanzar este nivel. La necesidad de autorrealización puede hacer referencia a muchas cosas, distintas en el caso de cada individuo. Por ejemplo, alguien podría desear ser el mejor pintor posible, y otro, ser un padre ideal.

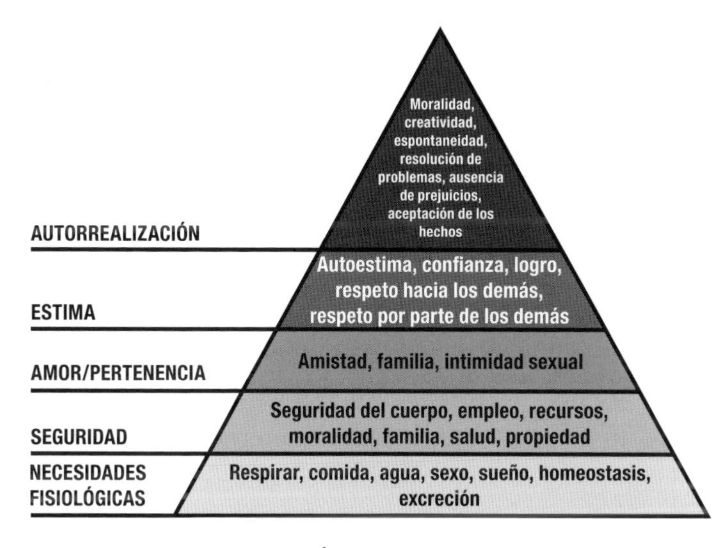

JERARQUÍA DE NECESIDADES DE MASLOW

Distintos tipos de necesidades

Maslow identificó varios tipos de necesidades, así como distintos niveles. Las *necesidades de déficit* son las que surgen de la privación (como las que tienen que ver con la seguridad, las de tipo social, las que tienen que ver con la estima y las de tipo fisiológico). Estas necesidades corresponden a los niveles bajos, y deben ser satisfechas para evitar sentimientos o consecuencias desagradables. Las *necesidades de crecimiento*, también conocidas como *necesidades de ser*, surgen del deseo de crecer como ser humano. Las necesidades de crecimiento no son un resultado de la privación.

CRÍTICAS A LA JERARQUÍA DE NECESIDADES DE MASLOW

La jerarquía de necesidades de Maslow ha recibido sus críticas; y, sobre todo, se ha cuestionado el método que usó para determinar las características de la autorrealización. Maslow empleó el análisis biográfico, un método cualitativo que consistió en investigar la biografía y los escritos de veintiuna personas que determinó que estaban autorrealizadas, a partir de lo cual elaboró su lista de cualidades. Esto significa que su definición de la autorrealización se basa totalmente en su visión subjetiva al respecto, y que dicha definición no tiene por qué ser aceptada como un hecho demostrado científicamente.

Otra crítica que ha recibido la jerarquía de necesidades de Maslow es la postura de su creador de que es preciso satisfacer las necesidades de tipo inferior antes de que la persona sea capaz de alcanzar la autorrealización. Quienes viven en situación de pobreza, por ejemplo, también son capaces de amar y de tener un sentimiento de pertenencia, aunque, siguiendo a Maslow, esto no debería ser así.

A pesar de las críticas, es innegable que las aportaciones de Abraham Maslow han sido muy importantes y significativas para la psicología moderna. Retiró el foco de los comportamientos anormales y llevó a la psicología a enfocarse en los aspectos positivos de la naturaleza humana, la salud mental y el potencial humano.

TEORÍAS SOBRE LA INTELIGENCIA

Pensar sobre pensar

El tema de la inteligencia sigue siendo uno de los más controvertidos del campo de la psicología, porque nunca se ha logrado consensuar una definición al respecto. Mientras que algunos creen que la inteligencia es una sola capacidad, otros opinan que incluye varios talentos, habilidades y capacidades. De todos modos, en general existe consenso en cuanto a que la inteligencia incluye la capacidad de la persona de pensar de forma racional, resolver problemas, analizar situaciones, aprender de las experiencias, saber lidiar con las exigencias de la vida y comprender las normas sociales, las costumbres y los valores.

Ni siquiera hoy en día existe consenso, entre los psicólogos, sobre si la inteligencia se puede medir con precisión, e intentan responder estas preguntas:

- ¿Se hereda la inteligencia?
- ¿Se ve afectada por el entorno?
- ¿Incluye varias habilidades y capacidades o es una sola capacidad?
- ¿Contienen un sesgo los test destinados a determinar el cociente intelectual?
- ¿Permiten predecir algo las puntuaciones obtenidas en estos test?

Hay muchas teorías que intentan explicar la inteligencia. A continuación presentamos algunas de las principales.

Inteligencia general

El psicólogo británico Charles Spearman presentó el concepto de inteligencia general, o *factor g*, en 1904. Creía que existe una inteligencia general que influye en la capacidad mental, y que este factor g se podía medir con un solo número, derivado de responder un test destinado a determinar el grado de capacidad mental. Encontró que las personas que obtenían un buen resultado en un determinado test cognitivo también lo obtenían en otros test de tipo cognitivo y que las que tenían un mal desempeño en uno también lo tenían en los demás. Por lo tanto, su conclusión fue que la inteligencia es una capacidad cognitiva general que se puede medir y expresar con un número.

Aptitudes mentales primarias

El psicólogo Louis L. Thurstone creía que la inteligencia la determinaban siete *aptitudes mentales primarias*. Estas aptitudes son el razonamiento, la comprensión verbal, la capacidad numérica, la rapidez perceptiva, la fluidez verbal, la visualización espacial y la memoria asociativa.

Inteligencias múltiples

La teoría de las inteligencias múltiples del psicólogo Howard Gardner establece que una expresión numérica no representa de forma precisa la inteligencia humana. En su teoría, Gardner propone que hay ocho inteligencias diferentes basadas en ciertas capacidades y habilidades, y que algunas de ellas pueden estar presentes en mayor grado en cualquier persona dada. Estas inteligencias son la visual-espacial (la capacidad de visualizar cosas), la lingüístico-verbal (la capacidad de utilizar las palabras tanto al escribir como al hablar), la lógico-matemática (la capacidad de analizar un problema de forma lógica, reconocer patrones y utilizar la razón), la corporal-kinestésica (la capacidad de control físico y para el movimiento corporal), la musical (la capacidad de pensar en ritmos, sonidos y patrones), la interpersonal (la capacidad de comprender a los demás y reaccionar ante ellos), la intrapersonal (la conciencia de los propios sentimientos, emociones y motivaciones) y la naturalista (la capacidad de estar en sintonía con la naturaleza, explorar el entorno y aprender más sobre otras especies).

Teoría triárquica de la inteligencia

La teoría triárquica de la inteligencia del psicólogo Robert Sternberg afirma que la «inteligencia exitosa» está compuesta por tres factores, que son la inteligencia analítica (capacidades relativas a la resolución de problemas), la inteligencia creativa (la capacidad de lidiar con situaciones nuevas usando habilidades actuales y experiencias del pasado) y la inteligencia práctica (la capacidad de adaptarse a un entorno cambiante).

CRONOLOGÍA DE LOS TEST DE INTELIGENCIA

Hay tantos procedimientos para evaluar la inteligencia como interpretaciones de lo que es esta. Con el tiempo, los test de inteligencia (conocidos como *instrumentos*) han evolucionado y han llegado a estar estandarizados.

Alfred Binet (1905)

En 1905, el psicólogo francés Alfred Binet fue contratado por el Gobierno francés para crear un test destinado a evaluar la inteligencia de los niños. El Gobierno de Francia acababa de promulgar leyes que requerían que todos los niños de entre seis y catorce años estuviesen escolarizados, y el test debía poder determinar qué niños iban a necesitar atención especial.

Binet y su colega Theodore Simon idearon una serie de ítems relativos a cuestiones extraescolares para poner a prueba la memoria, la capacidad de atención y la capacidad de resolver problemas de los niños.

Binet se dio cuenta de que algunos niños podían responder bien a ítems pensados para niños de más edad, mientras que otros de la misma edad solo podían responder bien a ítems pensados para niños más pequeños. A partir de estos hallazgos, concibió el concepto de *edad mental*, que hace referencia a la medida de inteligencia que representa las capacidades medias de los niños de cierta edad. La escala de Binet-Simon se convirtió en el primer test de inteligencia, y constituye la base de los que se emplean en la actualidad.

El test de inteligencia de Stanford-Binet (1916)

Cuando la escala de Binet-Simon fue conocida en los Estados Unidos, el psicólogo Lewis Terman, de la Universidad de Stanford, la estandarizó y la empleó con una muestra de sujetos norteamericanos. Esta versión adaptada, conocida como *escala de inteligencia de Stanford-Binet*, se publicó en 1916.

En este test se empleaba un solo número (el cociente intelectual o CI) para representar la puntuación de la persona. El CI se calcula tomando la edad mental del individuo, dividiéndola por su edad cronológica y multiplicando el resultado por 100.

Los test de inteligencia Army Alpha y Army Beta (1917)

Al principio de la Primera Guerra Mundial se reclutó a muchísimas personas. Para poder evaluar a tal cantidad de gente, el psicólogo Robert Yerkes (presidente de la Asociación Estadounidense de Psicología y presidente del Comité para el Examen Psicológico de los Reclutas) creó dos test de inteligencia: el Army Alpha y el Army Beta. Más de dos millones de hombres pasaron por ellos. La finalidad era determinar qué roles podían desempeñar y qué puestos podían ocupar.

Las escalas de inteligencia de Wechsler (1955)

En 1955, el psicólogo estadounidense David Wechsler creó un nuevo test de inteligencia, la *escala Wechsler de inteligencia para adultos* (WAIS, por sus siglas en inglés). Se han ido introduciendo modificaciones en la versión original, que por el momento han culminado en la WAIS-IV.

También creó dos test para niños: la *escala Wechsler de inteligencia para preescolar y primaria* (WPPSI) y la *escala Wechsler de inteligencia para niños* (WISC).

Mientras que en el test de Stanford-Binet se puntúa a partir de la edad mental y cronológica, en la escala Wechsler de inteligencia para adultos se puntúa comparando la puntuación obtenida por el individuo con las puntuaciones obtenidas por personas del mismo grupo de edad. La puntuación media es 100. El sistema de puntuación utilizado en la WAIS es actualmente el sistema convencional de puntuación que se emplea en los test destinados a determinar el cociente intelectual.

Qué significa la puntuación relativa al cociente intelectual

Según el test de inteligencia de Stanford-Binet:

- 19 e inferior: deficiencia mental profunda.
- 20 a 49: deficiencia mental importante.
- 50 a 69: deficiencia mental moderada.
- 70 a 79: deficiencia mental leve.
- 80 a 89: entre la inteligencia normal y la deficiencia.
- 90 a 109: promedio o normal.
- 110 a 119: superior.
- 120 a 139: muy superior.
- A partir de 140: genio o casi genio.

Según la escala Wechsler de inteligencia para niños:

- 69 e inferior: inteligencia extremadamente baja.
- 70 a 79: inteligencia muy baja.
- 80 a 89: inferior a la media.
- 90 a 109: dentro de la media.
- 110 a 119: por encima de la media.
- 120 a 129: superior.
- A partir de 130: extremadamente superior.

KURT LEWIN (1890-1947)

El padre de la psicología social moderna

Kurt Lewin nació el 9 de septiembre de 1890 en Mogilno (Prusia, la actual Polonia) en el seno de una familia judía de clase media. En 1909, asistió a la Universidad de Freiberg para estudiar Medicina; sin embargo, después se trasladó a la Universidad de Múnich, donde decidió estudiar Biología.

En 1910 empezó a asistir a la Universidad de Berlín para doctorarse en Filosofía y Psicología; el doctorado en Psicología lo obtuvo en 1914. A continuación participó en la Primera Guerra Mundial, donde trabajó en la división de infantería. Luchó en la guerra durante cuatro años, hasta que fue herido en batalla.

En 1917 se casó con Maria Landsberg, que era maestra de escuela. El matrimonio solo duró diez años, pero tuvieron dos hijos. En 1929 se casó con Gertrud Weiss, con la que tendría dos hijos más.

En 1921, Kurt Lewis empezó a enseñar psicología y filosofía en el Instituto Psicológico de la Universidad de Berlín. Ya era un escritor prolífico, y fue extremadamente popular entre los alumnos. En 1930, la Universidad de Stanford lo invitó a enseñar en calidad de profesor visitante. Lewin acabó por emigrar a los Estados Unidos y consiguió la ciudadanía en 1940.

Cuando los Estados Unidos se implicaron en la Segunda Guerra Mundial, Lewin aprovechó los resultados de sus investigaciones para apoyar la causa y ejerció de consultor para el Gobierno estadounidense. En 1944, creó la Comisión para las Interrelaciones Comunitarias, que se enfocó en combatir la discriminación religiosa y racial, y el Centro de Investigación de Dinámicas de Grupo en el MIT (Instituto de Tecnología de Massachusetts), que se centró en estudiar los grupos y cómo estos afectan al comportamiento del individuo.

Kurt Lewin es considerado el padre de la psicología social moderna. Fue uno de los primeros psicólogos que usaron métodos científicos y la experimentación para examinar los comportamientos sociales. Durante su vida, publicó ocho libros y más de ochenta artículos.

El 12 de febrero de 1947, Kurt Lewin sufrió un ataque al corazón y murió. Tenía cincuenta y siete años.

LA TEORÍA DEL CAMPO DE LEWIN

La psicología de la Gestalt inspiró a Lewin y también le influyó mucho la teoría del campo de Albert Einstein, según la cual los objetos están interactuando de continuo con la gravedad y el electromagnetismo. Lewin intentó aplicar esta idea de Einstein a la psicología y postuló que el comportamiento era el resultado de la interacción constante del individuo con su entorno.

Creía que el comportamiento era determinado por la totalidad de la situación en que se encontraba la persona y denominó *campo* a la suma de estos factores coexistentes. Según su teoría, un individuo dado se comportará de una forma u otra según cómo se resuelvan las tensiones percibidas entre el yo y el entorno. Para entender totalmente el comportamiento, hay que examinar todo el campo psicológico, constituido por los ámbitos de la escuela, el trabajo, la iglesia, la familia... (Lewin lo denominó el *espacio vital*).

La teoría del campo de Lewin tuvo una influencia enorme en la psicología social y ayudó a popularizar la idea de que el comportamiento es fruto de la interacción entre el entorno y los rasgos del individuo.

ESTILOS DE LIDERAZGO

En 1939, Kurt Lewin encabezó un grupo de investigación con el objetivo de identificar y estudiar distintos tipos de estilo de liderazgo.

Identificaron tres –el autoritario, el democrático y el *laissez-faire* ('dejar hacer')–, si bien se han establecido más desde esos tiempos. Para realizar el estudio, distribuyeron a escolares en tres grupos, cada uno liderado por una persona que se ajustaba a uno de los tres estilos de liderazgo. Lewin y su grupo de investigadores estudiaron las respuestas de los niños mientras su líder los orientaba en un proyecto de artes y manualidades.

El liderazgo autoritario o autocrático

Los líderes autoritarios ofrecen explicaciones claras sobre lo que hay que hacer, cómo hay que hacerlo y cuándo debe estar terminado. Este tipo de líder toma decisiones habiendo recibido muy pocas aportaciones por parte de los otros miembros del grupo o ninguna en absoluto; a causa de ello, existe una división manifiesta entre el líder y aquellos que lo siguen.

Lewin encontró que el grupo que estaba bajo un liderazgo autoritario era menos creativo en la toma de decisiones. Si quien ostenta este tipo de liderazgo abusa de su poder, es fácil que lo vean como alguien mandón, dictatorial y controlador. El liderazgo autoritario es el más apropiado en aquellas situaciones en que el líder es la persona más experta del grupo o cuando hay demasiado poco tiempo para tomar decisiones colectivas. Lewin también observó que es más difícil pasar de un liderazgo autoritario a un liderazgo democrático que al revés.

El liderazgo democrático o participativo

Los resultados de Lewin mostraron que el liderazgo democrático es el estilo más efectivo. Los líderes democráticos participan en el grupo, permiten que los demás efectúen aportaciones y ofrecen orientación. Lewin encontró que los niños que se encontraban en este grupo eran menos productivos que los que estaban en el grupo autoritario, pero que sus contribuciones eran de mayor calidad. Aunque el líder democrático tiene la última palabra en la toma de decisiones, anima a los otros miembros del grupo a participar; esto hace que se sientan más implicados y motivados en el proceso, lo cual contribuye a que sean más creativos.

El liderazgo *laissez-faire* o delegador

En el liderazgo *laissez-faire*, el líder interviene muy poco y deja toda la toma de decisiones en manos del grupo. Lewin encontró que este estilo de liderazgo era el menos productivo. Advirtió que los niños incluidos en este grupo pedían más del líder, no podían trabajar independientemente y eran muy poco cooperativos. Si los miembros de un grupo están muy cualificados en una cierta área, un liderazgo de tipo *laissez-faire* puede ser efectivo; sin embargo, la mayor parte de las veces hace que los miembros del grupo acaben desmotivados y no terminen de saber cuál es su función.

El enfoque de Kurt Lewin consistente en centrarse en el comportamiento del individuo en relación con su entorno, y no en relación con experiencias del pasado, fue rompedor, y Lewin es considerado por muchos uno de los padres fundadores de la psicología social. Su incorporación de los principios de la Gestalt, su comprensión de las influencias situacionales y su trabajo con las dinámicas de grupo y el liderazgo ha tenido un gran impacto en la forma en que los psicólogos abordan y comprenden el comportamiento social.

CARL JUNG (1875-1961)

Introvertidos, extrovertidos y el inconsciente

Carl Jung nació el 26 de julio de 1875 en Kesswil (Suiza). Hijo de un sacerdote, fue el único hijo, entre cuatro, que sobrevivió. Su madre lidiaba con la depresión y a menudo se encontraba ausente del hogar, hasta que la familia se mudó a Basilea, cuando Jung contaba cuatro años.

Según él mismo, cuando era más feliz de niño era cuando estaba solo. En 1887, con doce años, un compañero de clase lo derribó y perdió el conocimiento. A consecuencia de este incidente, empezó a sufrir desmayos neuróticos. Aunque pronto advirtió que los desmayos le permitían no ir a la escuela, esos episodios no eran simulados, sino el resultado de una neurosis. Jung permaneció en casa durante seis meses, y los doctores temieron que pudiese sufrir epilepsia. Un día, oyó cómo su padre le decía a alguien que temía que su hijo no pudiese llegar a ser capaz de ganarse la vida por sí mismo. A partir de ese momento decidió centrarse en los estudios. Antes de regresar a clase aún sufría desmayos, pero con el tiempo pudo superar el problema y regresar a la escuela. Nunca más se volvió a desmayar. Esos episodios de desmayo fueron el primer contacto que tuvo con la neurosis en su vida.

En 1895, Carl Jung asistió a la Universidad de Basilea para estudiar Medicina. Un día descubrió un libro sobre los fenómenos espiritistas. Sintió tanta curiosidad por el asunto y por la psiquiatría que en los últimos meses de sus estudios dejó de centrarse en la medicina para pasar a enfocarse en la psiquiatría. Para él, esta disciplina constituía la combinación perfecta de medicina y espiritualidad. En 1902 terminó su tesis doctoral, que tituló «Sobre la psicología y la patología de los denominados fenómenos ocultos», y se graduó como médico.

En 1903 se casó con Emma Rauschenbach y comenzó a trabajar en el Hospital Psiquiátrico Burghölzli. Aunque él y su esposa permanecieron casados hasta la muerte de ella en 1955, Jung tuvo aventuras con otras mujeres, incluida una relación de años con su primera paciente del Hospital Psiquiátrico Burghölzli.

En 1906 empezó a mantener correspondencia con Sigmund Freud. Le envió una compilación de su obra, titulada *Estudios sobre asociaciones de palabras*, y los dos hombres no tardaron en hacerse buenos amigos. La amistad con Freud tuvo un profundo impacto en la obra de Jung; sobre todo, motivó a este a interesarse por la mente inconsciente. Sin embargo, a partir de 1909 Jung empezó a no comulgar con algunas de las ideas de Freud. Mientras que este subrayaba el papel del sexo como factor de motivación del comportamiento, Jung se interesó más por los símbolos, los sueños y el autoanálisis. En 1912 Jung y Freud dejaron de ser amigos.

Como Jung renegó de la teoría de Freud relativa al sexo, la comunidad psicoanalítica se volvió en su contra y perdió a varios socios y amigos. En esa época dedicó su tiempo a explorar su subconsciente y creó la psicología analítica.

Jung creía que el propósito de toda persona en la vida es integrar completamente su consciente y su inconsciente, de tal manera que pueda expresar su «verdadero yo». Llamó *individuación* a este proceso.

También se interesó por lo que denominó *psicología primitiva*, y estudió varias culturas que encontró en la India y África Oriental, así como los indios pueblo de Nuevo México. Murió el 6 de junio de 1961 en Zúrich.

Definición clínica

INDIVIDUACIÓN: escuchando los mensajes que encuentre en sus sueños y en su imaginación en estado de vigilia, la persona puede comprender, expresar y armonizar las muchas partes de su psique única para alcanzar su «verdadero yo». Según Jung, dentro del inconsciente de cada individuo hay imágenes primordiales, a las que llamó *arquetipos*, que constituyen reflejos de temas y patrones universales. Estas imágenes primordiales no se aprenden, actúan de forma similar al instinto y ayudan a organizar la propia experiencia.

LOS ARQUETIPOS

Como Freud, Carl Jung creía que la psique humana está compuesta de tres partes, aunque concebía el tema de forma algo diferente a como lo hacía Freud. Jung creía que la psique podía dividirse en el yo, el inconsciente colectivo y el inconsciente personal. Afirmó que el yo es una representación de la mente consciente, que el inconsciente colectivo contiene experiencias e información que todos compartimos como especie (lo cual, creía, constituye un tipo de herencia psicológica) y que el inconsciente personal contiene los recuerdos, tanto los disponibles como los reprimidos.

Según Jung, los arquetipos, o imágenes primordiales que reflejan patrones comunes, moran en el inconsciente colectivo y ayudan a organizar la forma en que las personas experimentan sus vivencias particulares. No son aprendidos sino hereditarios, universales e innatos. Los arquetipos pueden combinarse y solaparse, y aunque no hay un límite en la cantidad de arquetipos que pueda haber, Jung reconoció cuatro de una importancia capital:

1. **El yo:** este arquetipo representa la unión del consciente y el inconsciente, y simboliza el esfuerzo por la unidad y la completitud. El yo es el resultado de la individuación; esta hace que cada parte de la personalidad del individuo se exprese por igual, lo cual da lugar a una psique más equilibrada. En los sueños, el yo suele aparecer representado por un círculo, un mandala o un cuadrado.
2. **La sombra:** este arquetipo incluye los instintos que tienen que ver con la vida y el sexo y está hecho de debilidades, deseos, defectos e ideas reprimidas. El arquetipo de la sombra forma parte de la mente inconsciente y puede representar lo desconocido, el caos y lo salvaje. La sombra puede aparecer en sueños como una serpiente, un dragón, un demonio o cualquier otra figura oscura, exótica o salvaje.
3. **El ánima o ánimus:** en la psique masculina, el ánima es una imagen femenina; y en la psique femenina, el ánimus es una imagen masculina. En conjunto, conforman la sizigia,* la cual da lugar a la completitud. Un ejemplo evidente de sizigia lo encontramos cuando dos personas han determinado que son almas gemelas y combinan, así, el ánima y el ánimus. La sizigia también es conocida como la *pareja divina* y representa la totalidad, la unificación y el sentimiento de estar completo. Por esta razón, el ánima y el ánimus representan el «verdadero yo» de la persona y constituyen una vía de comunicación importante con el inconsciente colectivo.
4. **La persona:** este arquetipo hace referencia a cómo el individuo se presenta al mundo. El arquetipo persona protege al yo de las imágenes negativas y puede aparecerse de muchas formas diferentes en los sueños. La persona es una representación de las muchas

* N. del T.: *Sizigia* es un término recogido en el *Diccionario de la lengua española* de la RAE como perteneciente al campo de la astronomía, con este significado: «Conjunción u oposición de la Luna con el Sol».

máscaras que lleva el individuo según las situaciones y según los grupos en los que se encuentra.

Otros arquetipos que reconoció Jung son el padre (que representa la autoridad y el poder), la madre (que representa el consuelo y el cuidado), el niño (que representa el deseo de inocencia y salvación) y el viejo sabio (que representa la sabiduría, la orientación y el conocimiento).

La relación de Carl Jung con Alcohólicos Anónimos

A principios de la década de 1930, un hombre conocido como Rowland H. visitó a Jung para que lo ayudase con su alcoholismo, el cual padecía en un grado importante. Tras varias sesiones en las que el hombre no efectuó ningún progreso, Jung creyó que Rowland era un caso perdido y declaró que la única forma en que podía encontrar alivio era a través de una experiencia espiritual. Le recomendó que acudiese a un grupo cristiano evangélico conocido como Grupo de Oxford. Rowland siguió el consejo y presentó al grupo a otro alcohólico, conocido como Ebby T. Ebby tuvo un gran éxito en ese grupo e invitó a asistir a otro bebedor, conocido como Bill W. Con el tiempo, Bill W. tuvo un despertar espiritual y se convirtió en uno de los fundadores de Alcohólicos Anónimos. En 1961, Bill W. le escribió una carta de agradecimiento a Jung.

Carl Jung es considerado el fundador de la psicología analítica, que aborda el psicoanálisis como una exploración del inconsciente teniendo en cuenta el deseo del individuo de estar completo. Sus ideas sobre la extroversión, la introversión, los sueños y los símbolos ejercieron una gran influencia en el ámbito de la psicoterapia y contribuyeron en gran medida a la comprensión de la psicología de la personalidad.

HENRY MURRAY (1893-1988)

Los rasgos de la personalidad

Henry Murray nació el 13 de mayo de 1893 en la ciudad de Nueva York, en el seno de una familia acomodada. En 1915, se graduó en Historia en la Universidad de Harvard. A continuación asistió al Colegio de Médicos y Cirujanos de la Universidad de Columbia, donde se licenció en Biología. Su interés por la psicología se despertó en el curso de sus estudios en Columbia.

Murray se sintió fascinado por el trabajo de Carl Jung, a quien conoció en 1925 en Zúrich. Según el mismo Murray, los dos hombres estuvieron hablando durante horas, salieron a navegar y fumaron. A raíz de ese encuentro, experimentó su propio inconsciente y decidió hacer la carrera de Psicología.

No tardó en ser instructor en la Clínica Psicológica de Harvard a petición de Morton Prince, su fundador. En 1937 fue elegido director de la clínica. Con sus grandes conocimientos médicos y su exhaustiva formación analítica, Murray aportó un enfoque único a su trabajo, centrado en la personalidad y el inconsciente.

En 1938 dejó Harvard para ayudar en la guerra; incluso le pidieron que trazara el perfil psicológico de Adolf Hitler. Ese mismo año, creó el test de apercepción temática, actualmente famoso; la finalidad de esta prueba es determinar motivaciones inconscientes y cuestiones relativas a la personalidad. Durante la Segunda Guerra Mundial, creó y dirigió la Oficina de Servicios Estratégicos, cuya función era evaluar la aptitud psicológica de los agentes de las agencias de inteligencia estadounidenses.

Murray regresó a la Universidad de Harvard en 1947, y dos años más tarde ayudó a crear la Clínica Psicológica Annex. En 1962 pasó a ser profesor emérito en la Universidad de Harvard. El 23 de junio de 1988 murió a consecuencia de una neumonía, con noventa y cinco años.

LA TEORÍA DE MURRAY DE LAS NECESIDADES PSICOGÉNICAS

En 1938, Henry Murray presentó su teoría de las necesidades psicogénicas. Según esta teoría, la personalidad es el resultado de necesidades básicas que se encuentran, sobre todo, en el nivel inconsciente. Estos son los dos tipos de necesidades más básicos:

1. **Necesidades primarias:** necesidades biológicas como la comida, el agua y el oxígeno.
2. **Necesidades secundarias:** necesidades psicológicas, como la de alcanzar los objetivos, obtener cuidados o ser independiente.

Además, Murray y sus colegas identificaron veintisiete necesidades que, según él, tiene todo el mundo, aunque cada persona en un grado distinto. Son estas:

- **Adquisición:** la necesidad de conseguir posesiones.
- **Afiliación:** la necesidad de hacer amigos y establecer relaciones.
- **Agresión:** la necesidad de hacer daño a otros.
- **Autonomía:** la necesidad de permanecer fuerte y resistir ante los demás.
- **Comprensión o conocimiento:** la necesidad de hacer preguntas, buscar el conocimiento, analizar y experimentar.
- **Construcción:** la necesidad de crear y construir.
- **Cuidado:** la necesidad de proteger a los indefensos.
- **Defensa:** la necesidad de justificar los propios actos.
- **Deferencia:** la necesidad de servir o seguir a alguien que está por encima de uno.

- **Degradación:** la necesidad de aceptar el castigo y la rendición.
- **Dominio o poder:** la necesidad de dirigir a otras personas y controlar.
- **Evitación de la culpa:** la necesidad de obedecer las reglas y evitar ser culpado.
- **Evitar el daño:** la necesidad de evitar el dolor.
- **Exhibición:** la necesidad de llamar la atención.
- **Exposición:** la necesidad de instruir y dar información.
- **Infraevitación:** la necesidad de ocultar las debilidades y evitar la vergüenza o el fracaso.
- **Juego:** la necesidad de divertirse, relajarse y aliviar la tensión o el estrés.
- **Neutralización:** la necesidad de defender el propio honor.
- **Oposición:** la necesidad de ser único.
- **Orden:** la necesidad de organizar, ordenar y ser exigente.
- **Rechazo:** la necesidad de rechazar a los demás.
- **Reconocimiento:** la necesidad de obtener reconocimiento social y afirmar o mejorar el estatus mostrando los propios logros.
- **Sensibilidad:** la necesidad de disfrutar de experiencias sensoriales.
- **Sexualidad o erotismo:** la necesidad de tener una relación de tipo erótico y disfrutar con ella.
- **Similitud:** la necesidad de empatizar con los demás.
- **Socorro:** la necesidad de obtener solidaridad o protección.
- **Triunfo:** la necesidad de tener éxito y ser capaz de superar los obstáculos.

Murray creía que toda necesidad individual era importante, pero que las necesidades también podían estar interrelacionadas, apoyar las necesidades de otras personas o estar en conflicto con varias otras necesidades. Según él, los factores ambientales determinan en parte cómo se manifiestan estas necesidades en nuestro comportamiento; denominó *prensas* a estos factores.

EL TEST DE APERCEPCIÓN TEMÁTICA

El test de apercepción temática de Murray trata de acceder al inconsciente del paciente, evaluar patrones de pensamiento y obtener respuestas emocionales y relativas a la personalidad al mostrar al individuo varias imágenes ambiguas pero provocadoras y hacer que cuente una historia sobre lo que ve en cada imagen. En líneas generales, se procede de la siguiente manera:

1. El participante mira la imagen durante unos segundos.
2. Se le dice al participante que cuente una historia a partir de la imagen, la cual debe dar respuesta a estas preguntas:

- «¿Qué fue lo que condujo al suceso que ves en esta imagen?».
- «¿Qué está ocurriendo en este preciso momento».
- «¿Qué están pensando y sintiendo los personajes que se ven en la imagen?».
- «¿Cuál es el desenlace de esta historia?».

El test incluye treinta y una láminas en las que se ven hombres, mujeres, niños, figuras de género ambiguo, figuras no humanas y un fondo negro que ocupa toda la superficie de la lámina.

Las historias se graban y analizan para extraer de ellas actitudes, necesidades y patrones de reacción subyacentes. Dos procedimientos de puntuación formales que se usan habitualmente son el *manual de mecanismos de defensa* (DMM, por sus siglas en inglés), que evalúa la negación, la proyección y la identificación, y la *escala de cognición social y relaciones objetales* (SCORS, por sus siglas en inglés), que analiza varias dimensiones de la psique en su entorno.

ADOLF HITLER, ANALIZADO POR MURRAY

En 1943, las fuerzas aliadas le encargaron a Murray que las ayudase a comprender la configuración psicológica de Adolf Hitler. Murray concluyó que el tipo de personalidad de Hitler era el de alguien que guardaba rencor; que tenía tendencia a menospreciar, culpar y acosar; que toleraba poco las críticas, no podía aceptar una broma, no podía expresar gratitud, procuraba vengarse y quería ser el centro de atención. También determinó que Hitler carecía de cualidades propias de una personalidad equilibrada y que tenía una seguridad en sí mismo y una obstinación extremas. Finalmente, acertó al predecir que si Alemania perdía la guerra Hitler se suicidaría de una forma muy dramática, y temía que se convirtiese en un mártir de resultas de ello.

El trabajo de Murray sobre las necesidades psicogénicas y la comprensión de la personalidad fue extremadamente importante, porque no solo puso el acento en el inconsciente, sino también en los factores biológicos. Su test de apercepción temática sigue utilizándose en la actualidad.

LOS HEMISFERIOS CEREBRALES

¿Desde cuál piensas?

Los hemisferios izquierdo y derecho del cerebro tienen unas funciones específicas y son responsables de distintos tipos de pensamiento. Más interesante incluso es el hecho de que cada uno de estos dos hemisferios cerebrales tiene la capacidad de operar de forma casi independiente. En el campo de la psicología, este fenómeno es conocido como *lateralización de la función cerebral*.

A principios de la década de 1960, el psicobiólogo Roger Sperry empezó a realizar experimentos con pacientes epilépticos. Descubrió que era posible reducir las convulsiones, e incluso eliminarlas, cortando el cuerpo calloso, que es la estructura responsable de conectar ambos hemisferios y de posibilitar la comunicación entre ellos.

Una vez que se les hubo cortado el cuerpo calloso, los pacientes, que antes parecían normales, empezaron a manifestar otros síntomas extraños. Muchos podían decir el nombre de los objetos que habían procesado con el hemisferio izquierdo, pero no el de los que habían procesado con el hemisferio derecho. Sperry dedujo de ello que el hemisferio cerebral izquierdo era el responsable de controlar el lenguaje. A otros pacientes les costaba juntar bloques de una manera predeterminada.

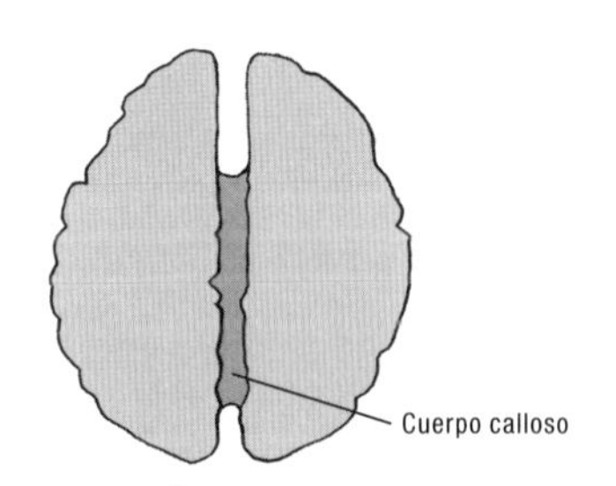

DIVISIÓN ENTRE LOS HEMISFERIOS CEREBRALES IZQUIERDO Y DERECHO

Sperry pudo mostrar que el hemisferio izquierdo y el derecho eran responsables de funciones diferentes, y que cada uno tenía la capacidad de aprender. En 1981, recibió el Premio Nobel por su trabajo sobre la lateralización cerebral.

DOMINANCIA DEL HEMISFERIO CEREBRAL DERECHO

El hemisferio derecho del cerebro, que es responsable del lado izquierdo del cuerpo, tiene mayor capacidad en tareas expresivas y creativas (también conocidas como tareas de construcción visual). Algunas de estas tareas son expresar y leer emociones, comprender metáforas, discernir formas (por ejemplo, detectar un objeto camuflado), copiar diseños y hacer música.

DOMINANCIA DEL HEMISFERIO CEREBRAL IZQUIERDO

El hemisferio izquierdo del cerebro, que es responsable del lado derecho del cuerpo, tiene mayor capacidad en tareas como el lenguaje, el pensamiento crítico, la lógica, el razonamiento y el empleo de los números.

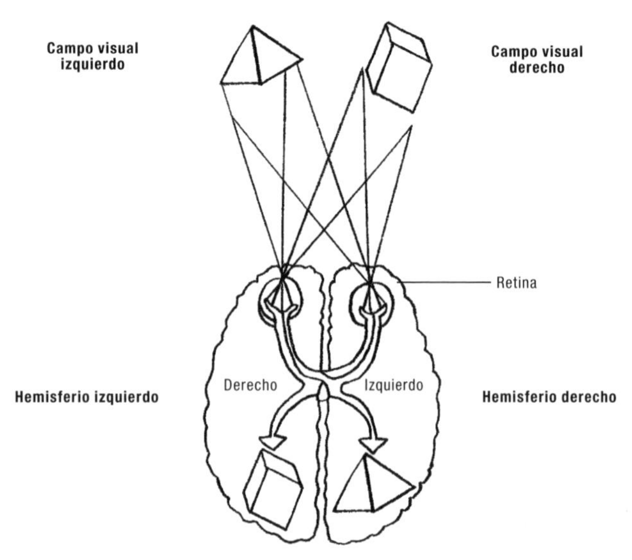

EJEMPLO DETALLADO DE LA DIVISIÓN ENTRE LOS HEMISFERIOS CEREBRALES IZQUIERDO Y DERECHO

LOS EXPERIMENTOS DEL CEREBRO DIVIDIDO

En sus experimentos del cerebro dividido, Sperry hacía que un paciente al que se le había cortado el cuerpo calloso se sentase delante de una pantalla que haría que no pudiese ver sus propias manos en el transcurso del experimento. Sperry ponía objetos detrás de la pantalla, que el paciente con el cerebro dividido no podía ver.

A continuación, el paciente enfocaba la mirada al centro de la pantalla, donde aparecía una palabra, dentro de su campo visual izquierdo. Esta información era recibida por el hemisferio derecho del cerebro, que no rige sobre el lenguaje. El resultado era que el paciente era incapaz de decirle a Sperry qué palabra había visto.

A continuación, le pedía que alargara la mano izquierda hasta el otro lado de la pantalla y eligiera el objeto correspondiente a la palabra. Aunque el paciente ni siquiera era consciente de estar viendo una palabra, elegía el objeto correcto, gracias a que el hemisferio derecho controla el movimiento del lado izquierdo del cuerpo.

A través de este experimento, Roger Sperry pudo demostrar que el hemisferio izquierdo del cerebro controla la lectura y el habla, mientras que el hemisferio derecho no puede procesar los estímulos verbales.

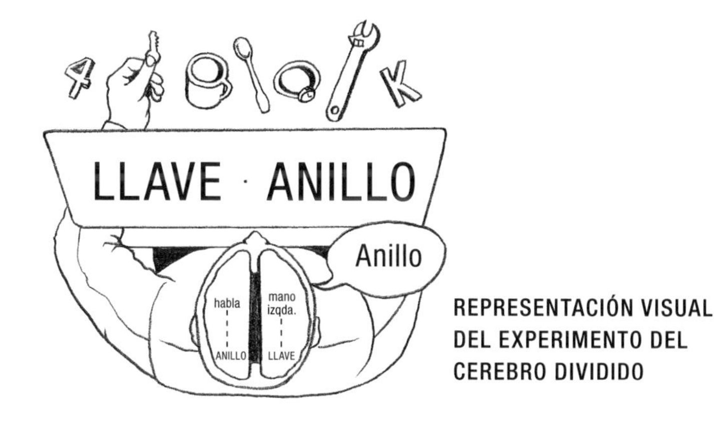

REPRESENTACIÓN VISUAL DEL EXPERIMENTO DEL CEREBRO DIVIDIDO

Ya sé cuál es mi hemisferio dominante. ¿Y ahora qué?

Saber cuál es el hemisferio que tiene más peso en nosotros puede resultarnos increíblemente útil a la hora de pensar en las mejores maneras de abordar el estudio o el aprendizaje. Por ejemplo, si en ti predomina el hemisferio derecho, puede ser que te cueste seguir las instrucciones verbales y podría resultarte beneficioso mejorar tus habilidades organizativas o escribir las indicaciones.

EL AMOR

Escuchar al corazón

Tal vez el amor sea una de las emociones humanas más complejas, pero también es posible que sea la más crucial. Hay muchas teorías en torno al amor. Si bien existe consenso entre los psicólogos en cuanto a que el amor es una emoción humana fundamental, no saben con certeza por qué se produce exactamente, ni cómo. En la actualidad hay cuatro teorías principales que intentan explicar el amor, el apego emocional y el agrado.

LAS ESCALAS DE RUBIN SOBRE EL AGRADO Y EL AMOR

El psicólogo Zick Rubin fue una de las primeras personas en idear un procedimiento para evaluar el amor de forma empírica. Creía que el amor romántico está compuesto de tres elementos: el apego, el cuidado y la intimidad.

- **Apego:** es la necesidad de estar con otra persona y que cuiden de ti. La aprobación y el contacto físico son componentes importantes del apego.
- **Cuidado:** consiste en valorar la felicidad y las necesidades de la otra persona tanto como las propias.
- **Intimidad:** consiste en comunicar los deseos, sentimientos y creencias más personales.

Rubin elaboró dos cuestionarios para ver en qué grado estaban presentes estos tres aspectos. Según él, la diferencia entre que nos guste alguien y que amemos a esa persona puede determinarse en función de cómo la evaluamos. La finalidad de las preguntas es evaluar el grado en que nos gusta alguien o en que amamos a alguien; a continuación, se comparan los resultados. Cuando Rubin dio el cuestionario a un grupo de participantes, les dijo que basaran sus respuestas en lo que sentían por un buen amigo y lo que sentían por su pareja. Encontró que si bien las puntuaciones sobre los buenos amigos eran altas en la escala del agrado, solo las puntuaciones relativas a la pareja eran altas en la escala del amor. Por lo tanto, Rubin logró «medir» los sentimientos de amor.

EL AMOR PASIONAL Y COMPASIVO DE ELAINE HATFIELD

La psicóloga Elaine Hatfield afirmó que solo había dos tipos de amor: el pasional y el compasivo.

- **Amor pasional:** sentimientos o sensaciones de excitación sexual intensa, atracción, cariño, emoción y un fuerte impulso de estar con la otra persona. El amor pasional tiende a ser de corta duración (dura entre seis y treinta meses), pero puede conducir al amor compasivo.
- **Amor compasivo:** sentimientos de apego, respeto, confianza, cariño y compromiso. El amor compasivo dura más que el pasional.

Hatfield también diferenció entre el amor correspondido, que conduce a sentimientos de júbilo y plenitud, y el amor no correspondido, que desemboca en sentimientos de desesperación. Y creía que deben estar presentes ciertos factores clave para que puedan darse los dos tipos de amor (el compasivo y el pasional), a saber:

- **El momento oportuno:** el individuo tiene que encontrarse en un momento que le permita enamorarse.

- **Similitud:** las personas tienden a enamorarse apasionadamente de alguien que es similar a ellas.
- **Estilos de apego tempranos:** las relaciones a largo plazo y más profundas suelen ser el resultado de un fuerte apego mutuo, mientras que las personas que se enamoran y se desenamoran no suelen experimentar un apego o una conexión fuertes.

LOS SEIS ESTILOS DE AMOR DE JOHN LEE

John Lee creía que los diversos estilos de amor eran similares a las distintas partes de una rueda de colores. De la misma manera que una rueda de colores (o círculo cromático) refleja los tres colores primarios, Lee opinaba que el amor se podía descomponer en tres estilos primarios básicos:

- **Eros:** se ama el ideal de una persona, tanto física como emocionalmente.
- ***Ludus*:** tipo de amor que se practica como un juego o una conquista. Puede resultar en muchos compañeros a la vez.
- ***Storge*:**[*] amor que nace de la amistad con el tiempo.

Y de la misma manera que se pueden combinar los colores primarios de una rueda de colores y obtener así colores complementarios, es posible que hagamos lo mismo con los estilos de amor primarios. El resultado son tres estilos de amor secundarios:

- **Manía:** es un estilo de amor obsesivo resultado de combinar eros y *ludus*. Incluye subidones y bajones emocionales, celos y sentimientos de posesión fuertes.

* N. del T.: En griego *στοργή*, *storgē*, también llamado amor familiar, es el concepto griego utilizado para el afecto natural.

- **Pragma:** es un amor práctico, resultado de combinar *ludus* y *storge*. Los amantes tienen la esperanza de alcanzar un objetivo final. Las expectativas en cuanto a la relación se enfocan de forma práctica y realista.
- **Ágape:** es un amor integral y desinteresado, resultado de combinar eros y *storge*.

LA TEORÍA DEL AMOR DE ROBERT STERNBERG

En esta teoría, de 2004, Robert Sternberg propuso que el amor se puede descomponer en tres partes: intimidad, pasión y compromiso.

- **Intimidad:** cercanía, apoyo mutuo, compartir y sentirse amado.
- **Pasión:** sentimientos de euforia y de excitación y atracción sexual. Es lo que hace que dos individuos se junten.
- **Compromiso:** deseo de permanecer fiel a la otra persona en una relación a largo plazo.

De estos componentes pueden derivar siete combinaciones. La manera más sencilla de entenderlo es verlo como un triángulo cuyos vértices son la intimidad, la pasión y el compromiso, mientras que las siete combinaciones son las conexiones que hay entre estos vértices.

Otra forma de contemplarlo es la siguiente:

	INTIMIDAD	PASIÓN	COMPROMISO
Ausencia de amor			
Amistad/Cariño	X		
Encaprichamiento		X	
Amor vacío			X
Amor romántico	X	X	
Amor sociable	X		X

	INTIMIDAD	PASIÓN	COMPROMISO
Amor fatuo		X	X
Amor consumado	X	X	X

REPRESENTACIÓN VISUAL DE LA TEORÍA DEL AMOR DE STERNBERG

- **Amistad o cariño:** están presentes en amigos entre los que hay cercanía y un vínculo fuerte, pero ninguna pasión ni compromiso.
- **Encaprichamiento:** es lo que se siente cuando se experimenta amor a primera vista. Como no hay compromiso ni intimidad, el encaprichamiento puede ser efímero.
- **Amor vacío:** la intimidad y la pasión han dejado de estar presentes, pero sigue existiendo un compromiso fuerte entre las dos personas.
- **Amor romántico:** hay intimidad y pasión, lo cual significa que hay excitación sexual y un vínculo emocional, pero también falta de compromiso.
- **Amor sociable:** no hay pasión o esta se ha esfumado, pero sigue habiendo un compromiso fuerte y un gran cariño. Este tipo de amor se encuentra entre miembros de la misma familia y en amigos íntimos; incluso puede darse en parejas casadas.
- **Amor fatuo:** hay pasión y compromiso, pero no intimidad. Un ejemplo de amor fatuo lo proporcionan los matrimonios breves o que son el fruto de una decisión impulsiva.
- **Amor consumado:** es el tipo de amor ideal, pues en él hay intimidad, pasión y compromiso. Sternberg afirmó que, una vez obtenido el amor consumado, podría ser difícil mantenerlo, por lo que podía no ser permanente. Por ejemplo, si con el paso del tiempo se pierde la pasión, el amor consumado se transforma en amor sociable.

Sternberg creía que el equilibrio entre intimidad, pasión y compromiso cambia en el curso de las relaciones. Comprender los tres componentes del amor y los siete tipos puede ayudar a las parejas a reconocer en qué necesitan mejorar, qué deberían evitar e, incluso, cuándo puede haber llegado el momento de poner fin a la relación.

KAREN HORNEY (1885-1952)

Mujeres, neurosis y discrepar de Freud

Karen Horney (nombre de nacimiento: Karen Danielsen) nació el 16 de septiembre de 1885 en Blankenese, un pueblo de pescadores de Alemania. Su padre era capitán de barco y también un hombre estricto y muy religioso que solía ignorarla; parecía que le gustaba más su hermano, Berndt.

Con nueve años, se enamoró de su hermano mayor, Berndt. Cuando él rechazó sus sentimientos, cayó en una depresión con la que debería lidiar a lo largo de su vida. Se veía como una muchacha desprovista de atractivo y creyó que llevar bien los estudios era lo mejor que podía hacer para triunfar en la vida.

En 1906, con veintiún años, empezó a estudiar en la Facultad de Medicina de la Universidad de Freiburg. Tres años después se casó con un estudiante de Derecho llamado Oscar Horney, con quien tendría tres hijas entre 1910 y 1916. Pasó a estudiar en la Universidad de Gotinga, antes de acabar por graduarse en la Universidad de Berlín en 1913. En el plazo de un solo año, sus padres murieron y ella tuvo su primer hijo. Para lidiar con sus emociones, empezó a visitar a Karl Abraham, un psicoanalista discípulo de Freud. Abraham acabó por convertirse en el mentor de Horney en la Asociación Psicoanalítica de Berlín.

En 1920 empezó a trabajar como profesora para la Asociación Psicoanalítica de Berlín. En 1923, su hermano murió; esta fue una experiencia extremadamente difícil para Horney, que volvió a sumirse en la depresión. En 1926 se separó de su marido, y en 1930 ella y sus tres hijas se mudaron a los Estados Unidos; acabaron residiendo en una parte de Brooklyn (Nueva York) en la que se concentraban los judíos de origen alemán. Durante su estancia allí trabó amistad con psicólogos famosos, como Erich Fromm y Harry Stack Sullivan.

Horney no tardó en convertirse en la directora adjunta del Instituto de Psicoanálisis de Chicago, donde empezó a abordar su trabajo más influyente: sus teorías sobre la neurosis y la personalidad. Dos años más tarde, regresó a Nueva York y trabajó tanto en el Instituto Psicoanalítico de Nueva York como en la Nueva Escuela de Investigación Social. Aunque había empezado a cuestionar la obra de Sigmund Freud cuando aún estaba viviendo en Alemania, cuando emigró a los Estados Unidos su oposición a la obra de Freud se incrementó hasta el punto de que en 1941 la obligaron a abandonar el Instituto Psicoanalítico de Nueva York. Entonces fundó el Instituto Estadounidense para el Psicoanálisis, ese mismo año. En 1937 publicó *The Neurotic Personality of Our Time* [La personalidad neurótica de nuestro tiempo], y en 1942 *Self-Analysis* [El autoanálisis].

Probablemente Horney es conocida sobre todo por su trabajo con las neurosis, por no estar de acuerdo con la visión de Freud de las mujeres y renunciar a dicha visión, y por desencadenar el interés por la psicología de las mujeres. También creía firmemente que el ser humano tenía la capacidad de hacerse terapia a sí mismo, y subrayó la importancia de la autoayuda y el autoanálisis. Karen Horney murió de cáncer el 4 de diciembre de 1952, con sesenta y siete años.

LA PSICOLOGÍA DE LAS MUJERES

Karen Horney nunca fue alumna de Sigmund Freud, pero estaba increíblemente familiarizada con su obra e incluso dio clases de psicoanálisis en el Instituto Psicoanalítico de Berlín y en el Instituto Psicoanalítico de Nueva York, que tuvo que abandonar debido a sus puntos de vista sobre el trabajo de Freud.

Decíamos en el capítulo dedicado a Sigmund Freud, al hablar de las etapas del desarrollo psicosexual, que, según él, en la etapa fálica

–que se extiende entre los tres y los seis años de edad– la relación entre la niña y su padre tenía como base la envidia del pene. Horney no comulgaba con la idea de Freud de la envidia del pene, la cual consideraba denigrante e incorrecta. Frente a ella, afirmó que en esta etapa tiene lugar algo que denominó *envidia del útero*, que es la envidia, por parte del hombre, de que la mujer pueda engendrar niños. De resultas de esta envidia, el hombre trata de compensar sus sentimientos de inferioridad intentando triunfar en otros ámbitos. Es otras palabras: como no puede reproducirse, intenta dejar su huella en el mundo por algún medio alternativo.

Horney también sostuvo que era equivocada la creencia de Freud de que había diferencias fundamentales entre la personalidad del macho y la de la hembra. Mientras que Freud adoptó un enfoque biológico, Horney afirmó que si no existiesen las restricciones culturales y sociales que suelen imponerse a las mujeres, estas y los hombres serían iguales. Esta idea no fue aceptada en su momento; sin embargo, tras la muerte de Horney, contribuyó a promover la igualdad de género.

LA TEORÍA DE KAREN HORNEY SOBRE LAS NEUROSIS

La teoría de Karen Horney sobre las neurosis es una de las más conocidas sobre el tema. Creía que las relaciones interpersonales dan lugar a una ansiedad básica y que las neurosis aparecen como una forma de lidiar con estas relaciones. Identificó tres categorías para las necesidades neuróticas. Si la persona está equilibrada, podrá aplicar las tres estrategias. Un individuo solo se vuelve neurótico cuando abusa de una o más de dichas estrategias. Las tres categorías son las siguientes:

Necesidades que hacen que el individuo se acerque a otras personas

Se trata de necesidades neuróticas que hacen que el individuo busque la aceptación, la ayuda o la afirmación en los demás para sentirse merecedor. Este tipo de personas necesitan gustar a quienes tienen alrededor y ser apreciadas, por lo que pueden mostrarse pegajosas o necesitadas.

Necesidades que hacen que el individuo se vuelva contra otras personas

En un esfuerzo por sentirse bien consigo mismas, hay personas que lidian con su ansiedad tratando de imponer su poder a otras personas y controlar a quienes están a su alrededor. A quienes expresan estas necesidades se los ve como poco amables, egoístas, mandones y controladores. Horney manifestó que los individuos proyectan su hostilidad hacia los demás en un proceso que denominó *externalización*, que permite encontrar una justificación para los comportamientos crueles.

Necesidades que hacen que el individuo se aleje de otras personas

Estas necesidades neuróticas son responsables de los comportamientos antisociales. Quien las tiene puede mostrar indiferencia ante los demás. La mentalidad que hay detrás de este enfoque es que si uno no se implica con los demás, no podrán herirlo. Esta actitud puede desembocar en sentimientos de vacío y soledad.

Horney identificó diez necesidades neuróticas dentro de las categorías expuestas:

- **Acercarse a otras personas**
  1. **La necesidad de afecto y aprobación:** es el deseo de cumplir las expectativas de los demás, hacer felices a los demás y gustar

a los demás. Quienes experimentan esta necesidad temen la hostilidad o la ira de las otras personas y son muy sensibles a cualquier crítica o rechazo.

2. **La necesidad de tener una pareja que te controle la vida:** detrás de esta necesidad hay un gran miedo al abandono y la creencia de que tener pareja puede resolver cualquier dificultad o problema que se pueda tener.

- **Volverse contra otras personas**
  1. **La necesidad de tener poder:** los individuos que tienen esta necesidad controlan y dominan a los demás porque odian la debilidad y admiran y anhelan la fortaleza.
  2. **La necesidad de explotar a otras personas:** los individuos que tienen esta necesidad son manipuladores y creen que los demás están ahí para ser utilizados. Solo se asocian con otras personas para conseguir cosas como sexo, dinero o tener el control.
  3. **La necesidad de prestigio:** estos individuos necesitan recibir elogios y reconocimiento público. Juzgan el estatus social, las posesiones materiales, los logros profesionales, los rasgos de la personalidad e incluso a los seres queridos por el prestigio, y temen pasar vergüenza en público.
  4. **La necesidad de obtener logros personales:** esforzarse por obtener logros es perfectamente normal. Sin embargo, los individuos neuróticos pueden estar desesperados a este respecto y forzarse como resultado de sus propias inseguridades. Temen el fracaso y necesitan obtener más logros que los demás en todo momento.
  5. **La necesidad de ser admirado:** tienen esta necesidad los individuos narcisistas que quieren que los vean según una versión ideal de sí mismos en lugar de tal como son.

- **Alejarse de otras personas**
    1. **La necesidad de perfección:** un individuo que tenga esta necesidad temerá sus propios defectos, los cuales procurará detectar para encubrirlos o cambiarlos rápidamente.
    2. **La necesidad de independencia:** en un esfuerzo para no depender de otros o estar atados a otras personas, los individuos que tienen esta necesidad pueden distanciarse de los demás y convertirse en solitarios.
    3. **La necesidad de acotar la propia vida para que permanezca dentro de unos límites estrechos:** los individuos que tienen esta necesidad prefieren no destacar y pasar desapercibidos. A menudo subestiman sus propias habilidades y talentos, no exigen mucho, no desean objetos materiales, se contentan con muy poco y consideran que sus propias necesidades no son prioritarias.

Karen Horney influyó increíblemente en el campo de la psicología. Sus puntos de vista sobre las neurosis como forma de lidiar con las relaciones interpersonales y su identificación de las necesidades de tipo neurótico constituyeron una aportación revolucionaria, y al romper con las perspectivas esencialmente masculinas que había expuesto Sigmund Freud, se erigió como una voz potente para las mujeres y la psicología femenina.

JOHN BOWLBY (1907-1990)

El padre de la teoría del amor maternal

John Bowlby nació en Londres (Inglaterra) el 26 de febrero de 1907 en el seno de una familia de clase media alta. Su padre, *sir* Anthony Alfred Bowlby, era *baronet** y uno de los médicos que el rey tenía a su disposición. Bowlby solo interactuaba con su madre durante una hora al día aproximadamente, como era costumbre en esa clase social en esa época, pues se creía que mostrar afecto y atención a los propios hijos los convertiría en niños mimados. Bowlby, que tenía cinco hermanos, se apegó a su niñera. Cuando tenía cuatro años, su niñera se fue, y experimentó una profunda tristeza, comparable con la que se puede sentir al perder una madre, en sus propias palabras.

Cuando tenía siete años, su familia lo llevó a un internado. Según explicó él mismo, esa experiencia tuvo un impacto bastante traumático en su desarrollo; y ese impacto se prolongó más allá, pues su trabajo como psicólogo iba a estar enfocado en cómo se ve afectado el desarrollo del niño cuando se lo separa de su cuidador.

Bowlby fue al Trinity College (Cambridge), donde estudió Psicología. Tras graduarse, empezó a trabajar con niños delincuentes e inadaptados. A los veintidós años, se matriculó en el Hospital Escuela Universitario de Londres, donde estudió Medicina. Encontrándose aún en la facultad de Medicina, estudió también en el Instituto para el Psicoanálisis. En 1937, empezó a trabajar como psicoanalista en el Hospital Maudsley.

Cuando llegó la Segunda Guerra Mundial, Bowlby sirvió como miembro del Cuerpo Médico del Ejército Real. En 1938, se casó con Ursula Longstaff, con la que tendría cuatro hijos. Cuando terminó la guerra, pasó a ser el director adjunto de la Clínica Tavistock, en

* N. del T.: *Baronet* es un título hereditario concedido por la Corona británica.

Londres. En la década de 1950, trabajó durante un breve período como consultor del ámbito de la salud mental para la Organización Mundial de la Salud; en esa época creó parte de su obra más influyente, como su teoría del apego.

En la actualidad, Bowlby es conocido sobre todo por su exhaustivo trabajo concerniente al desarrollo de los niños. En particular, y partiendo de lo que experimentó en su propia vida, se enfocó en cómo afecta al desarrollo del niño el hecho de verse separado de su cuidador y las repercusiones prácticas de esta separación. John Bowlby murió el 2 de septiembre de 1990, con ochenta y tres años.

LA TEORÍA DEL APEGO DE BOWLBY

John Bowlby es considerado el primer teórico del apego. En líneas generales, un teórico del apego es un psicólogo que analiza cómo influyen en nuestra vida los apegos tempranos. Según él, el apego es el vínculo psicológico que hay entre dos personas dadas. Creía que los niños están preprogramados para forjar apegos como estrategia de supervivencia. Los primeros vínculos que se establecen son los que unen al niño con su cuidador; estos pueden tener un impacto a lo largo de toda la vida de la persona. El niño tiene más probabilidades de sobrevivir gracias al apego, ya que este es la fuerza psicológica que lo mantiene cerca de su madre.

DIAGRAMA DE LOS VÍNCULOS PSICOLÓGICOS

En su teoría del apego, Bowlby afirmó que un niño solo tendrá la sensación de seguridad que le permita explorar si su madre ha estado disponible y se ha mostrado atenta con él o ella.

Según su concepción, el apego presenta cuatro características:

1. **Refugio seguro:** el cuidador consuela, ayuda y tranquiliza al niño siempre que se siente asustado, amenazado o en peligro.
2. **Base segura:** el cuidador proporciona una base segura al niño para que pueda aprender, explorar el mundo y manejarse por sí mismo.
3. **Mantenimiento de la proximidad:** aunque el niño pueda explorar el mundo, intenta permanecer cerca del cuidador para estar a salvo.
4. **Angustia por la separación:** el niño se enfada, se entristece y se angustia cuando se lo separa de su cuidador.

Los bebés solo contraen un apego primario, habitualmente con la madre y dentro del primer año de vida. Este fenómeno se conoce como *monotropía*. Si este tipo de vínculo no se produce o se rompe, las consecuencias para el niño pueden ser importantes y desembocar, incluso, en la *psicopatía por carencia afectiva*. Si este apego no se ha desarrollado cuando el niño alcanza los tres años, ya no se desarrollará. Hay que tener en cuenta, además, lo siguiente:

- El cuidador debe ofrecer un apego seguro con el fin de que el niño experimente un desarrollo social, intelectual y emocional positivo.
- Si se constituye el apego y después se interrumpe, habrá consecuencias importantes para el desarrollo social, intelectual y emocional del niño.
- El período crítico en que el niño debe permanecer con su cuidador es entre los seis y los veinticuatro meses de edad.

Definición clínica

PRIVACIÓN MATERNA: esta es la denominación que empleó Bowlby para referirse a las carencias en el desarrollo causadas por la separación del niño respecto de su madre. Son consecuencias a largo plazo de la privación materna una menor inteligencia, depresión, mayor agresividad, actitudes delictivas y la psicopatía por carencia afectiva (la cual incluye falta de remordimientos, incapacidad de tener relaciones de tipo emocional, falta de control de los impulsos y un enfado permanente).

EL ESTUDIO DE BOWLBY DE LOS CUARENTA Y CUATRO LADRONES

Para comprobar lo importante que era para la socialización la relación entre una madre y su hijo durante los primeros cinco años de vida del pequeño, Bowlby llevó a cabo un experimento con cuarenta y cuatro delincuentes adolescentes. Creía que un mayor índice de delincuencia juvenil, comportamientos antisociales y dificultades emocionales podían tener que ver directamente con la interrupción de este vínculo tan importante. Esencialmente, se propuso ver si la privación materna podía estar relacionada con los comportamientos delictivos en la adolescencia. Se entrevistó a cuarenta y cuatro delincuentes adolescentes, todos los cuales estaban en una clínica de orientación infantil por haber robado. Otros cuarenta y cuatro adolescentes de la clínica, que sufrían perturbaciones emocionales pero nunca habían robado, constituyeron el grupo de control. A continuación, Bowlby entrevistó a los padres de los dos grupos de adolescentes, con el fin de averiguar si estos se habían visto separados de sus progenitores dentro de los primeros cinco años de su desarrollo y, en caso afirmativo, cuánto tiempo había durado la separación.

Bowlby encontró que, durante los primeros cinco años de su vida, más de la mitad de los delincuentes juveniles que habían robado se habían visto separados de su madre durante más de seis meses; en el grupo de control, solo dos adolescentes habían experimentado una separación similar. También halló que ningún adolescente del grupo de control padecía la psicopatía por carencia afectiva, pero sí la sufrían el treinta y dos por ciento de los delincuentes juveniles. La conclusión que extrajo de este estudio fue que existe una correlación entre los comportamientos criminales de los adolescentes y la privación materna experimentada en la infancia.

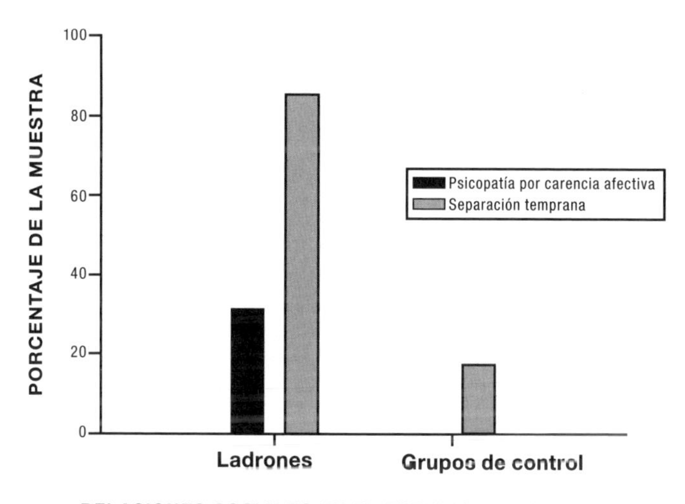

RELACIONES SOCIALES EN EL ESTUDIO DE BOWLBY

Por supuesto, los hallazgos de este estudio son discutibles. No solo ocurre que el experimento se basó en entrevistas y recuerdos, los cuales tal vez no acabasen de corresponderse con la realidad, sino que también pudo manifestarse el sesgo del experimentador, ya que Bowlby diseñó y ejecutó el experimento él mismo, y determinó en qué consistía el diagnóstico de la psicopatía por carencia afectiva.

Al basarse en sus propias experiencias de vida, John Bowlby creó un campo de estudio totalmente nuevo dentro de la psicología, y el impacto de su trabajo aún se deja sentir en la educación, en la crianza y en el ámbito de la puericultura.

LA TEORÍA DE LA ATRIBUCIÓN

Otorgar un significado a todo lo que hacemos

La teoría de la atribución permite explicar el sentido que dan las personas a sus propios comportamientos y a los de los demás. ¿Cómo explicamos los sucesos que vemos y por qué lo hacemos? Esencialmente, la teoría de la atribución afirma que explicamos nuestros propios comportamientos y los de aquellos que nos rodean adjudicando atributos a estos comportamientos.

Definición clínica

ATRIBUTO: una inferencia sobre qué es lo que causa un determinado comportamiento.

FRITZ HEIDER

La primera persona en proponer una teoría que tenía que ver con la atribución fue el psicólogo austríaco Fritz Heider, en 1958. La llamó *psicología «naïve»* o *del sentido común*. Creía que las personas buscan relaciones de causa y efecto para encontrarle sentido al mundo.

Estas fueron sus dos ideas principales en cuanto a la atribución:

1. Las personas buscan atribuciones internas, como rasgos de la personalidad, el estado de ánimo y actitudes, para explicar los comportamientos de los demás. Por ejemplo, un individuo dado puede atribuir celos a otra persona (es decir, puede considerar

que son los celos los que han motivado alguno de sus comportamientos).

2. Las personas efectúan atribuciones externas, de tipo ambiental o situacional por ejemplo, para explicar sus propios comportamientos.

EDWARD JONES Y KEITH DAVIS

En 1965, los psicólogos Edward Jones y Keith Davis propusieron la *teoría de las inferencias correspondientes*, la cual ayuda a explicar el proceso de creación de las atribuciones internas.

Jones y Davis creían que una persona dada prestará especial atención a un comportamiento que sea intencionado (ellos lo llamaron *atribución disposicional*) y que estas atribuciones internas le proporcionarán información suficiente para poder predecir el comportamiento de ese individuo en el futuro. Por ejemplo, puede establecer una asociación entre ver actuar a alguien de forma amigable y creer que ese individuo es amistoso. Este proceso de inferir que el comportamiento de alguien se corresponde con su personalidad se conoce como *inferencia correspondiente*. Jones y Davis identificaron cinco fuentes de información en las que nos basamos para efectuar inferencias correspondientes:

1. **La elección:** un comportamiento que es elegido libremente es el resultado de factores internos.
2. **La deseabilidad social:** cuando un comportamiento se salga de lo socialmente aceptado, la persona tenderá más a efectuar inferencias internas que comportamientos socialmente indeseables.*

* N. de la E.: Jones y Davis también sugieren a este respecto que prestamos mayor atención a las acciones de los otros que son inusuales (o bajas en deseabilidad social), que a aquellas acciones esperables o socialmente deseables.

3. **Comportamiento intencionado frente a accidental:** cuando un comportamiento es intencionado, es más probable que se atribuya a la personalidad del individuo, y cuando es accidental, es más probable que se atribuya a causas externas o situacionales.
4. **Efectos no comunes:** si el comportamiento de otra persona conduce a resultados importantes para uno mismo.
5. **La relevancia hedónica:** si el comportamiento de otra persona parece dirigido expresamente a ayudar o herir a otro individuo, se puede suponer que ese comportamiento no es fruto de la situación en que ambos se encuentran, sino que la motivación es «personal».

HAROLD KELLEY

La teoría de la atribución más conocida es el *modelo de covariación* de Harold Kelley, de 1967. Kelley creó un modelo lógico destinado a comprender cuándo una acción puede ser una atribución externa y cuándo puede ser un modelo interno.

Definición clínica

COVARIACIÓN: cuando un individuo tiene información a partir de una gran cantidad de observaciones que se producen en varias situaciones y en distintos momentos.

Kelley afirmó que hay tres tipos de información causal que influyen en el juicio de un individuo, que la persona tiene en cuenta cuando trata de averiguar la causa de determinados comportamientos. Cuando hay un factor bajo (comportamientos que no se ajustan a la norma social y son poco deseables a ojos de los demás), ello es indicativo de una atribución interna.

1. **Regularidad:** el grado en que una persona actúa de una determinada manera cada vez que se produce una situación similar. Por ejemplo, si alguien fuma cigarrillos siempre que sale con sus amigos, ese comportamiento es muy regular. Sin embargo, si alguien solo fuma cigarrillos de vez en cuando, es ocasiones especiales, ese comportamiento es poco regular.
2. **Consenso:** el grado en que otras personas actuarán de forma semejante cuando se produzca una situación similar. Por ejemplo, si alguien fuma mientras está bebiendo con un amigo y su amigo también fuma, ese comportamiento cuenta con un consenso elevado. Si solo fuma la primera persona y el amigo no se suma a esta actividad, ese comportamiento cuenta con un consenso bajo.
3. **Distintividad:** el grado en que un individuo actúa de la misma manera en situaciones similares. Si una persona solo fuma cigarrillos cuando está con sus amigos, ese comportamiento presenta una distintividad elevada, mientras que si fuma en cualquier momento y lugar, la distintividad de ese comportamiento es baja.

BERNARD WEINER

La teoría de la atribución de Bernard Weiner pone el acento en el logro. Weiner afirmó que los factores más significativos que afectan a las atribuciones son el esfuerzo, la capacidad, la suerte y la dificultad de la tarea. Clasificó las atribuciones en tres dimensiones causales:

1. **Estabilidad e inestabilidad:** ¿cambiarán las causas del comportamiento con el paso del tiempo?
2. ***Locus* de control:** puede ser interno o externo. El *locus* de control interno se da cuando la persona decide por sí misma qué hacer,

mientras que el *locus* de control externo se da cuando el comportamiento está influido por factores situacionales y externos.

3. **Capacidad de control:** hay causas que la persona puede controlar, como sus habilidades, y otras que no puede controlar, como la suerte o los actos de los demás.

Weiner propone que cuando un individuo tiene éxito, tiende a atribuirlo a factores internos (a sus habilidades), pero que cuando el éxito lo tiene otra persona, lo atribuye a factores externos (a la suerte o las circunstancias). Cuando un individuo fracasa o no tiene éxito, suele recurrir a la atribución externa, por lo que en lugar de inculparse, atribuye la causa a factores situacionales o externos. Esta actitud es conocida como *sesgo de autoservicio* o *sesgo por interés personal*. En cambio, cuando es otro el que no tiene éxito o fracasa, lo habitual es recurrir a la atribución interna y creer, por tanto, que la causa han sido factores internos.

SESGOS Y ERRORES EN LA ATRIBUCIÓN

El sesgo de autoservicio no es el único que se produce; hay otros ejemplos de sesgos y errores en el terreno de la atribución en los que es habitual incurrir al tratar de encontrar los motivos de los comportamientos.

Error de atribución fundamental

Es la tendencia a subestimar los factores externos y sobrevalorar los factores internos a la hora de tratar de explicar el comportamiento de otro individuo. Es habitual incurrir en este error cuando no se conoce muy bien a una persona, o puede producirse a causa de la tendencia que tenemos a enfocarnos más en la situación que en la persona. Por ejemplo, un alumno no entrega una tarea y el profesor supone que la causa ha sido la pereza del alumno, sin tomar en consideración la situación que este pueda haber vivido.

Sesgo cultural

La gente de América del Norte y Europa occidental tiende a ser más individualista, pues adopta valores y objetivos individuales, mientras que en América Latina, Asia y África predominan las culturas más colectivistas, en las que tiene mucha importancia la familia y la sujeción a unas normas. En general, las personas pertenecientes a culturas individualistas cometen más errores de atribución fundamental e incurren más en el sesgo de autoservicio que aquellas que viven en culturas colectivistas; y las personas que están en culturas colectivistas incurren más en el *sesgo de modestia* que aquellas que están dentro de culturas individualistas. El sesgo de modestia es lo opuesto al sesgo de autoservicio: los éxitos se atribuyen a factores externos y los fracasos a factores internos.

Diferencia entre actor y observador

Si dos personas se encuentran en la misma situación, la atribución puede cambiar según si la protagonizan o la observan. Por ejemplo, alguien puede justificar su desempeño insuficiente en un examen diciendo que el profesor nunca trató el contenido de una de las preguntas. Sin embargo, si a los otros alumnos no les fue bien en el examen pero a esa persona sí, puede atribuirlo a que el resto de la clase no prestó atención.

LAS EMOCIONES

Por qué sentimos como sentimos

¿Qué son las emociones exactamente? En psicología, la emoción se define como una forma de sentir que lleva asociados cambios fisiológicos y psicológicos que, a su vez, influyen sobre la forma en que piensa y actúa la persona. Las teorías relativas a las emociones se pueden clasificar en tres categorías principales:

- **Neurológicas:** se basan en la idea de que la actividad cerebral conducirá a una respuesta emocional.
- **Fisiológicas:** se basan en la idea de que las emociones las crean respuestas que da el cuerpo.
- **Cognitivas:** se basan en la idea de que los responsables de las emociones son el pensamiento y la actividad mental.

Se exponen a continuación algunas de las principales teorías que han desarrollado determinados psicólogos sobre las emociones.

LA TEORÍA DE JAMES-LANGE

La teoría de James-Lange, que en realidad fue propuesta de forma independiente por el fisiólogo Carl Lange y el psicólogo William James en la década de 1920, es una de las teorías de la emoción más conocidas. Propone que todas las emociones son el resultado de reacciones fisiológicas a sucesos. El proceso sería el siguiente:

LA EMOCIÓN COMO RESULTADO DE REACCIONES FISIOLÓGICAS

Cuando un individuo dado ve un estímulo externo, el resultado es una reacción fisiológica. De esta reacción fisiológica deriva una sensación emocional, o reacción emocional, a partir de la forma en que se ha interpretado la reacción física.

Por ejemplo, si estás caminando por un sendero y de pronto ves un puma frente a ti, es posible que tu corazón empiece a latir con fuerza y que tu cuerpo empiece a temblar. Según la teoría de James-Lange, a continuación interpretarás esta reacción física y llegarás a la conclusión de que estás asustado.

Se han presentado muchos argumentos sólidos en contra de la teoría de James-Lange, y la ciencia moderna prácticamente ya no la contempla. De todos modos, los psicólogos siguen considerando que esta teoría ejerce una gran influencia; e incluso hay casos en los que ha demostrado ser correcta, como cuando tiene lugar un suceso desencadenante de una fobia o un trastorno de pánico. Si una persona experimenta una reacción fisiológica del tipo marearse en público, este hecho puede conducir a una reacción emocional, como la ansiedad, y puede crearse una asociación entre los dos estados. Entonces, puede ser que la persona procure evitar cualquier tipo de situación que podría activar esa emoción.

LA TEORÍA DE CANNON-BARD

Concebida por Walter Cannon y Philip Bard como argumento contra la teoría de James-Lange en la década de 1930, la teoría de Cannon-Bard afirma que las reacciones fisiológicas y las emociones se experimentan al mismo tiempo. Según esta teoría, las emociones se producen cuando el tálamo (la parte del cerebro responsable del control motor, las señales sensoriales y los estados de vigilia y sueño) envía al cerebro un mensaje como respuesta a un determinado estímulo. El resultado de la transmisión de este mensaje es una reacción fisiológica.

Analicémoslo un poco más. Observa el diagrama siguiente:

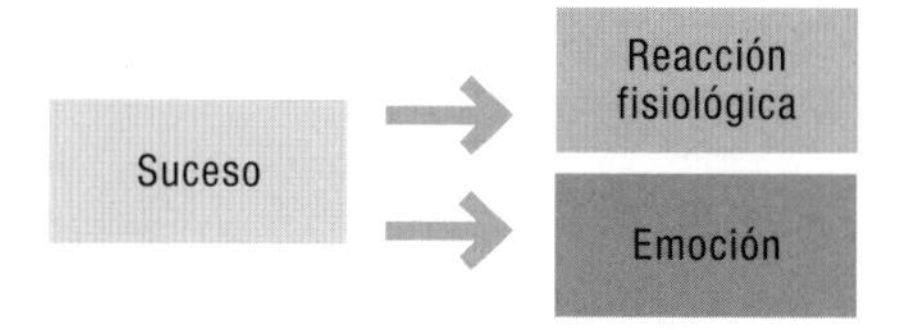

LOS SUCESOS SUSCITAN REACCIONES FISIOLÓGICAS Y EMOCIONES

Los órganos sensoriales reciben un estímulo emocional, que es transmitido a la corteza cerebral para que determine qué respuesta va a dar; a su vez, el córtex estimula el tálamo. En otras palabras: el estímulo es percibido e interpretado. Seguidamente, tienen lugar dos reacciones al mismo tiempo, la emocional y la corporal.

Volviendo al ejemplo anterior, si estás caminando por un sendero y ves un puma, experimentarás los temblores y los latidos acelerados al mismo tiempo que la emoción de miedo.

LA TEORÍA DE SCHACHTER-SINGER

La teoría de Schachter-Singer, concebida por Stanley Schachter y Jerome E. Singer en 1962, constituye un ejemplo de teoría cognitiva. También conocida como la *teoría de la emoción de dos factores*, afirma que lo primero que tiene lugar ante un suceso es la respuesta fisiológica. Seguidamente, la persona debe encontrar el motivo de esa respuesta, y solo es *después* de que ha hecho esto cuando podrá calificar la experiencia y establecer que se trata de una determinada emoción.

Por ejemplo, cuando una mujer está caminando por una calle desierta a altas horas de la noche y de pronto oye pasos detrás de ella, es posible que empiece a temblar y que el corazón se le acelere. Al advertir esta respuesta física, la mujer se dará cuenta de que está sola en la calle; seguidamente empezará a pensar que está en peligro y experimentará la emoción del miedo.

VISIÓN ALTERNATIVA DE LA RESPUESTA EMOCIONAL

LA TEORÍA DE LAZARUS

Formulada por Richard Lazarus en la década de 1990, la teoría de Lazarus sobre las emociones afirma que debe acontecer un pensamiento antes de que pueda producirse una emoción o una respuesta fisiológica. Esencialmente, es necesario que la persona sea consciente de la situación en la que se encuentra antes de poder experimentar cualquier tipo de emoción.

Tomemos el ejemplo de la mujer que está andando por una calle desierta a altas horas de la noche. Cuando oye pasos, lo primero que acontece es el pensamiento de que está en peligro; tal vez piense, por ejemplo, que hay un ladrón detrás de ella. En consecuencia, su corazón se acelera, su cuerpo empieza a temblar y aparece la emoción del miedo.

Como en la teoría de Cannon-Bard, la emoción y la respuesta fisiológica acontecen al mismo tiempo.

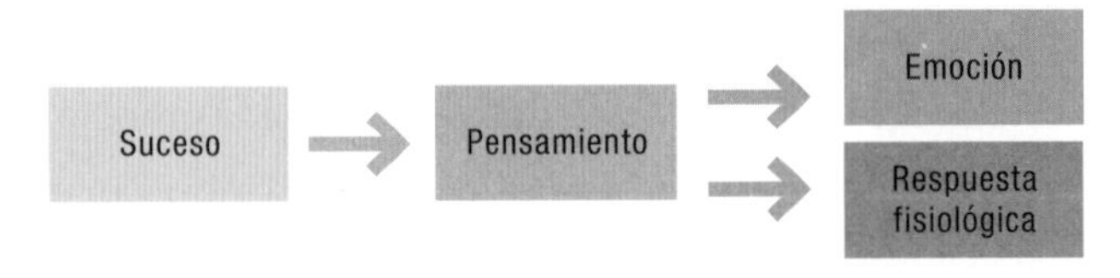

EMOCIÓN Y RESPUESTA FISIOLÓGICA SIMULTÁNEAS

LA TEORÍA DEL *FEEDBACK* FACIAL

El origen de la teoría del *feedback* facial puede situarse en el trabajo de William James; posteriormente, esta teoría fue explorada por Silvan Tomkins, en 1962. La teoría del *feedback* facial afirma que las emociones son la experiencia de cambios que se producen en la musculatura facial. Si estos cambios no acontecen, dice esta teoría, solo estamos pensando intelectualmente. Por lo tanto, cuando una persona sonríe, ello es indicativo de que está experimentando felicidad; cuando una persona frunce el ceño, es señal de que se siente triste, etc. Son estos cambios que se producen en la musculatura facial lo que estimula al cerebro a determinar una base para las emociones, en lugar de que ocurra lo contrario.

Volvamos a la escena de la mujer que está caminando sola por la calle de noche. Cuando oye pasos detrás de ella, sus ojos se abren y aprieta los dientes. Seguidamente, su cerebro interpreta que estos cambios que se han producido en la musculatura facial expresan la emoción del miedo y, por lo tanto, le dice a la mujer que está experimentando miedo.

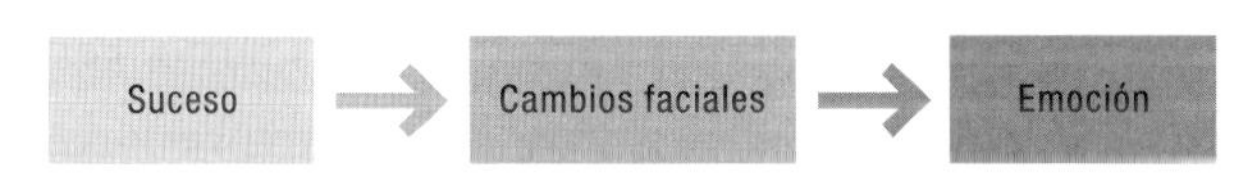

CAMBIOS FACIALES DESENCADENAN LA EMOCIÓN

El experimento de las expresiones faciales de Carney Landis

En 1924, un estudiante de Psicología de la Universidad de Minnesota llamado Carney Landis ideó un experimento con el fin de explorar la relación que había entre las expresiones faciales y las emociones. Landis quiso ver si todas las personas manifestaban las mismas expresiones faciales frente a la evocación de ciertas emociones. Por ejemplo, ¿es la expresión facial que alguien muestra frente al asco la misma que muestra cualquier otra persona?

Los sujetos del experimento fueron, sobre todo, compañeros de universidad de Landis. Dentro del laboratorio, Landis pintó líneas negras en la cara de los participantes, para poder detectar fácilmente cualquier movimiento muscular. A continuación, expuso a cada uno a varios estímulos, elegidos por él con el fin de suscitar una respuesta fuerte. Con cada respuesta del sujeto, Landis tomaba una foto de su rostro. Algunos de los estímulos que utilizó consistieron en hacer que los participantes olieran amoníaco, miraran contenidos pornográficos y pusieran las manos en un cubo lleno de ranas. Pero la parte final de la prueba era la más tremenda.

En la fase final del experimento, Landis presentaba una rata viva a los sujetos y les decía que tenían que decapitarla. Aunque a todos los participantes les repelió la idea, dos tercios lo hicieron; en cuanto al tercio que se negó a decapitar la rata, Landis lo hizo por ellos.

Aunque el experimento de las expresiones faciales de Landis no contribuyó mucho a mostrar que hubiese uniformidad en las expresiones faciales en relación con las emociones, anticipó los resultados que obtendría Stanley Milgram con sus experimentos sobre la obediencia, que tendrían lugar cuarenta años más tarde. Pero Landis estaba demasiado enfocado en su trabajo con las expresiones faciales como para ver que la obediencia de sus sujetos era el aspecto más interesante de su experimento.

LA PERSONALIDAD

¿Qué es lo que hace que tú seas tú?

Al abordar el tema de la personalidad, los psicólogos examinan los pensamientos, comportamientos y emociones que tiene un individuo y que hacen que sea alguien único. El conjunto de estos componentes se conoce también como *sistema mental*. La personalidad es algo individual, y en general permanece constante a lo largo de la vida de la persona. Si bien hay muchas interpretaciones respecto a qué es lo que define la personalidad, hay varias características clave que son aceptadas por la mayoría de los estudiosos de la cuestión:

- Por lo general, hay una coherencia y un orden observable en los comportamientos. Las personas se comportan de la misma manera o de formas similares en distintos tipos de situaciones.
- La personalidad influye en cómo se comporta el individuo y en cómo responde a su entorno, y también es la causa de determinados tipos de comportamiento.
- Si bien la personalidad es un concepto psicológico, los procesos biológicos influyen e impactan mucho en ella.
- La personalidad no se manifiesta en el comportamiento solamente; también en las interacciones con los demás, las relaciones, los pensamientos y las emociones.

TEORÍAS DE LOS RASGOS

Hay varias teorías y escuelas de pensamiento que tratan de explicar cómo se desarrolla la personalidad; ya hemos tratado en profundidad varias de ellas. Estas teorías son de varias clases: las de tipo humanista (como la jerarquía de necesidades de Maslow), que ponen el acento en el papel del libre albedrío y la experiencia de la persona; las de orientación psicoanalítica (como el trabajo de Sigmund Freud), que subrayan la importancia de las experiencias tempranas y del inconsciente; las del comportamiento (como el condicionamiento clásico y operante), que proponen que es el individuo y su interacción con el entorno lo que conduce al desarrollo de la personalidad, y las de los rasgos, en las que vale la pena fijarse especialmente a causa del acento que ponen en las diferencias entre las personas.

Las teorías de los rasgos proponen que cada individuo tiene una personalidad única, la cual está compuesta de una combinación de características responsables de hacer que una persona dada se comporte de una determinada manera. Estas características se conocen como *rasgos*. Por lo tanto, las teorías de los rasgos se centran en encontrar y evaluar los rasgos de personalidad que tiene cada individuo. A lo largo de la historia de la psicología se han formulado varias teorías de este tipo; estas son algunas de las más importantes:

Teoría de los rasgos de Allport

Gordon Allport, psicólogo de la Universidad de Harvard, que fue la persona que impartió la primera clase sobre psicología de la personalidad en Estados Unidos, desarrolló su teoría de la personalidad basada en los rasgos en 1936. Allport exploró el diccionario y buscó cada término que, según él, describía un rasgo de la personalidad. Obtuvo una lista de más de cuatro mil quinientas palabras, que distribuyó en tres categorías:

1. **Rasgos cardinales:** son los rasgos que controlan y definen la totalidad de la personalidad del individuo. Por lo tanto, estos tipos de rasgos suelen ser sinónimos del individuo en cuestión, y son muy poco frecuentes. Algunos de ellos son el mesianismo, el narcisismo y el maquiavelismo.

2. **Rasgos centrales:** son rasgos habituales, como la simpatía, la amabilidad, la honestidad, etc.
3. **Rasgos secundarios:** son rasgos que se manifiestan bajo determinadas condiciones y circunstancias. Un ejemplo es ponerse nervioso antes de dar una charla en público.

Los dieciséis factores de la personalidad de Cattell

Partiendo de la teoría de Gordon Allport, el psicólogo Raymond Cattell tomó esa lista de más de cuatro mil quinientos rasgos de la personalidad y la redujo a ciento setenta y uno, al combinar los que eran semejantes entre sí y quitar otros que eran poco habituales. A continuación, elaboró cuestionarios con esos rasgos y los dio a una gran muestra de población.

Cuando tuvo en sus manos los resultados de los cuestionarios, identificó los términos que guardaban una estrecha relación entre sí y usó un proceso estadístico conocido como *análisis factorial* para reducir aún más la cantidad de rasgos de la personalidad principales. Concluyó que había un total de dieciséis rasgos que estaban en el origen de todas las personalidades y que todos los seres humanos los contenían en algún grado. Son los siguientes:

- **Abstracción:** ser alguien imaginativo y abstraído frente a tener los pies en el suelo y ser práctico.
- **Alerta:** ser desconfiado y escéptico frente a ser confiado y tolerante.
- **Apertura al cambio:** ser flexible y abierto frente a ser alguien tradicional y apegado a lo familiar.
- **Aprensión:** estar preocupado y sentirse inseguro frente a sentirse confiado y seguro de sí mismo.
- **Atención a las normas:** ser escrupuloso y cumplidor frente a ser inconformista e ignorar las reglas.

- **Atrevimiento:** ser desinhibido y emprendedor frente a ser tímido y apocado.
- **Autosuficiencia:** ser autosuficiente e individualista frente a ser dependiente.
- **Calidez:** ser extrovertido y atento con las personas frente a ser distante y reservado.
- **Dominancia:** ser enérgico y asertivo frente a ser sumiso y obediente.
- **Estabilidad emocional:** carácter tranquilo frente a la inestabilidad emocional y la excitabilidad.
- **Perfeccionismo:** ser autodisciplinado y controlador frente a ser indisciplinado y flexible.
- **Privacidad:** ser discreto y precavido frente a ser abierto y acogedor.
- **Razonamiento:** pensar de forma abstracta y ser más inteligente frente a pensar de forma concreta y ser menos inteligente.
- **Sensibilidad:** ser sentimental y bondadoso frente a ser poco sentimental e inflexible.
- **Tensión:** ser alguien impaciente y frustrado frente a ser alguien relajado y apacible.
- **Vivacidad:** ser entusiasta y espontáneo frente a ser contenido y serio.

LAS TRES DIMENSIONES DE EYSENCK

El psicólogo Hans Eysenck creó en 1947 un modelo de la personalidad independiente de otras teorías de rasgos, el cual actualizó a finales de la década de 1970. Este modelo está basado en la idea de que hay tres rasgos universales, que se dan en todas las personas:

1. **Introversión frente a extroversión:** la introversión consiste en que la persona dirige la atención hacia las experiencias internas,

lo cual implica que es más callada y reservada. La extroversión consiste en que la persona dirige la atención fuera, a la gente que tiene alrededor y al entorno. Alguien que tenga un alto grado de extroversión será más sociable y amigable.

2. **Neuroticismo frente a estabilidad emocional:** según Eysenck, el neuroticismo hace referencia a la tendencia a emocionarse o disgustarse, mientras que la estabilidad emocional es la tendencia a mantener una constancia en el plano emocional.
3. **Psicoticismo:** las personas con un grado elevado de psicoticismo tienen tendencias hostiles, antisociales, manipuladoras y apáticas, y encuentran difícil lidiar con la realidad.

LOS CINCO GRANDES RASGOS DE LA PERSONALIDAD

En la actualidad, los teóricos de la personalidad creen que la teoría de Cattell incluía demasiados rasgos, mientras que la de Eysenck contemplaba demasiado pocos; y muchos apoyan la teoría conocida como los *cinco grandes*. Según este modelo, la interacción entre cinco grandes rasgos da lugar a la base de la personalidad. Son los siguientes:

1. **Extroversión:** el grado de sociabilidad de la persona
2. **Amabilidad:** el grado de afabilidad, afecto y confianza de la persona, y la medida en que presenta un comportamiento social positivo.
3. **Escrupulosidad:** el grado de organización, atención y control de los impulsos que tiene la persona.
4. **Neuroticismo:** el grado de estabilidad emocional de la persona.
5. **Apertura:** el grado en que la persona es imaginativa, creativa y le interesan diversas cosas.

Hay muchas y muy diversas teorías que abordan el tema de la personalidad de maneras muy diferentes, pero hay algo que está claro: la personalidad es un asunto extremadamente importante. En términos generales permanece invariable a lo largo de la vida, y es la responsable de que cada persona piense, se comporte y sienta de manera única, individualizada.

TEORÍAS SOBRE EL LIDERAZGO

¿Qué hace falta para ser un líder?

A principios del siglo XX empezó a extenderse el interés por las teorías sobre el liderazgo en el campo de la psicología, pues la Gran Depresión y la Segunda Guerra Mundial hicieron que la gente comenzara a preguntarse qué hacía falta para ser un buen líder. Mientras que las primeras teorías se enfocaron en las cualidades que conforman un líder frente a aquellas que conforman un seguidor, las que vinieron después se centraron en los grados de destreza y en factores situacionales.

Aunque existen muchas teorías diferentes sobre el liderazgo, pueden clasificarse en ocho grandes categorías:

TEORÍAS DEL GRAN HOMBRE

La principal idea que hay tras las teorías de liderazgo del gran hombre es que la capacidad de convertirse en líder es inherente y que hay ciertas personas que han nacido para liderar.

El primero en proponer la teoría del gran hombre fue el historiador Thomas Carlyle. Durante el siglo XIX, que fue cuando esta teoría gozó de mayor popularidad, algunos estudiosos dijeron que la existencia de hombres como Abraham Lincoln, Alejandro Magno y Julio César apoyaba la validez del argumento enunciado; parecía que, sencillamente, los hombres adecuados salían de la nada para ponerse a liderar.

TEORÍAS DE LA CONTINGENCIA

Las teorías de la contingencia afirman que la capacidad de liderar depende de factores situacionales. Algunos de estos factores son el estilo predilecto del líder y las conductas y capacidades de los seguidores.

Según las teorías de la contingencia, no hay ningún estilo de liderazgo que sea efectivo en todos los casos y un estilo de liderazgo puede funcionar mejor bajo ciertas circunstancias que otros estilos. Esto significa que líderes que son muy efectivos en un entorno pueden no serlo en absoluto en otros entornos.

TEORÍAS DE LOS RASGOS

Las teorías de los rasgos, como las del gran hombre, tienen como base el supuesto de que las personas nacen con determinados rasgos que hacen que estén bien equipadas para convertirse en líderes. Estas teorías intentan identificar y comparar rasgos de personalidad y de conducta claves que son comunes en los líderes.

Una de las dificultades que surgen al examinar las teorías de los rasgos del liderazgo es el problema de cómo dos individuos con rasgos similares acaban en posiciones de liderazgo totalmente distintas. Una persona dada puede llegar a ser un gran líder y otra no dejar de ser un seguidor, o incluso convertirse en un líder fracasado, a pesar de tener en común los mismos rasgos externos.

TEORÍAS SITUACIONALES

La base de las teorías situacionales es la idea de que los líderes eligen el mejor curso de acción que emprender en función de los factores situacionales. Las teorías situacionales afirman que los líderes no deberían utilizar un solo estilo de liderazgo, sino que deberían tener en cuenta todos los factores situacionales. Estos incluyen las aptitudes de los seguidores y la motivación del líder.

Entre otros factores, la percepción que el líder tenga de la situación y de sus seguidores, así como su humor y la percepción que tenga de sí mismo o de sí misma, afectarán a sus actos.

TEORÍAS PARTICIPATIVAS

La principal idea que hay detrás de las teorías del liderazgo participativo es que un líder ideal toma en consideración las opiniones de los demás. En este tipo de liderazgo se estimula la participación y se alientan las contribuciones. Este proceso hace que las otras personas se sientan implicadas y relevantes en el proceso de toma de decisiones, y que se comprometan más.

Hay que remarcar el hecho de que en estas teorías, aunque los seguidores participen, le corresponde al líder otorgar este derecho.

TEORÍAS CONDUCTUALES

En contraste con las teorías del gran hombre y las de los rasgos, las teorías conductuales o del comportamiento parten de la idea de que el líder no nace, sino que se hace, y de que el liderazgo no depende de unas determinadas características mentales. Afirman que el liderazgo es un comportamiento que puede aprenderse por medio de la observación y la enseñanza.

TEORÍAS TRANSFORMACIONALES

Las teorías transformacionales, llamadas también *teorías de relaciones*, se centran en la relación entre el líder y sus seguidores. Según las teorías del liderazgo transformacional, el líder hará que los seguidores entiendan la importancia y los beneficios de una tarea motivándolos e inspirándolos. En el liderazgo transformacional no solo se presta atención al desempeño del grupo, sino también a que cada individuo manifieste su máximo potencial. En consecuencia, el liderazgo afín a este tipo de teorías se rige por unos criterios morales y éticos elevados.

TEORÍAS TRANSACCIONALES

Las teorías transaccionales, también llamadas *teorías de gestión*, ponen el acento en el papel del supervisor, el desempeño del grupo y la organización. En este tipo de teorías, el liderazgo tiene como base un sistema de recompensas y sanciones, y las expectativas de los seguidores están claras. El liderazgo transaccional es habitual en el ámbito laboral. Si un empleado tiene éxito se le recompensa, y si fracasa, es sancionado o amonestado.

¿Qué hace falta para ser un gran líder? ¿Son innatas estas características? ¿Tienen como base la situación del momento? ¿Mejora al líder el hecho de escuchar las opiniones de los demás? ¿Es el buen liderazgo un comportamiento aprendido? Tal vez el buen liderazgo surge de hacer que los seguidores entiendan qué necesitan para realizar su máximo potencial, o tal vez un buen líder surge al crear un sistema de recompensas y sanciones. Comprender las distintas teorías del liderazgo y cómo los demás responden a variados tipos de liderazgo puede tener aplicaciones muy prácticas. Pero ¿cómo se convierte uno en un gran líder? En resumidas cuentas, de muchas maneras diferentes.

LOS SUEÑOS

Qué ocurre cuando las luces están apagadas

En el campo de la psicología, se considera que los sueños son cualesquiera pensamientos, imágenes o emociones que experimenta una persona mientras está dormida. Aún no hay consenso entre los psicólogos en cuanto a las razones por las que soñamos ni en cuanto al significado de los sueños, pero hay varias teorías significativas al respecto.

La «ciencia» del sueño

Lo creas o no, los científicos aún no saben por qué soñamos ni cuál es el propósito de los sueños.

LA TEORÍA PSICOANALÍTICA DE FREUD SOBRE LOS SUEÑOS

Sigmund Freud creía que los contenidos de nuestros sueños están asociados a los anhelos insatisfechos y que los sueños representan los pensamientos, motivaciones y deseos del inconsciente de la persona. Además, opinaba que los instintos sexuales reprimidos por el consciente se manifiestan en nuestros sueños. En su libro *La interpretación de los sueños*, identificó dos componentes en los sueños:

- **Contenido manifiesto:** los pensamientos, contenidos e imágenes del sueño.
- **Contenido latente:** el significado psicológico oculto de lo soñado.

Con el fin de comprender su significado, Freud contempló cinco mecanismos de elaboración de los sueños:

- **Desplazamiento:** el deseo de algo es representado por otra cosa o persona.
- **Proyección:** las apetencias y deseos del soñador son proyectados en otra persona en el sueño.
- **Simbolización:** los impulsos y deseos reprimidos se manifiestan en el sueño de forma metafórica.
- **Condensación:** se comprime mucha información en una imagen o pensamiento, lo cual hace que sea difícil descifrar el significado.
- **Revisión secundaria:** es la etapa final del sueño, en que los elementos incoherentes se reorganizan en un sueño comprensible.

Las investigaciones han refutado la teoría de Freud de que el contenido latente es disimulado por el contenido manifiesto; aun así, la obra de Sigmund Freud contribuyó en gran medida a despertar el interés por la interpretación de los sueños.

LA TEORÍA DE CARL JUNG SOBRE LOS SUEÑOS

Si bien Jung creía en mucho de lo que hacía Freud en el campo de los sueños, pensaba que estos no son solo una expresión de deseos reprimidos, sino que también compensan aquellas partes de la psique que no se desarrollan lo suficiente durante la vigilia. Jung también creía que los sueños revelan el inconsciente colectivo y el inconsciente personal, y que en ellos se manifiestan arquetipos representativos de pensamientos inconscientes.

ACTIVACIÓN-SÍNTESIS: EL MODELO DE McCARLEY Y HOBSON

En 1977, Robert McCarley y J. Allan Hobson presentaron el modelo de activación-síntesis, en el cual propusieron que los sueños son causados por los procesos fisiológicos del cerebro.

Según el modelo de activación-síntesis, durante la fase final del ciclo del sueño, conocido como sueño de *movimientos oculares rápidos* (MOR), se activan circuitos dentro del tronco encefálico, que a su vez activan partes del sistema límbico que juegan un papel clave en la memoria, las sensaciones y las emociones. Entonces el cerebro intenta encontrar significados a partir de esta actividad interna, lo que da lugar a los sueños.

Cuando se publicó el modelo de activación-síntesis, suscitó oposición dentro del campo de la psicología, especialmente por parte de quienes seguían las enseñanzas de Freud. Mientras que muchos psicólogos estaban intentando encontrar los significados ocultos en los sueños, el modelo de activación-síntesis proponía que los sueños no son más que el resultado de los intentos del cerebro de procesar su actividad.

De todos modos, Hobson no pensaba que los sueños careciesen completamente de sentido; afirmó que son el «estado de conciencia más creativo», en el que se forman nuevas ideas, tanto fantasiosas como útiles.

LA TEORÍA DE HALL SOBRE LOS SUEÑOS

El psicólogo Calvin S. Hall afirmó que el objetivo de la interpretación de los sueños debe ser entender al individuo que sueña, y no comprender el sueño en sí. Según Hall, para interpretar correctamente los sueños hay que comprender qué significan diversos aspectos:

- Las acciones en las que participa el soñador dentro del sueño.
- Cualesquiera figuras u objetos que aparecen en el sueño.
- Todas las interacciones que se dan entre el soñador y los personajes dentro del sueño.
- Los escenarios del sueño.
- Cualquier transición que se produce dentro del sueño.
- Cómo acaba el sueño.

LA TEORÍA DE DOMHOFF SOBRE LOS SUEÑOS

G. William Domhoff fue alumno de Calvin Hall y llegó a la conclusión de que los sueños constituyen reflejos de los pensamientos y preocupaciones que ha experimentado el individuo soñador durante la vigilia. Según la teoría de Domhoff, los sueños son el resultado de procesos neurológicos.

TEMAS COMUNES EN LOS SUEÑOS

Los siguientes son diez de los temas más comunes que experimentamos cuando soñamos, así como sus posibles significados según la teoría freudiana.

1. **Hacer un examen para el cual no se está preparado:** este tipo de sueño no solo concierne a un examen académico y normalmente guarda relación con las circunstancias del soñador. Por ejemplo, un actor podría soñar que no recuerda lo que tiene que decir o que no es capaz de reconocer las palabras de un guion. Este tipo de sueño tiene que ver con la sensación de estar expuesto y el examen puede simbolizar el hecho de ser juzgado o evaluado por otra persona.

2. **Estar desnudo o vestido inapropiadamente en público:** este tipo de sueño tiene que ver con sentimientos de vergüenza o vulnerabilidad.
3. **Ser perseguido o atacado:** este tipo de sueño es mucho más habitual en niños, cuyos sueños tienden a estar centrados en miedos más físicos que sociales. Además, a menudo su tamaño puede hacerles sentir que son más vulnerables físicamente. En los adultos, este tipo de sueño puede ser indicativo de estrés.
4. **Caer:** puede representar una sensación de agobio extremo a causa de la situación vital en la que se encuentra la persona y la sensación de no tener el control.
5. **Perderse por el camino:** a menudo representa sentirse perdido o intentar conseguir algo o encontrar el propio camino pero no estar seguro de cómo proceder.
6. **Perder un diente:** puede representar que uno siente que no le hacen caso o no le prestan atención en una relación personal o sentimientos de agresividad.
7. **Desastres naturales:** soñar con desastres naturales puede significar que uno se siente tan abrumado por sus problemas personales que tiene la sensación de que estos escapan furiosamente a su control.
8. **Volar:** puede representar el deseo de escapar o de liberarse de una situación.
9. **Morir o resultar herido:** puede representar que algo del ámbito de la vida diaria del soñador ha dejado de prosperar o se está marchitando (una relación o un atributo personal, por ejemplo); no necesariamente significa o implica verdaderos pensamientos de muerte.
10. **Perder el control del vehículo:** este tipo de sueño puede ser el resultado de sentimientos de estrés o miedo y de sentir que no se controla la vida diaria.

Aunque los psicólogos todavía no comprenden completamente los sueños, la interpretación de estos juega un papel clave en la psicología moderna. Desde el muy usado análisis de la interpretación de los sueños de Freud, cuya base es que los sueños están conectados a nuestro inconsciente y representan deseos reprimidos, hasta el trabajo de G. William Domhoff, quien creía que los sueños son meramente el resultado de procesos neurológicos, entender por qué soñamos y los diversos detalles y posibles significados de los sueños sigue constituyendo una parte muy importante de la psicología.

LA ARTETERAPIA

El arte de mejorar

El arte es un medio extremadamente expresivo. Puede ayudar a las personas a comunicarse o a lidiar con el estrés, y puede conducir a descubrir y estudiar las distintas partes de la propia personalidad. En el ámbito de la psicología, el arte se emplea para mejorar la salud mental y puede utilizarse, incluso, para tratar determinados trastornos psicológicos. Es lo que se conoce como arteterapia.

Al integrar el proceso creativo necesario para crear arte con ciertas técnicas psicoterapéuticas, la arteterapia puede hacer que la persona sea capaz de resolver sus problemas, reducir la cantidad de estrés que afronta en su vida, gestionar su comportamiento, mejorar sus habilidades interpersonales, conocerse mejor a sí misma y tener un mayor autocontrol.

La arteterapia empezó a emerger como una modalidad de terapia en la década de 1940, cuando hubo psiquiatras que se interesaron por lo que pintaban pacientes que tenían una enfermedad mental y cuando algunos educadores comenzaron a advertir que el arte creado por los niños reflejaba su desarrollo emocional, cognitivo, etc.

CUÁNDO EMPLEAR LA ARTETERAPIA

Hay conjuntos de personas que se ha visto que responden de forma muy positiva a la arteterapia. Estos son algunos de ellos:

- Adultos que padecen un estrés importante.
- Niños con problemas de aprendizaje.
- Personas que han tenido una experiencia traumática.
- Personas que tienen problemas de salud mental.

- Personas que padecen las secuelas de una lesión cerebral.
- Niños que tienen problemas de convivencia o conducta en casa o en la escuela.
- Cualquier persona que sufra depresión, ansiedad o violencia doméstica.

Qué no es la arteterapia

La arteterapia *no* es una actividad recreativa ni que deba servir para explicarle a la persona cómo hacer arte. No hace falta tener ningún tipo de experiencia con el arte para participar en esta modalidad de terapia. Además (este punto es muy importante), el terapeuta no interpreta las producciones artísticas del paciente. La arteterapia consiste en enseñar a la persona a sanar a través de su propio arte.

CÓMO FUNCIONA LA ARTETERAPIA

Recursos artísticos que se utilizan en la arteterapia son la pintura, el dibujo, el *collage* y la escultura. En un entorno en que el paciente se pueda sentir seguro, el arteterapeuta le proporciona un tema con el que trabajar o lo invita a ponerse manos a la obra sin proporcionarle ninguna orientación.

Mientras el paciente crea arte relacionado con sus experiencias de vida o con un suceso, el proceso de creación artística le permite pensar en sus experiencias en un nivel más profundo y transformar lo que tiene en la cabeza en símbolos y metáforas. Al plasmar estos símbolos y metáforas únicos, puede describir esas imágenes en sus propios términos, lo cual es importante para el proceso de recuperación y autodescubrimiento. El paciente es la única persona capacitada para explicar qué representan esos símbolos.

Este proceso de tomar una experiencia del propio mundo interior y manifestarla en el mundo exterior en forma de objeto físico ayuda a la persona a tomar distancia respecto de la experiencia, lo que a la vez hace que se sienta más segura a la hora de hablar de lo que ha plasmado. Por lo tanto, en lugar de tener que hablar sobre sus problemas directamente, lo cual le podría resultar muy difícil, puede hablarle al terapeuta sobre la pieza de arte que ha creado. Poco a poco, este proceso va incrementando su comprensión, autoaceptación y autoconciencia.

OTROS BENEFICIOS DE LA ARTETERAPIA

Además de una autoconciencia y una autoaceptación mayores, la arteterapia puede brindar muchos otros beneficios, como los siguientes:

- La persona no tiene más remedio que participar activamente en el proceso, lo cual es bueno para combatir el aburrimiento, el distanciamiento y la apatía.
- Se alientan las elecciones y la toma de decisiones.
- Se estimula la creatividad, lo cual fomenta que la persona pueda reaccionar de formas diferentes frente a situaciones que pueden ser difíciles.
- Pueden producirse catarsis, que constituyen modos de limpiar sentimientos negativos.
- Puede tener lugar un aprendizaje en los ámbitos interpersonal y social.

No se trata solo de pintar

También hay versiones de la arteterapia centradas en la música, el baile, la escritura y el teatro (la conocida como *arteterapia creativa*) e incluso las artes interpretativas (la *arteterapia expresiva*).

Lo verdaderamente excepcional respecto de la arteterapia es que la persona puede tener un papel activo en el proceso terapéutico. Al expresar sus pensamientos a través del arte y los símbolos, puede reponerse y conocerse a su manera.

LA HIPNOSIS

No es una ilusión

En el terreno de la psicología, la hipnosis es una técnica utilizada en el contexto terapéutico en la que el paciente entra en un estado de relajación muy profundo, de tal manera que puede empezar a concentrarse en su propia mente. En este estado, las conexiones entre lo que piensa, siente y hace el individuo se vuelven más claras.

Aunque los medios de comunicación suelen ofrecer una imagen negativa de la hipnosis, está comprobado clínicamente que proporciona no solo beneficios terapéuticos, sino también beneficios médicos. Este procedimiento es especialmente eficaz para reducir la ansiedad y el dolor, y hay quienes creen que incluso puede ser útil para atenuar los síntomas relacionados con la demencia.

Normalmente la hipnosis no se usa como terapia en sí misma, sino como coadyuvante en el proceso terapéutico.

CÓMO OPERA LA HIPNOSIS

La hipnosis proporciona asistencia y tratamiento alterando y reprogramando la mente subconsciente del individuo. Cuando se la somete a hipnosis, la mente consciente resulta atenuada, mientras que la mente subconsciente es despertada. Muchos psicólogos creen que para que pueda producirse cualquier cambio verdadero en la vida de una persona deben acontecer cambios no solo en su mente consciente, sino también en la subconsciente. Y como en el estado de hipnosis la mente subconsciente está más presente que la consciente, pueden explorarse pensamientos, sentimientos y recuerdos que habían estado ocultos.

Por ejemplo, si una persona quiere dejar de fumar, puede hacer todo lo que esté en su mano, a nivel consciente, para lograrlo, pero la mente subconsciente puede seguir alojando un deseo que contribuya a que los intentos al respecto resulten fallidos. Al comprender, cambiar y reprogramar la mente subconsciente, puede ser que esa persona alcance por fin su objetivo, ya que su mente subconsciente ha sido alterada.

El sujeto hipnotizado ni duerme profundamente ni se le puede obligar a hacer nada contrario a sus convicciones o que no haría en cualquier otra circunstancia; tampoco tiene por qué hacer todo lo que le dice el terapeuta. La persona hipnotizada no deja de ser consciente del entorno y de la situación en la que se encuentra.

Dos métodos de terapia hipnótica

ANÁLISIS DEL PACIENTE: consiste en usar la hipnosis para encontrar la causa subyacente de un síntoma o trastorno, como un trauma o un evento del pasado oculto en la mente inconsciente. Una vez que el problema se ha revelado, se puede abordar en psicoterapia.

TERAPIA DE SUGESTIÓN: una vez hipnotizada, la persona podrá cambiar un determinado comportamiento, como fumar o morderse las uñas, porque responderá mejor a las sugestiones. Esta técnica también se puede utilizar para alterar sensaciones y percepciones, y se emplea a menudo en la gestión del dolor.

QUÉ TEMAS SE PUEDEN TRATAR CON LA HIPNOSIS

Como la hipnosis puede ayudar a la persona a lidiar con cualquier cosa que le cueste manejar, puede ser útil con muchos problemas mentales, emocionales y físicos. Estos son algunos de los más habituales:

- Fobias.
- Estrés y ansiedad.
- Ataques de pánico.
- Duelo.
- Trastornos alimentarios.
- Trastornos del sueño.
- Depresión.
- Adicciones.
- Pérdida de peso.
- Dejar de fumar.
- Síntomas del trastorno de déficit de atención.
- Mitigar el dolor durante el parto.
- Problemas sexuales.
- Reducir las náuseas y los vómitos en pacientes de cáncer sometidos a quimioterapia.
- Aliviar los síntomas del síndrome del intestino irritable.

ALBERT ELLIS (1913-2007)

Fundador de un nuevo tipo de psicoterapia

Albert Ellis nació el 27 de septiembre de 1913 en Pittsburgh (Pensilvania). Calificó su relación con sus padres de distante, y su madre padecía trastorno bipolar. En consecuencia, Ellis se ocupó de atender y criar a su hermano y su hermana, más pequeños.

En 1934 se graduó en la Universidad de la Ciudad de Nueva York y comenzó a escribir sobre sexualidad cuando empezó a interesarse por la psicología. A partir de ahí, estudió en la Universidad de Columbia, donde se licenciaría en Psicología Clínica en 1943; posteriormente obtendría el doctorado en 1947. Al principio fue un gran defensor del psicoanálisis de Sigmund Freud; sin embargo, el trabajo de Karen Horney, Alfred Adler y Erich Fromm le influyó en gran medida, por lo que pronto empezó a cuestionar el trabajo de Freud, hasta que se distanció de él definitivamente.

En lugar de seguir los conceptos de Freud, Ellis elaboró su propia modalidad de psicoterapia; la llamó *terapia racional*, y más tarde sería conocida como *terapia conductual emotivo-racional* (REBT, por sus siglas en inglés). La opinión general es que esta terapia fue la primera de tipo cognitivo-conductual. En 1959, fundó el Instituto para la Vida Racional.

Ellis desarrolló una gran actividad durante la revolución sexual de la década de 1960 y era un ateo declarado. Solo tras haber trabajado con su terapia REBT con numerosas personas que tenían creencias religiosas pudo ver que el hecho de creer en un ser superior podía aportar beneficios psicológicos. Aunque nunca dejó de ser ateo, dejó de promulgarlo tanto, y llegó a la conclusión de que contar con capacidad de elección a este respecto podía ser lo mejor desde el punto de vista psicológico.

Gran parte de su trabajo inicial se encontró con muchas críticas, pero en la segunda mitad de su vida, cuando las terapias cognitivo-conductuales se fueron revelando como modalidades de tratamiento efectivas, recibió muchos elogios. En la actualidad, Albert Ellis es considerado una de las figuras más importantes en el campo de la psicología. Murió el 24 de julio de 2007.

EL MODELO ABC

En la base de la terapia conductual emotivo-racional de Albert Ellis está su creencia de que cada día ocurren cosas que hacen que la persona observe e interprete lo que está sucediendo. Esas interpretaciones conforman creencias específicas en relación con esos sucesos. Dichas creencias incluyen el papel de la persona en los eventos. Una vez que se ha conformado una creencia, se experimenta una consecuencia emocional de resultas de ella. Este proceso se puede reflejar de la siguiente manera:

A	--→	B	--→	C
Suceso desencadenante		Creencia		Consecuencia emocional

SUCESOS DESENCADENANTES Y CONSECUENCIAS EMOCIONALES

1. **A:** tu superior te acusa falsamente de robarle y te amenaza con despedirte.
2. **B:** tu reacción es: «¿De qué va este hombre? ¡No tiene ningún motivo para acusarme!».
3. **C:** te sientes enojado.

El modelo ABC de Ellis intenta mostrar que el evento B es el que hace que ocurra el evento C; no es el evento A el que provoca el C directamente. No te sientes enojado porque te hayan acusado falsamente y te hayan amenazado con despedirte, sino a causa de la creencia que aparece en el paso B.

Definición clínica

TERAPIA COGNITIVO-CONDUCTUAL: modalidad de psicoterapia en que la persona trabaja con un psicoterapeuta durante una cantidad de sesiones limitada y de forma muy estructurada, con la finalidad de que empiece a comprender qué sentimientos y pensamientos influyen en su comportamiento.

LAS TRES CREENCIAS IRRACIONALES BÁSICAS

Ellis afirma que todos albergamos tres creencias irracionales perturbadoras, por más que nos expresemos de formas muy diferentes. Cada una de estas creencias contiene una exigencia en relación con uno mismo, con los demás o con el mundo. Son las siguientes:

1. Uno debe tener un buen comportamiento y los demás deben aprobar sus actos; de otro modo, no es una buena persona.
2. Los demás deben tratarnos con amabilidad, consideración, de forma justa y tal como queremos que nos traten exactamente; si esto no es así, esas personas no son buenas y merecen ser castigadas o condenadas.
3. Uno debe obtener lo que quiere y cuando lo quiere, y no debe obtener algo que no quiera. Si uno no consigue lo que quiere, la situación es terrible e insoportable.

Es habitual que la primera creencia conduzca a sentimientos de ansiedad, depresión, culpa y vergüenza; la segunda creencia suele conducir a sentimientos pasivo-agresivos y también de ira y violencia, y la tercera creencia conduce habitualmente a la dilación y a sentimientos de autocompasión. Las creencias flexibles y desprovistas de exigencia pueden desembocar en comportamientos y emociones saludables, pero cuando estas creencias conllevan una exigencia elevada, pueden empezar a manifestarse problemas y neurosis.

EL PAPEL DEL CUESTIONAMIENTO

La principal idea que hay detrás de la terapia conductual emotivo-racional es que las creencias irracionales del paciente deben pasar a ser racionales. El terapeuta acomete esta cuestión cuestionando esas creencias irracionales. Por ejemplo, puede preguntarle: «¿Por qué deberían tratarte con amabilidad los demás?». Al intentar responder esta pregunta, el paciente se va dando cuenta, poco a poco, de que no existe ningún motivo racional que justifique su creencia.

LAS TRES IDEAS ESCLARECEDORAS

Ellis creía que todas las personas tienden a pensar irracionalmente, pero que la frecuencia, la duración y la intensidad de esos pensamientos pueden mitigarse aplicando estas tres ideas:

1. Las personas no se enojan sin más, sino que ocurre de resultas de las creencias inflexibles que albergan.
2. Sea cual sea la razón de su enojo, las personas no dejan de estar enojadas porque no sueltan sus creencias irracionales.
3. La única forma de mejorar a este respecto es trabajar duro para cambiar estas creencias. Esto requiere mucha práctica.

LA ACEPTACIÓN DE LA REALIDAD

Para poder gozar de una buena salud emocional, hay que aceptar la realidad, aunque esta sea desagradable. Los terapeutas que aplican la terapia conductual emotivo-racional intentan ayudar al paciente a alcanzar tres tipos de aceptación:

1. **La autoaceptación incondicional:** la persona tiene que aceptar que puede fallar, que no hay ninguna razón por la que no debería tener defectos y que no es más ni menos merecedora que cualquier otro individuo.
2. **La aceptación incondicional del otro:** la persona tiene que aceptar que será tratada injustamente por otros en ocasiones, que no hay ningún motivo por el que los demás deban tratarla justamente y que quienes la tratan injustamente no son ni más ni menos valiosos que los demás.
3. **La aceptación incondicional de la vida:** la persona tiene que aceptar que la vida no siempre va como uno esperaba, que no hay ningún motivo por el que la vida debería ir como uno espera y que la vida, aunque pueda ser desagradable en ocasiones, nunca es completamente horrible y es soportable.

La terapia conductual emotivo-racional de Albert Ellis es una de las modalidades de terapia más populares actualmente, y allanó el camino a todas las modalidades de terapia cognitivo-conductual.

LA TERAPIA COGNITIVO-CONDUCTUAL

Hacerse consciente de los comportamientos negativos

La terapia cognitivo-conductual, utilizada habitualmente para tratar trastornos como la depresión, las fobias, la ansiedad y las adicciones, es una modalidad de tratamiento psicoterapéutico que se enfoca en cambiar los comportamientos negativos alterando los pensamientos y emociones influyentes que tiene la persona (en el ámbito de esta terapia se cree que los pensamientos y las emociones influyen en el comportamiento del individuo y lo refuerzan).

Por ejemplo, según la terapia cognitivo-conductual, si alguien está pensando en los accidentes de tráfico todo el rato, este hecho influirá en su comportamiento; es posible que esa persona incluso evite meterse en un coche o conducir. Si alguien tiene pensamientos negativos acerca de su autoimagen y sus capacidades, tendrá una autoestima baja y, en consecuencia, tal vez evitará situaciones sociales o se perderá oportunidades.

Si un individuo dado cambia sus patrones de pensamiento, su comportamiento también cambiará. La terapia cognitivo-conductual se centra en ayudar a la persona con algún problema muy específico que tenga; por esta razón, no suele alargarse mucho en el tiempo. Gracias a esta modalidad terapéutica el paciente empieza a asumir que, si bien es posible que no pueda controlar todo lo que sucede en el mundo exterior, sí tiene la capacidad de controlar cómo enfocar e interpretar lo que ocurre en su entorno.

LAS ETAPAS DE LA TERAPIA COGNITIVO-CONDUCTUAL

Pueden distinguirse dos etapas en la terapia cognitivo-conductual. La primera se conoce como *análisis funcional*. En ella, el terapeuta formado en la terapia cognitivo-conductual ayuda a la persona a identificar cuáles de sus creencias son problemáticas. En esta fase, el terapeuta averigua cuáles son los pensamientos, emociones y situaciones que contribuyen al comportamiento desadaptativo del paciente. Esta etapa puede ser dura para la persona, pero las comprensiones y el conocimiento de uno mismo que se obtienen son cruciales para el proceso.

La segunda etapa de la terapia cognitivo-conductual está dedicada a los comportamientos específicos. En ella, la persona empieza a aprender y ensayar nuevas habilidades que podrá aplicar en la vida real. Habitualmente, se trata de un proceso gradual en que el paciente va trabajando en pos de su objetivo. Con cada paso que se da, el objetivo principal parece menos abrumador y más alcanzable.

LA TERAPIA MULTIMODAL

Una modalidad de terapia cognitivo-conductual muy empleada (aparte de la terapia conductual emotivo-racional, de la que hablábamos en el capítulo dedicado a Albert Ellis) es la terapia multimodal de Arnold Lazarus, que incorpora todas las características de la personalidad en la terapia, en lugar de poner el foco en uno o dos elementos solamente.

La terapia multimodal de Lazarus está edificada sobre la premisa de que todas las personas son seres biológicos que experimentan ciertas «modalidades», que son un conjunto de capacidades: la de experimentar emociones, la de imaginar, la de pensar, la de percibir sensaciones, la de actuar y la de relacionarse con otras personas.

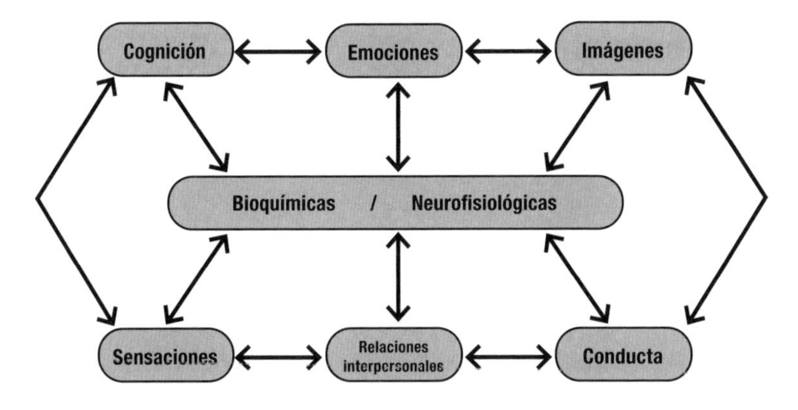

IDEA DE LAZARUS SOBRE LAS MODALIDADES

Lazarus clasificó estas modalidades bajo el acrónimo BASIC ID, que en castellano se ha adaptado como BASICCoS:

- **B**iología (funciones biológicas y sustancias: salud, ejercicio, sueño, alimentación, medicamentos, etc.).
- **A**fectividad (reacciones afectivas o emocionales).
- **S**ensaciones (reacciones sensoriales, como oír, tocar, ver, oler y saborear).
- **I**mágenes (autoimagen, pensar en imágenes, etc.).
- **C**ognición (creencias, opiniones, actitudes, pensar con palabras, etc.).
- **Co**nducta.
- Relaciones **S**ociales (la comunicación con los demás).

En la terapia multimodal, el tratamiento se adapta a cada paciente. Antes del inicio de la terapia, la persona debe responder un cuestionario que ayudará al terapeuta a saber qué modalidades está descuidando y a cuáles está dando prioridad. Al principio de la terapia, el foco se pone en la modalidad que más beneficiará al paciente, aunque se acaba por intervenir en todas.

Definiciones clínicas

→ ***BRIDGING*:** antes de explorar otras modalidades que podrían no ser productivas, el terapeuta debe abordar la modalidad preferida de la persona.

→ ***TRACKING*:** comprender, evaluar y determinar el «orden de encendido» de las modalidades del paciente. Los seres humanos suelen reaccionar ante las situaciones según un patrón; este es el caso, sobre todo, cuando las situaciones son similares. Saber cuál es el patrón que sigue el paciente será determinante para que el tratamiento sea beneficioso.

La terapia multimodal también destaca especialmente por el *eclecticismo técnico*, lo cual significa que el terapeuta puede usar varias técnicas y enfoques terapéuticos, y no está limitado por unas bases teóricas específicas.

LA TERAPIA COGNITIVA

Creada por el psicólogo Aaron Beck en la década de 1960, la terapia cognitiva es otra modalidad popular de terapia cognitivo-conductual.

En el ámbito de la terapia cognitiva se cree que el ser humano está filtrando e interpretando información constantemente, y que este proceso conduce a errores, falsas creencias y emociones negativas. Hay diez patrones de pensamiento defectuoso reconocidos, que reciben el nombre de *distorsiones cognitivas*. Para cambiar el comportamiento, antes hay que cambiar los procesos mentales, lo cual se puede hacer comprendiendo y arreglando las distorsiones cognitivas que se padecen. Las diez distorsiones cognitivas son:

1. **Generalización excesiva:** a partir de un caso aislado, suponer que eso es de aplicación general.
2. **Descalificar lo positivo:** actuar como si los sucesos positivos no contasen.
3. **Pensar en términos de «o todo o nada»:** pensar solo en términos de absolutos y no reconocer que puede haber puntos intermedios.
4. **Razonamiento emocional:** en lugar de contemplar la situación objetivamente estudiando los hechos, la persona permite que sus emociones dirijan sus pensamientos relativos a la situación.
5. **Sacar conclusiones precipitadas:** dar por hecho lo peor aunque no haya datos suficientes que lo justifiquen.
6. **Amplificación y minimización:** restar importancia a los sucesos positivos y dedicar una atención significativa a los sucesos negativos.
7. **Aplicar un filtro mental:** pasar por alto los sucesos positivos que se producen en la vida y destacar mentalmente los sucesos negativos.
8. **Centrarse en los «debería»:** en lugar de intentar lidiar con las cosas tal como son en ese momento, enfocarse en cómo deberían ser.
9. **Personalización:** autoinculparse por cosas que uno no puede controlar.
10. **Colgar etiquetas negativas:** colgar etiquetas falsas y crueles a otras personas y colgárselas a uno mismo.

Según la terapia cognitivo-conductual, es necesario cambiar una dinámica de pensamiento negativa para cambiar un comportamiento negativo. A través de enfoques como la terapia conductual emotivo-racional, la terapia cognitiva y la terapia multimodal, los pacientes pueden llegar a comprender y combatir sus patrones de pensamiento negativos, y a partir de ahí aprender nuevas habilidades que les permitan combatir el comportamiento negativo.

LA HEURÍSTICA

La toma de decisiones

La heurística son las estrategias mentales rápidas (también denominadas *reglas generales*) que utilizamos para resolver problemas. Nos permiten tomar decisiones con rapidez y eficacia sin tener que detenernos a pensar cuál será el siguiente curso de acción. Aunque la heurística es muy útil a veces, también puede llevar a cometer errores, conocidos como *sesgos*. En 1974, Daniel Kahneman y Amos Tversky identificaron lo que consideraron que eran los tres grandes tipos de heurística. Esta categorización se sigue aplicando en la actualidad.

LA HEURÍSTICA DE DISPONIBILIDAD

La heurística de disponibilidad nos ayuda a juzgar la probabilidad de que se produzca un determinado suceso acudiendo a ejemplos basados en lo que podemos recordar. Es fácil que esta forma de proceder conduzca a sesgos, porque en lugar de basarse en la totalidad de los datos para efectuar un juicio sobre la probabilidad, la persona solo se basa en sus recuerdos. Los científicos creen que los sucesos que se suelen recordar con mayor facilidad y rapidez son los más recientes.

Por ejemplo, si alguien ve en las noticias varios casos de ejecuciones hipotecarias, puede ser que piense que, en general, existe una gran probabilidad de que se produzcan; o si puede dar varios ejemplos de amigos suyos que se han divorciado, tal vez afirmará que la tasa de divorcios es elevada, independientemente de lo que digan las estadísticas al respecto.

La heurística de disponibilidad también puede hacer que las personas sobrestimen la probabilidad de que se produzcan sucesos muy poco probables; por ejemplo, puede preocuparles volar tras ver un artículo sobre un accidente de aviación reciente. Y, a la inversa, pueden subestimar la probabilidad de que ocurran sucesos que tienen muchas posibilidades de acontecer. Por ejemplo, hay personas que tal vez piensen que tienen pocas probabilidades de contraer una enfermedad por transmisión sexual al practicar el sexo sin protección, aun cuando el grado de riesgo es elevado, porque tienen amigos que no han tomado precauciones y no han contraído una enfermedad de este tipo.

LA HEURÍSTICA DE ANCLAJE Y AJUSTE

La heurística de anclaje y ajuste se asienta en la idea de que la gente suele basar sus decisiones o estimaciones en *anclas* o puntos de referencia. Estas anclas son pedazos de información extraídos de la memoria de la persona, adaptados a partir del intento de cumplir con los criterios de la decisión.

Pongamos, por ejemplo, que te enfrentas a las siguientes preguntas: «La longitud del río Misisipi ¿es superior o inferior a dos mil millas? ¿Es superior o inferior a cinco mil millas?». La respuesta que des a la primera te proporcionará un ancla con la que responder la segunda; es decir, basarás tu segunda respuesta en esta ancla.

LA HEURÍSTICA DE REPRESENTATIVIDAD

La heurística de representatividad hace referencia a que las personas suelen determinar la probabilidad de que se produzca cierto suceso o resultado teniendo en cuenta un suceso o resultado conocido con el que puedan compararlo; a partir de ahí presuponen que las probabilidades serán las mismas. El principal error que se comete con este tipo de heurística es suponer que una similitud que exista en algo garantizará otras similitudes.

Por ejemplo, si una persona ve un hombre con los brazos cubiertos de tatuajes y una chaqueta de cuero, puede acudir a la heurística de representatividad y suponer que es muy probable que ese hombre sea un motero; es decir, la persona cree que ese hombre es representativo de los moteros y lo mete en esa categoría.

La heurística de representatividad también se puede utilizar para explicar la *falacia del jugador*, por la que el individuo supone incorrectamente que tiene la capacidad de predecir eventos aleatorios o una racha ganadora o perdedora basándose en información previa, aunque la probabilidad de que se produzca el suceso es la misma. Por ejemplo, si una moneda se lanza varias veces al aire y siempre cae con la cara hacia arriba, y alguien afirma que en el próximo lanzamiento seguramente caerá del lado «cruz» porque ha caído del lado «cara» demasiadas veces, esa persona ha ignorado por completo el hecho de que siempre hay un cincuenta por ciento de probabilidades de que la moneda aterrice de cualquiera de las dos formas. La heurística de representatividad también hace que las personas ignoren la tasa base, es decir, la frecuencia con la que se produce un suceso.

HARRY STACK SULLIVAN

(1892-1949)

Psicoanálisis interpersonal

Harry Stack Sullivan nació el 21 de febrero de 1892 en Norwich (Nueva York). Hijo de migrantes irlandeses, creció en un pueblo en que la gente aborrecía el catolicismo, lo cual lo hizo sentir socialmente aislado. Más adelante, ya como profesional, esta situación lo llevó a concebir el concepto de *aislamiento social*.

En 1917 se licenció en la Universidad de Medicina y Cirugía de Chicago. Se lo conoce principalmente por su trabajo sobre las relaciones interpersonales y sobre la soledad que sufren quienes padecen enfermedades mentales; también por su trabajo con personas enfermas de esquizofrenia y sus modificaciones al trabajo de Sigmund Freud. Aunque creía en los principales postulados de Freud, su enfoque del psicoanálisis empezó a alejarse del de este, especialmente de su concepto del desarrollo psicosexual.

Entre 1925 y 1929 Sullivan trabajó mucho con pacientes esquizofrénicos sin emplear ningún medicamento, con gran éxito. Afirmó que la esquizofrenia no era incurable y que en gran medida era el resultado de la acción de fuerzas culturales. Todos los hombres que participaron en ese estudio eran homosexuales, lo cual tal vez era especialmente significativo para Sullivan, ya que muchos creen que era gay, aunque nunca salió del armario. De hecho, uno de los sujetos del estudio se convirtió en su amante más adelante y se fue a vivir con él, aunque de puertas afuera fingieron que era su hijo adoptivo.

En 1933 Sullivan ayudó a crear la Fundación Psiquiátrica William Alanson White y en 1936 la Escuela de Psiquiatría de Washington. Después de la Segunda Guerra Mundial contribuyó a fundar la Federación Mundial de Salud Mental y en 1938 creó la revista

Psychiatry, de la cual fue editor. Murió el 14 de enero de 1949, con cincuenta y seis años. Su trabajo sobre la personalidad y las técnicas psicoterapéuticas sigue ejerciendo una influencia en el campo de la psicología.

LA TEORÍA INTERPERSONAL DE HARRY STACK SULLIVAN

Aunque estuvo bastante solo a lo largo de su vida, Sullivan sabía que las relaciones interpersonales podían ser muy significativas para el individuo. Creía que la personalidad era ante todo el resultado de las relaciones que mantienen los individuos unos con otros. Veía la personalidad como un sistema energético compuesto por las acciones que se realizan, que denominó *transformaciones de energía*, y el potencial que podía derivar en acciones, el cual llamó *tensión*. Sullivan identificó dos tipos de tensiones: las necesidades y la ansiedad.

Necesidades

Se requieren ciertos actos con el fin de mitigar las necesidades. Estas guardan relación con partes específicas de la persona, como los genitales o la boca, o con su bienestar general. Existen las necesidades fisiológicas, como la de comida y la de oxígeno, y las interpersonales, como la de intimidad y la de ternura.

Ansiedad

La ansiedad no se puede aliviar por medio de actos sistemáticos, lo cual, según Sullivan, constituye la principal fuerza perturbadora en las relaciones interpersonales. Si alguien no siente nada de ansiedad ni ninguna tensión, está experimentando euforia.

LOS DINAMISMOS

Sullivan llamó *dinamismos* a los patrones de comportamiento estándar, y creía que podían estar asociados a tensiones o a determinadas partes del cuerpo. Identificó cuatro dinamismos:

- **Intimidad:** es una relación personal estrecha entre dos individuos que están en un plano de igualdad. La intimidad reduce la soledad y la ansiedad, a la vez que estimula el desarrollo interpersonal.
- **Lujuria:** es un deseo egocéntrico que se puede satisfacer sin que exista una relación interpersonal íntima. La lujuria es un dinamismo cuya única base es la gratificación sexual y no requiere necesariamente la presencia de otro individuo para satisfacerse.
- **Malevolencia:** este dinamismo aparece definido por el odio, la maldad y la sensación de estar viviendo entre enemigos. Los niños malévolos tendrán dificultades con la intimidad y con la capacidad de dar y recibir ternura.
- **Autosistema:** es un patrón de comportamientos que preservan la seguridad interpersonal del individuo y lo protegen de la ansiedad. Habitualmente, este tipo de dinamismo evita que se produzca cualquier cambio en la personalidad. Si nuestro autosistema experimenta cualquier inconsistencia, serán necesarias operaciones de seguridad (acciones psicológicas encaminadas a reducir las tensiones interpersonales). Ejemplos de operaciones de seguridad son la disociación y la distracción selectiva, por medio de las cuales la persona evita ser consciente de ciertas experiencias.

LAS PERSONIFICACIONES

Según Sullivan, los seres humanos desarrollan personificaciones de sí mismos a través de sus interacciones con los demás. Estas personificaciones son las siguientes:

1. **El mal yo:** son aspectos propios ocultos al resto del mundo, y posiblemente a uno mismo, porque se consideran negativos. A menudo experimentamos ansiedad a causa de que la propia conciencia está reconociendo el mal yo; por ejemplo, cuando recordamos una acción propia que al final nos hizo sentir bochorno.
2. **El buen yo:** es todo aquello que nos gusta de nosotros mismos. El buen yo no suscita ansiedad, se comparte con los demás y, en consecuencia, a menudo es aquello en lo que elegimos enfocarnos.
3. **El no yo:** es todo aquello que nos provoca tal grado de ansiedad que lo metemos en el inconsciente, para evitar ser conscientes de ello.

Al igual que Sigmund Freud, Sullivan pensaba que las experiencias de la infancia y el papel de la madre son fundamentales para el desarrollo de la personalidad. Sin embargo, y a diferencia de Freud, creía que la personalidad se puede desarrollar después de la adolescencia y en la edad adulta. Denominó épocas a estas etapas del desarrollo, y sostenía que las personas pasan por ellas en un cierto orden que no es dictado por una cronología, sino por su entorno social. Estas son las épocas que identificó Sullivan:*

- **Infancia (del nacimiento al año de edad):** durante esta época, la figura materna da ternura al niño y este conoce la ansiedad.
- **Niñez (del año a los cinco años):** la madre sigue siendo la principal figura con la que se relaciona el niño, quien ahora la distingue de otras personas que también cuidan de él o ella.

* N. del T.: Debe advertirse que la terminología utilizada por Sullivan no se corresponde con los significados establecidos para estos términos en castellano; por ejemplo, según el *Diccionario de la lengua española* de la RAE, *infancia* y *niñez* son términos sinónimos que hacen referencia al período de la vida humana que se extiende desde el nacimiento hasta la pubertad, lo cual no se corresponde con lo establecido por Sullivan.

- **Época juvenil (de los seis a los ocho años):** el niño empieza a necesitar compañeros de juego o colegas que estén en un plano de igualdad con él o ella. Comienza por lo tanto a socializar y debe aprender a cooperar, comprometerse y competir con otros niños.
- **Preadolescencia (de los nueve a los doce años):** esta es la etapa más importante, porque cualquier error que se cometiera antes puede corregirse, pero los errores que se cometan en esta fase son muy difíciles de corregir en etapas posteriores. Lo que define a esta etapa es que el niño desarrolla amistad con un amigo íntimo o «mejor amigo». Si el niño no tiene la experiencia de la intimidad en esta fase, tendrá dificultades con los compañeros sexuales más adelante.
- **Primera adolescencia (de los trece a los diecisiete años):** esta época empieza con el inicio de la pubertad. La necesidad de amistad convive ahora con la necesidad de expresión sexual y surge el interés por el otro sexo. En esta etapa aparece el dinamismo conocido como lujuria (que se ha presentado en un apartado anterior). Si el niño, convertido ya en adolescente, aún no es capaz de convivir en intimidad, puede confundir el amor con la lujuria, y viceversa, y sus relaciones sexuales no contarán con el componente de la intimidad.
- **Adolescencia avanzada (de los dieciocho a los veintitrés años):** esta época puede empezar incluso a los dieciséis años. El inicio de esta etapa viene determinado por la capacidad que tiene el individuo de experimentar tanto intimidad como lujuria hacia una persona. El individuo también aspira a tener una relación a largo plazo. En esta época, además, se aprende a lidiar con la vida en el mundo de los adultos.
- **Adultez (a partir de los veintitrés años):** durante esta época, la persona se asienta en su profesión, persigue la seguridad económica y constituye una familia, y su forma de ver el mundo es estable. Si pasó con éxito por las épocas anteriores, le resultará

mucho más fácil relacionarse con los demás y socializar; en caso contrario, será habitual que protagonice conflictos interpersonales que fomenten su ansiedad.

El exhaustivo trabajo de Harry Stack Sullivan con la personalidad fue el origen del psicoanálisis interpersonal, una modalidad de psicoanálisis enfocada en comprender las psicopatías del individuo al examinar las interacciones que mantuvo en el pasado. Las teorías de Sullivan han perdido popularidad, pero siguen influyendo en el campo de la psicología.

EL MÁGICO NÚMERO SIETE, MÁS O MENOS DOS

Los límites de la memoria

En 1956, el psicólogo cognitivo George A. Miller publicó un artículo, actualmente famoso, titulado *The Magical Number Seven, Plus or Minus Two: Some Limits on Our Capacity for Processing Information* [El mágico número siete, más o menos dos: algunos límites de nuestra capacidad de procesar información]. En él, propuso la teoría de que la memoria a corto plazo del ser humano solo puede alojar siete elementos, más o menos dos, en cualquier momento dado. Con el fin de lidiar con cualquier información que contenga más de siete elementos, antes debemos organizar dicha información en grandes fragmentos. Por ejemplo, si combinamos las palabras en frases y las frases en historias, podemos alojar más de siete palabras en nuestra memoria a corto plazo; pero la capacidad de esta de acoger siete fragmentos de información no ha aumentado. Por ejemplo, a cualquier persona dada le costará recordar una secuencia como la siguiente, porque está compuesta por más de siete números:

4819762013

Sin embargo, nuestra memoria a corto plazo podrá recordar estos dígitos si los agrupa en segmentos, que pueden ser algo que nos resulte familiar, como los años:

4-8-1976-2013

Nos habría costado recordar diez dígitos, pero ahora solo tenemos una serie compuesta por cuatro segmentos, lo cual nos resulta mucho más fácil de recordar.

Para incrementar la capacidad de la memoria a corto plazo, debemos organizar los pequeños fragmentos de información en conjuntos más grandes.

LA RECODIFICACIÓN

En su artículo, Miller citó el trabajo del psicólogo Sydney Smith, que fue capaz de memorizar largas agrupaciones de cuatro dígitos binarios (números compuestos de ceros y unos). Las agrupaciones de números binarios equivalen a un solo dígito decimal. Por ejemplo, el número 2 se expresa como 0010. Smith advirtió que dieciséis números binarios se podían expresar como cuatro números decimales, y usó esta relación de 4 a 1 para incrementar la capacidad de su memoria: pasó de ser capaz de recordar diez dígitos binarios a poder recordar cuarenta. Al final de su trabajo, era capaz de memorizar diez números decimales consecutivos y convertirlos a dígitos binarios, y hacer así una lista de cuarenta números binarios.

En 1980, los psicólogos K. Anders Ericsson, Herbert Simon y Bill Chase decidieron ahondar en esta idea de la recodificación. Durante una hora al día, entre tres y cinco días a la semana, y durante más de un año y medio, hicieron que un estudiante universitario memorizara secuencias de dígitos decimales aleatorios. Increíblemente, al final del estudio el alumno había pasado de poder retener siete dígitos en la memoria a poder retener setenta y nueve. Inmediatamente después de escuchar una secuencia de setenta y nueve dígitos aleatorios, el alumno podía repetir la secuencia sin equivocarse e incluso podía recordar secuencias de dígitos de días anteriores.

Al sujeto de ese estudio no se le enseñó ningún método para codificar esos números, sino que aplicó su propia experiencia al proceso.

Era corredor, y recodificó las secuencias numéricas como tiempos de ejecución (el número 3593 se convirtió en 3 minutos, 59,3 segundos). Más adelante usó la edad como procedimiento de codificación.

El trabajo de Miller y el de Ericsson, Simon y Chase muestran que cuando se emplean esquemas de codificación intrincados y elaborados para organizar la información, la memoria de la persona pasa a funcionar mejor.

ERICH FROMM (1900-1980)

Necesidades humanas fundamentales

Erich Fromm, hijo único de una pareja judía ortodoxa, nació en Frankfurt (Alemania) el 23 de marzo de 1900. Fromm describió su infancia como ortodoxa e increíblemente neurótica, y el contexto religioso en el que creció tendría un gran impacto en su trabajo en el campo de la psicología.

Durante los inicios de la Primera Guerra Mundial, se interesó por comprender el comportamiento de los grupos, y solo tenía catorce años cuando empezó a estudiar la obra de Sigmund Freud y Karl Marx. En 1922, se graduó en la Universidad de Heidelberg con un doctorado en Sociología y empezó a trabajar como psicoanalista. Cuando el partido nazi llegó al poder, abandonó Alemania y empezó a impartir clases en la Universidad de Columbia, en la ciudad de Nueva York, donde conoció a Karen Horney y Abraham Maslow, con quienes trabajó.

Fromm es considerado una de las figuras más importantes del psicoanálisis del siglo XX e influyó mucho en la psicología humanista. Como Carl Jung, Alfred Adler, Karen Horney y Erik Erikson, perteneció a un grupo conocido como los neofreudianos. Estas personas estaban de acuerdo con muchas de las tesis de Freud, pero también eran muy críticas con determinadas partes de su obra e incorporaron sus propias creencias a las teorías de Freud.

En su trabajo, Fromm combinó las ideas de Sigmund Freud y las de Karl Marx. Mientras que Freud puso el acento en el inconsciente y la biología, Marx lo puso en el papel de la sociedad y los sistemas económicos. Fromm creía que había ocasiones en que los factores biológicos tenían un gran papel a la hora de determinar la personalidad del individuo, y que a veces los factores sociales eran los predominantes.

De todos modos, posteriormente presentó la que, según él, era la verdadera naturaleza de la humanidad: la libertad. Fromm es conocido sobre todo por su trabajo en los ámbitos de la psicología política, el carácter humano y el amor. En 1944 se trasladó a México, donde con el tiempo crearía el Instituto Mexicano de Psicoanálisis, en el que trabajaría como director hasta 1976. Erich Fromm murió de un ataque cardíaco en Muralto (Suiza) el 18 de marzo de 1980.

Los desacuerdos de los neofreudianos

Cada neofreudiano formuló su propia teoría, pero todos tuvieron problemas similares con la obra de Freud, a saber:

- La visión negativa que tenía Freud de la humanidad.
- La creencia de Freud de que la personalidad es moldeada principalmente, tal vez incluso completamente, por las experiencias de la infancia.
- El hecho de que Freud no se refiriera al impacto que pueden tener en la personalidad y el comportamiento las influencias sociales y culturales.

LA LIBERTAD

Fromm afirmó que la libertad (no la libertad entendida en términos políticos) es algo que las personas tratan de eludir activamente. Pero ¿por qué querría alguien no querer gozar de libertad? Fromm estaba de acuerdo con la convicción común de que para que pueda haber libertad individual no se puede estar sometido a una autoridad externa, pero también manifestó que hay procesos psicológicos en las personas que limitan y restringen la libertad. Por lo tanto, para que el ser humano pueda ser realmente libre, antes debe superar estos procesos psicológicos. Según él, la libertad significa ser independiente y no apoyarse en otra cosa que en el propio yo en relación con todo lo que tiene que ver con el significado y el sentido de la propia vida. Ello puede conducir a sentimientos de aislamiento, miedo, alienación e insignificancia. En el peor de los casos, el tipo de libertad más verdadero puede conducir incluso a la enfermedad mental. La conclusión de Fromm es que como la libertad es difícil de asumir desde el punto de vista psicológico, las personas tratan de evitarla. Postuló que esto puede ocurrir de tres maneras:

1. **Autoritarismo:** la gente se integra en una sociedad de tipo autoritario, de dos maneras posibles: sometiendo su poder o convirtiéndose en la autoridad. Fromm señaló que las versiones extremas de estos comportamientos son el sadismo y el masoquismo, si bien pueden verse tipos de autoritarismo menos extremos por todas partes; un ejemplo lo ofrece la relación entre profesor y alumno.
2. **Destructividad:** las personas destruyen cualquier cosa que esté a su alcance en respuesta a su propio sufrimiento. La destructividad es el origen de la humillación, la brutalidad y los crímenes. También puede dirigirse hacia dentro; entonces es conocida como autodestructividad, y el ejemplo más evidente es el suicidio. Freud creía que la destructividad resultaba de dirigir hacia otros la autodestructividad, pero Fromm opinaba lo contrario, es decir, que la autodestructividad derivaba de la frustración en relación con la destructividad.
3. **Conformidad autómata:** en las sociedades menos jerárquicas, la gente puede ocultarse en la cultura de la masa. Al desaparecer entre la multitud (al hablar, vestir o pensar como los demás), la persona ya no tiene que asumir la responsabilidad, y por lo tanto no tiene que reconocer su libertad.

Las elecciones que efectúen los individuos relativas a cómo evitar su libertad pueden depender del tipo de familia en que crecieron. Según Fromm, una familia saludable y productiva es aquella en la que los padres se responsabilizan de crear una atmósfera amorosa cuando les hablan a sus hijos sobre el razonamiento. Esto permite a los niños crecer aprendiendo a aceptar su responsabilidad y a reconocer su libertad. Pero también existen las familias improductivas, las cuales, según él, fomentan los comportamientos de evitación:

1. **Las familias simbióticas:** en este tipo de familia, los distintos miembros no desarrollan plenamente su personalidad porque otros miembros «los absorben». Esto ocurre, por ejemplo, cuando la personalidad del niño solamente refleja los deseos de sus padres o cuando un niño ejerce tal control sobre sus padres que la existencia de estos gira en torno a servirle.
2. **Las familias apartadas:** en este tipo de familia, los padres esperan mucho de sus hijos y les exigen demasiado. En esta clase de crianza se acude al castigo ritual, el cual, según se les dice a los niños, es por su propio bien. Otro castigo que se imparte en estas familias no es físico, sino emocional: se utiliza la culpa o se retira cualquier tipo de afecto.

De todos modos, Fromm creía que la forma en que los padres enfocan la crianza solo es una parte de la ecuación. Afirmó que estamos tan acostumbrados a cumplir órdenes que lo hacemos sin tan siquiera ser conscientes de que lo estamos haciendo, y que las reglas de la sociedad están incorporadas a nuestro inconsciente y hacen que la gente ni siquiera intente conseguir la verdadera libertad. Fromm llamó a esta realidad condicionadora *lo inconsciente social*.

LAS NECESIDADES HUMANAS SEGÚN FROMM

Fromm distinguió entre las *necesidades humanas* y las *necesidades animales*. Las necesidades animales son las necesidades fisiológicas básicas, mientras que las necesidades humanas son lo que ayuda a las personas a encontrar la respuesta a su existencia e implican el deseo de reunificarse con el mundo natural.

Fromm estableció ocho necesidades humanas:

1. **Conexión:** la necesidad de tener relaciones con otras personas.
2. **Trascendencia:** como a los seres humanos se nos trae a este mundo sin nuestro consentimiento, tenemos la necesidad de superar o trascender nuestra naturaleza creando o destruyendo.
3. **Arraigo:** la necesidad de echar raíces en este mundo y sentirnos como en casa en él. Si afrontamos esta necesidad de forma productiva, superamos los lazos que vinculan a madre e hijo, y si no lo hacemos de forma productiva, podemos tener miedo de ir más allá de la seguridad que nos proporciona la madre.
4. **Sentido de identidad:** Fromm creía que para permanecer cuerda, la persona necesita sentir que es un ser individual. Este deseo de contar con una identidad puede ser tan intenso que haga que la persona se amolde, lo cual no dará lugar a una identidad individual, sino que hará que tome su identidad de los demás.
5. **Marco de orientación:** la persona necesita comprender el mundo y cómo encaja en él. Se puede hallar estructura en la religión, en la ciencia, en la filosofía personal o en cualquier cosa que ayude a contar con una perspectiva de referencia desde la que contemplar el mundo.
6. **Excitación y estimulación:** tratar activamente de cumplir un objetivo en lugar de limitarse a responder.

7. **Unidad:** la necesidad de sentirse unido con el mundo natural y con el mundo humano.
8. **Efectividad:** la necesidad de sentirse realizado.

Erich Fromm es considerado uno de los psicólogos más importantes e influyentes del siglo XX. Tuvo un papel fundamental en la psicología humanista y vio a la humanidad sumida en una contradicción. Según él, la vida implica tanto el deseo de formar parte de la naturaleza como el deseo de estar separado de la naturaleza, y la libertad es algo que las personas tratan de evitar a propósito.

EL EXPERIMENTO DEL BUEN SAMARITANO

Un intento de comprender la solidaridad

En 1978, los psicólogos John Darley y Daniel Batson idearon un experimento basado en la parábola del buen samaritano que se encuentra en la Biblia.

La parábola del buen samaritano

En esta parábola, un hombre judío que está viajando de Jerusalén a Jericó es asaltado; le roban, le dan una paliza y lo dejan en un lado del camino para que muera ahí. Mientras está tendido en el suelo, un rabino se acerca y en lugar de auxiliarlo, como debería, finge no verlo y pasa por el otro lado del camino. Más tarde se aproxima un levita; pero en lugar de socorrer al pobre hombre, lo mira y se va al otro lado del camino, como había hecho el rabino. Después pasa por ahí un samaritano, y aunque los samaritanos y los judíos son enemigos, venda las heridas del hombre, lo lleva a una posada y lo cuida esa noche. A la mañana siguiente, el samaritano paga al posadero y le dice que cuide al caballero, y que él se hará cargo de todos los gastos.

Darley y Batson se propusieron poner a prueba tres hipótesis:

1. Se ha dicho que el rabino y el levita no ayudaron al hombre porque tenían la mente demasiado centrada en asuntos religiosos y que, por lo tanto, estaban excesivamente distraídos. La primera hipótesis que quisieron evaluar Darley y Batson era si las personas

que piensan en temas religiosos están menos convencidas de ayudar que aquellas que no tienen la mente especialmente ocupada por este tipo de cuestiones.

2. La segunda hipótesis era si las personas que tienen prisa tendían menos a ayudar.
3. La tercera hipótesis era si las personas que acuden a la religión para entender el significado de la vida y obtener comprensiones espirituales tienden más a ayudar que las vinculadas a la religión para obtener un beneficio personal.

EXPERIMENTO El experimento del buen samaritano

Los sujetos de este experimento son alumnos de estudios religiosos, quienes para empezar deben rellenar un cuestionario sobre la religión que profesan y sus creencias, lo cual es usado para evaluar la tercera hipótesis.

1. Se imparte a los sujetos una conferencia sobre estudios religiosos y a continuación se les dice que tienen que desplazarse a otro edificio.
2. Entre los edificios hay un actor echado en el suelo; parece herido y muy necesitado de ayuda.
3. Para ver cómo afecta a los sujetos la sensación de urgencia, a algunos de los estudiantes se les dice que vayan rápido, que solo disponen de unos momentos para llegar al otro edificio. A los otros estudiantes se les dice que no es necesario que se apresuren.
4. Para poner a prueba la actitud de los alumnos, a algunos se les dice que van a dar una charla sobre la parábola del buen samaritano cuando lleguen a su destino, mientras que otros van a tener que hablar sobre procedimientos relativos al seminario.
5. Para evaluar el comportamiento de los sujetos, se aplica un esquema de seis puntos, que va desde ni tan siquiera ver al hombre herido hasta permanecer con él hasta que llega la ayuda.

LOS RESULTADOS

En su experimento, Darley y Batson encontraron que la prisa de los sujetos era el principal factor que determinaba si iban a pararse o no a auxiliar al hombre herido. El sesenta y tres por ciento de los que no tenían ningún tipo de prisa se detuvieron a asistir al hombre, mientras que solo el diez por ciento de los que tenían prisa lo hicieron.

Entre los sujetos que tenían la instrucción de dar un discurso sobre el buen samaritano y los que tenían que hablar de procedimientos relativos al seminario, los primeros se mostraron casi el doble de dispuestos a detenerse y socorrer al hombre. Esto muestra que lo que está pensando el individuo es relevante en cuanto a si va a prestar auxilio o no. Sin embargo, este factor no tiene tanto impacto como la prisa que tiene el sujeto, porque la mayoría de los estudiantes que estaban acudiendo apresurados a hablar sobre el buen samaritano no se detuvieron a asistir al hombre.

Por último, el dato de si la persona era religiosa para su propio beneficio o por motivos espirituales no mostró ser relevante.

Cuando los estudiantes llegaron a su destino, algunos de los que habían ignorado al hombre herido empezaron a expresar sentimientos de ansiedad y culpa, lo cual parecía ser indicativo de que no lo habían ayudado a causa de la presión y la sensación de falta de tiempo que habían experimentado, y no porque no les importase el prójimo.

Con el experimento del buen samaritano, los investigadores pudieron demostrar que la única razón por la que una persona dada no se detiene a auxiliar a una «víctima» es su preocupación por el tiempo, y que estar muy absorto en los propios pensamientos puede tener unas consecuencias alarmantes.

TRASTORNOS DE LA PERSONALIDAD

Cuando el comportamiento se desvía

Los trastornos de la personalidad son patrones de comportamiento y experiencias internas que se desvían de las normas de la cultura a la que pertenece la persona. Estos patrones son inflexibles e ineludibles, empiezan a manifestarse en la adolescencia o la juventud y pueden perjudicar muy seriamente la vida diaria del individuo.

Los investigadores aún no tienen claro cuáles son las causas de los trastornos de la personalidad. Algunos creen que la causa es de tipo genético, mientras que otros opinan que la raíz de estos trastornos hay que buscarla en experiencias de vida tempranas que evitan que se desarrollen unos patrones de comportamiento y pensamiento normales.

EL DIAGNÓSTICO DE LOS TRASTORNOS DE LA PERSONALIDAD

Los psicólogos diagnostican los trastornos de la personalidad a partir de los criterios establecidos en el *Manual diagnóstico y estadístico de los trastornos mentales* (DSM-5).* Estos son los síntomas que debe manifestar la persona:

- Los patrones de comportamiento deben afectar a distintas parcelas de su vida, como las relaciones, el trabajo y la vida social.
- Los patrones de comportamiento deben prolongarse en el tiempo y manifestarse con frecuencia.

* N. del T.: En el momento de la redacción del original, el DSM-5 aún no existía, por lo que el autor se basa en el DSM-IV.

- Los síntomas deben afectar a dos de estos aspectos por lo menos: los sentimientos, los pensamientos, la capacidad de controlar los impulsos y las relaciones con los demás.
- Los patrones de comportamiento deben empezar a manifestarse en la adolescencia o la juventud.
- Los patrones de comportamiento no cambian a lo largo del tiempo.
- Estos síntomas no pueden ser la consecuencia de otros problemas de salud o enfermedades mentales, ni del abuso de sustancias.

LOS DISTINTOS TIPOS DE TRASTORNOS DE LA PERSONALIDAD

Hay diez tipos de trastornos de la personalidad, que pueden clasificarse en tres grupos, a partir de las similitudes que presentan.

Grupo A

Los trastornos de la personalidad de este grupo están asociados a comportamientos excéntricos y raros. Son los siguientes:

1. **Trastorno de personalidad paranoide:** este trastorno se caracteriza por unos síntomas similares a los de la esquizofrenia, y lo padece el dos por ciento de la población adulta de los Estados Unidos. Los síntomas son la sospecha y la desconfianza constantes hacia otras personas; el sentimiento de ser explotado o engañado; el intento de encontrar significados ocultos en cosas como conversaciones y gestos de las manos; el sentimiento de que la pareja, la familia y los amigos no son dignos de confianza ni leales, y tener arrebatos de ira por sentirse engañado. Las personas que tienen el trastorno de personalidad paranoide suelen mostrarse serias, celosas, reservadas y frías.

2. **Trastorno de personalidad esquizoide:** es un tipo de trastorno relativamente poco frecuente; no se sabe qué porcentaje de la población lo padece, pero se da por sentado que afecta a más hombres que mujeres. Los síntomas son los siguientes: un deseo entre escaso y nulo de mantener relaciones estrechas con otras personas, participar solo en raras ocasiones en actividades placenteras o divertidas, estar desconectado de los demás y mostrarse indiferente al rechazo, las críticas, el apoyo emocional o los elogios. Las personas que tienen el trastorno de personalidad esquizoide suelen mostrarse retraídas, indiferentes y frías.
3. **Trastorno de personalidad esquizotípico:** este tipo de trastorno afecta a alrededor del tres por ciento de la población adulta de los Estados Unidos, y se caracteriza por los síntomas siguientes: tener puntos de vista, comportamientos y pensamientos excéntricos; también tener dificultades para entablar relaciones, padecer una ansiedad social importante que no desaparece sean cuales sean las circunstancias, creer en la propia capacidad de leer las mentes o de saber qué depara el futuro, tener reacciones inapropiadas, ignorar a los demás y hablar solo. Las personas que tienen el trastorno de personalidad esquizotípico corren un mayor riesgo de padecer trastornos psicóticos y depresión.

Grupo B

Los trastornos de la personalidad incluidos en este grupo se caracterizan por un comportamiento errático y dramático. Son los siguientes:

1. **Trastorno de personalidad antisocial:** este tipo de trastorno de la personalidad se encuentra más a menudo entre los hombres (afecta al tres por ciento) que entre las mujeres (afecta al uno por ciento). Estos son sus síntomas: no tener en absoluto en cuenta la seguridad de otras personas ni la propia, ser embustero, ser

impulsivo, ser muy agresivo e irritable (y, en consecuencia, meterse siempre en peleas), ser apático hacia los demás y no someterse a las normas establecidas por la sociedad (lo cual hace que las personas que padecen este trastorno tengan problemas con la ley a menudo).

2. **Trastorno límite de la personalidad:** este tipo de trastorno afecta a entre el uno y el dos por ciento de la población adulta de los Estados Unidos aproximadamente, y lo sufren más hombres que mujeres. Sus síntomas son los siguientes: sufrir episodios de depresión, ansiedad e irritabilidad intensos (que pueden durar desde unas horas hasta unos días); ser impulsivo; tener comportamientos autodestructivos como abusar de sustancias o manifestar trastornos alimentarios como estrategia de manipulación de los demás; tener siempre unas relaciones interpersonales inestables e intensas como consecuencia de una baja autoestima y sentimientos de insuficiencia, y estar siempre idealizando o minusvalorando a la otra persona.
3. **Trastorno de personalidad histriónico:** este tipo de trastorno se encuentra más entre las mujeres que entre los hombres, y afecta a entre el dos y el tres por ciento de la población adulta de los Estados Unidos. Sus síntomas son la necesidad constante de ser el centro de atención, mostrar un comportamiento de carácter sexual o provocador inapropiado, expresar emociones superficiales que cambian todo el rato, dejarse influir fácilmente por los demás, pensar que las relaciones son mucho más íntimas de como son en realidad y tener un discurso demasiado dramático y teatral pero muy poco concreto.
4. **Trastorno de personalidad narcisista:** este tipo de trastorno se encuentra en menos del uno por ciento de la población adulta de los Estados Unidos. Los individuos que lo padecen manifiestan estos síntomas: creen que son extraordinariamente importantes, están absortos en fantasías relativas al poder y el éxito, creen que

son seres únicos que solo deberían juntarse con personas que estén a su mismo nivel (que son, además, las únicas que pueden comprenderlos), sienten que tienen «derecho a» y que merecen un trato especial, envidian a otras personas, creen que otras personas los envidian a ellos, se aprovechan de los demás en su propio beneficio, se muestran apáticos con los demás y desean recibir elogios, aprobación y atención constantemente.

Grupo C

Los trastornos de la personalidad de este grupo se caracterizan por unos sentimientos y comportamientos basados en el miedo y la ansiedad.

1. **Trastorno de personalidad por evitación:** este tipo de trastorno afecta al 1% de la población adulta de los Estados Unidos aproximadamente, y quienes lo padecen corren el riesgo de sufrir también trastornos de ansiedad como la fobia social y la agorafobia. Sus síntomas son: sentirse insuficiente, ser increíblemente tímido, ser muy sensible ante cualquier tipo de rechazo o crítica, evitar las interacciones sociales e interpersonales (en el trabajo y la escuela por ejemplo), tener una baja autoestima y desear la cercanía con otras personas pero tener dificultades para establecer relaciones con cualquier individuo que no pertenezca a la familia inmediata.
2. **Trastorno de personalidad dependiente:** este tipo de trastorno se encuentra en alrededor del 2,5% de la población adulta de los Estados Unidos. Quienes lo sufren suelen padecer también el trastorno límite de la personalidad, el trastorno de personalidad por evitación o el trastorno de personalidad histriónico. Sus síntomas son ser sensible a cualquier tipo de rechazo o crítica, tener una autoconfianza y una autoestima bajas, estar enfocado en el abandono, adoptar un papel pasivo en las relaciones, tener

problemas para tomar decisiones por uno mismo y evitar cualquier tipo de responsabilidad.

3. **Trastorno de personalidad obsesivo-compulsivo:** este tipo de trastorno afecta al uno por ciento de la población adulta estadounidense más o menos, y lo sufre el doble de hombres que mujeres. Las personas que padecen este trastorno también corren el riesgo de contraer enfermedades provocadas por el estrés y los trastornos de ansiedad. Los síntomas son: sentirse impotente en cualquier situación que la persona no pueda controlar totalmente; estar muy enfocado en el orden, el control, las reglas, las listas y la perfección; ser incapaz de tirar objetos aunque no tengan un valor sentimental; procurar la perfección hasta el punto de que esta aspiración impide a la persona lograr su objetivo; estar tan dedicado al trabajo que no se atienden las otras parcelas de la vida, y mostrarse inflexible y reacio frente al cambio. Los demás ven a los individuos que tienen este trastorno como tercos y rígidos, y a menudo son avaros (contemplan el dinero solamente como algo que hay que ahorrar en previsión de un futuro desastre y no como algo que está ahí para gastarlo en sí mismos o en otras personas). Cabe señalar que si bien el trastorno de personalidad obsesivo-compulsivo tiene mucho en común con el trastorno obsesivo-compulsivo (TOC), ambos son considerados trastornos completamente distintos; el segundo es un tipo de trastorno de ansiedad.

Puesto que la personalidad es tan crucial para la experiencia vital, cuando alguien se comporta e interactúa en el contexto de la vida diaria de maneras que se apartan de las normas establecidas por su cultura, ello puede tener grandes consecuencias para esa persona. Al conocer los trastornos de la personalidad y clasificarlos en categorías separadas, los psicólogos pueden comprender y ayudar mejor a quienes los sufren.

TRASTORNOS DISOCIATIVOS

No disculpen la interrupción

Los trastornos disociativos se producen a consecuencia de una perturbación, interrupción o disociación sufrida por la percepción, la memoria, la identidad o la conciencia de la persona. Cuando estos aspectos fundamentales no funcionan correctamente, el resultado de ello hace que el individuo se encuentre con un alto grado de sufrimiento psicológico. Hay varios tipos de trastornos disociativos, pero todos tienen ciertos aspectos en común.

Los psicólogos creen que el origen de esta clase de trastornos es algún tipo de trauma sufrido por la persona, que acudió a la disociación como mecanismo de afrontamiento, pues la situación o experiencia fue demasiado difícil y traumática para que pudiese ser incorporada al bagaje de la conciencia. A veces se encuentran trastornos disociativos, o síntomas de trastornos disociativos, en otras enfermedades mentales, como el trastorno de pánico, el trastorno obsesivo-compulsivo y el trastorno de estrés postraumático.

Hay cuatro tipos de trastornos disociativos:

1. **Amnesia disociativa:** en este tipo de trastorno, la persona se impide ser consciente de información crucial conectada, normalmente, a un suceso estresante o traumático. Hay cuatro tipos de amnesia disociativa:

    - **Amnesia localizada:** no se tiene absolutamente ningún recuerdo de un determinado suceso, habitualmente traumático. En la amnesia localizada, el tiempo es un factor importante. Padece esta amnesia, por ejemplo, alguien que tiene un accidente de coche y no puede recordar nada al respecto hasta al cabo de tres días.

- **Amnesia selectiva:** la persona puede recordar fragmentos de información de un suceso ocurrido dentro de un lapso de tiempo específico. Sufre esta amnesia, por ejemplo, alguien que ha sido objeto de un abuso físico y solo puede recordar algo de lo ocurrido.
- **Amnesia generalizada:** la persona no puede recordar absolutamente nada de su vida, ni un solo detalle. Este tipo de amnesia es muy poco frecuente.
- **Amnesia sistematizada:** la amnesia solo afecta a una determinada categoría de información. Por ejemplo, la persona puede ser incapaz de recordar cualquier cosa que tenga que ver con un determinado lugar o individuo.

2. **Fuga disociativa:** es un trastorno disociativo muy poco frecuente que hace que la persona, de pronto y sin haberlo planeado, deje su entorno y viaje lejos de su hogar. Estos viajes pueden durar desde horas hasta meses. Ha habido casos de personas con este trastorno que han viajado miles de kilómetros. Mientras se encuentra en el estado de fuga, el individuo muestra signos de amnesia; no sabe por qué se fue y le cuesta recordar su pasado. Está confundido acerca de su identidad o no la recuerda en absoluto; en algunos casos, poco frecuentes, incluso asume una nueva identidad.
3. **Trastorno de identidad disociativo:** conocido anteriormente como *trastorno de personalidad múltiple*, constituye el ejemplo más famoso de trastorno disociativo. Quienes padecen este trastorno tienen muchas personalidades e identidades, en lugar de una sola. Al menos dos de estas personalidades tienen que manifestarse repetidamente y tomar el control del comportamiento del individuo para que pueda decirse que este sufre el trastorno de identidad disociativo. El cincuenta por ciento de todos los que

padecen este trastorno tienen menos de once identidades, aunque hay casos de individuos que llegan a tener cien.

Cada una de las personalidades disociativas tiene su propia identidad, autoimagen, nombre e historia. Cuando el individuo se convierte en una de estas otras identidades, denominadas *alters*, experimenta grandes lagunas en su memoria. Puede tardar unos segundos en pasar de un *alter* a otro, cada uno de los cuales puede tener una edad, una nacionalidad y unas preferencias sexuales diferentes de las de la persona; incluso su género, su lenguaje corporal y sus posturas pueden diferir. Normalmente es un acontecimiento estresante lo que motiva que una de las personalidades aparezca o deje de manifestarse.

Quienes padecen el trastorno de identidad disociativo suelen sufrir otros problemas, como el trastorno límite de la personalidad, depresión, trastornos alimentarios y abuso de sustancias. Es fácil que esta combinación derive en violencia, automutilación y tendencias suicidas.

4. **Trastorno de despersonalización:** aquellos que padecen este trastorno experimentan sensaciones de desconexión. Su propio cuerpo les parece irreal. Aunque los síntomas de la despersonalización son diferentes en cada individuo, los más habituales son las sensaciones siguientes: sentir que el propio cuerpo se está disolviendo o está cambiando, percibir la propia actividad desde la perspectiva de un observador externo, verse a sí mismo desde arriba (como si se estuviese flotando en el techo) y sentir como si uno fuese una especie de robot o máquina. La mayoría de las personas que sufren el trastorno de despersonalización también experimentan una desconexión emocional y se sienten emocionalmente bloqueadas.

El solo hecho de que un individuo experimente la despersonalización no quiere decir necesariamente que sufra el trastorno de despersonalización. La despersonalización suele ser un síntoma de otros trastornos, como trastornos de pánico, el trastorno por estrés agudo, el trastorno de estrés postraumático y el trastorno límite de la personalidad. Si la despersonalización solo acontece cuando el individuo está bajo el influjo de un factor estresante traumático o un ataque de pánico, no padece el trastorno de despersonalización.

La despersonalización también pueden experimentarla individuos perfectamente funcionales, a causa de la falta de sueño, sucesos que tienen un impacto emocional, el uso de ciertos anestésicos y condiciones experimentales como las que implican ingravidez.

Puesto que la despersonalización es un fenómeno frecuente, el trastorno de despersonalización solo se diagnostica cuando los síntomas son tan agudos que interfieren en el día a día de la persona y esta sufre un gran estrés emocional.

EL EXPERIMENTO DE ROSENHAN

¿Qué pasa cuando internas a personas cuerdas en un centro psiquiátrico?

En 1973, el profesor David Rosenhan, de la Universidad de Stanford, puso en tela de juicio el diagnóstico psiquiátrico en sí por medio de un experimento destinado a determinar si los psiquiatras podían distinguir entre una persona cuerda y una persona con problemas mentales de manera fiable. Según él, en caso de no poder hacerlo, los psiquiatras mostrarían no ser capaces de efectuar un diagnóstico significativo de cualquier anormalidad. Rosenhan dividió su experimento en dos partes.

EL EXPERIMENTO CON PSEUDOPACIENTES

Rosenhan reclutó a ocho sujetos para el experimento, cinco hombres y tres mujeres en total: tres psicólogos, un psiquiatra, un pediatra, un ama de casa, un pintor y un estudiante de Psicología.*

El primer objetivo fue que estas personas fuesen admitidas en doce hospitales diferentes repartidos entre cinco estados. Con el fin de obtener unos resultados que pudiesen considerarse de aplicación general, esos hospitales tenían características muy variadas: los había viejos y nuevos; en algunos se hacía investigación y en otros no; algunos estaban bien abastecidos de personal y otros no; algunos eran subvencionados de forma privada, otros a ámbito federal y otros a través de universidades. Rosenhan hizo que esas ocho personas, a las

* N. del T.: Excepto en el caso del ama de casa, por supuesto, no hay manera de poder determinar cuál era el sexo de cada uno de los participantes, pues el idioma inglés no permite discernirlo, y tampoco hemos podido obtener estos datos efectuando una exploración.

que denominó «pseudopacientes», solicitaran una cita en los hospitales. Una vez allí, afirmaban oír voces desconocidas del mismo sexo que ellas en su cabeza.

Una vez que los pacientes eran admitidos en los hospitales psiquiátricos, dejaban de simular cualquier síntoma anormal. Hablaban con el personal y con los pacientes de la misma manera que lo habrían hecho con cualquier otra persona en la vida diaria, y cuando les preguntaban cómo se encontraban, respondían que bien, y que no estaban experimentando ningún síntoma. Se les había dicho a los pseudopacientes que dependía de ellos convencer al personal de los hospitales de que estaban cuerdos y les dejasen irse (sin mencionar el experimento). Durante su estancia, los pseudopacientes tomaban notas de sus experiencias y observaciones. Para comparar los resultados, Rosenhan hizo que un estudiante hiciera una serie de preguntas a miembros del personal del centro de salud de Stanford. Los entrevistados sabían que se los estaba grabando, y sus respuestas se compararon con las que recibieron los pseudopacientes cuando hicieron las preguntas a miembros del personal de los lugares en los que estuvieron internados.

LOS RESULTADOS OBTENIDOS CON LOS PSEUDOPACIENTES

La estancia media de los pseudopacientes en los hospitales fue de diecinueve días, si bien en algunos casos fue de siete días solamente, y alguno de ellos llegó a estar cincuenta y dos días ingresado. Todos ellos fueron admitidos con el diagnóstico de esquizofrenia, y cuando abandonaron los centros, lo hicieron con el diagnóstico de «esquizofrenia en remisión». Estos diagnósticos se emitieron aunque ninguno de los pacientes mostró ningún indicio claro de esquizofrenia.

Hubo pacientes de los hospitales que sospecharon de los pseudopacientes y afirmaron que eran periodistas que estaban ahí para observar el funcionamiento del hospital, pero los miembros del personal vieron el comportamiento normal de los pseudopacientes como parte de su enfermedad. Según las anotaciones de las enfermeras de tres de los pseudopacientes, el hecho de que estos escribiesen era un comportamiento patológico. Rosenhan indicó en sus conclusiones que existen similitudes entre las personas cuerdas y las dementes, en cuanto a los estados de ánimo y las emociones por ejemplo; sin embargo, en el contexto de un hospital psiquiátrico era habitual encontrar que se consideraban patológicos estados de ánimo y experiencias que se ven a diario fuera de esos contextos y se suelen considerar normales.

Ninguno de los participantes del estudio disfrutó su estancia en las instituciones mentales; afirmaron que en esas instalaciones los pacientes se veían privados de muchos derechos humanos y que experimentaban sentimientos de indefensión y despersonalización. Los pacientes no podían desplazarse libremente y recibían un trato cruel; otro dato es que el espacio de muchos inodoros no estaba resguardado por una puerta.

Los pseudopacientes recibieron unas dos mil cien pastillas, y solo dos acabaron en un estómago. La mayoría las tiraron al retrete, donde encontraron pastillas de otros pacientes. La conclusión de Rosenhan al respecto fue que mientras los pacientes tuviesen una actitud de presunta colaboración, nadie advertía su comportamiento.

LA SEGUNDA PARTE DEL ESTUDIO

Tras ejecutar la primera parte de su estudio, Rosenhan visitó un hospital en el que se realizaba investigación que estaba al tanto de su experimento con los pseudopacientes. Les dijo que, a lo largo de los tres próximos meses, otros pseudopacientes intentarían ser ingresados. El personal recibió la instrucción de situar a todos los pacientes nuevos en una escala del 0 al 10, según la probabilidad de que fueran uno de los pseudopacientes.

A lo largo de ese período, se evaluó a ciento noventa y tres pacientes. Según un miembro del personal, cuarenta y uno de ellos eran pseudopacientes; según un psiquiatra, lo eran veintitrés, y según el criterio compartido por un psiquiatra y un miembro del personal, se habían «colado» diecinueve pacientes. ¿Cuál era la realidad? Que Rosenhan no había mandado a ningún pseudopaciente; había mentido al hospital.

Según Rosenhan, esta segunda parte del estudio reflejaba a las claras que los psiquiatras son incapaces de distinguir con certeza entre una persona cuerda y una persona demente. Mientras que la primera parte de su estudio mostró la incapacidad de identificar la cordura, la segunda parte mostró la incapacidad de identificar la enfermedad mental. Rosenhan puso en evidencia el hecho de que una vez que se había puesto una etiqueta psiquiátrica a alguien, todo lo que hacía esa persona era interpretado a la luz de esa etiqueta. A partir de ahí, aconsejó que en lugar de etiquetar a alguien como enfermo mental, los trabajadores de los centros de salud mental y los psiquiatras prestasen atención a los comportamientos y problemas concretos de la persona.

EVALUACIÓN DEL EXPERIMENTO DE ROSENHAN

Aunque el experimento de Rosenhan mostró las limitaciones que presenta el hecho de clasificar a los pacientes y dejó al descubierto las terribles condiciones que se daban en los hospitales de salud mental de su época, se considera que no es ético, pues se basó totalmente en ocultar información o mentir a los hospitales. De todos modos, cambió la filosofía de muchas instituciones en cuanto a la forma de enfocar la asistencia psiquiátrica.

Cuando Rosenhan llevó a cabo su estudio, la versión vigente del *Manual diagnóstico y estadístico de los trastornos mentales* (DSM) era la segunda. En la década de 1980 apareció la tercera versión, con el propósito de abordar problemas difíciles de clasificar. Muchos han indicado que Rosenhan no habría obtenido los mismos resultados con el DSM-III. El modelo que se está utilizando en la actualidad es el DSM-5.*

* N. del T.: En el momento de escribirse la versión original de esta obra (en inglés), la versión vigente del *Manual diagnóstico y estadístico de los trastornos mentales* era la cuarta (DSM-IV).

LOS ESTILOS DE APRENDIZAJE DE DAVID KOLB

Aprender a partir de la experiencia

En 1984, el profesor de Filosofía David Kolb presentó un nuevo modelo de estilos de aprendizaje y una teoría del aprendizaje. La teoría del aprendizaje de Kolb incluye cuatro estilos de aprendizaje y un ciclo de aprendizaje de cuatro etapas.

Según él, el aprendizaje consiste en adquirir conceptos abstractos y ser capaz de aplicarlos en un abanico de situaciones, y en que nuevas experiencias motiven la aparición de nuevos conceptos.

EL CICLO DE APRENDIZAJE EN CUATRO ETAPAS DE KOLB

Según la teoría de Kolb, el ciclo del aprendizaje consta de cuatro etapas. Cuando una persona dada está aprendiendo, pasa por todas ellas.

1. **Experiencia concreta:** la persona se enfrenta a una nueva experiencia o reinterpreta una experiencia que ya ha tenido lugar.
2. **Observación reflexiva:** es la observación de cualquier experiencia nueva. Resaltan especialmente las incoherencias que se producen entre la comprensión que se tiene y la experiencia.
3. **Conceptualización abstracta:** surge una nueva idea a partir de la reflexión. También puede aparecer a partir de la modificación de un concepto abstracto que ya se albergaba.
4. **Experimentación activa:** la persona aplica la idea surgida en la fase tres y ve cuáles son los resultados.

LOS ESTILOS DE APRENDIZAJE EXPERIENCIAL DE KOLB

Kolb define cuatro estilos de aprendizaje a partir de las cuatro etapas expuestas. Según él, cada cual prefiere un estilo de aprendizaje. Hay varios factores que influyen en esta preferencia, como las experiencias que se han tenido en el terreno educativo, la estructura cognitiva de la persona y el entorno social. Sean cuales sean las influencias, la preferencia de una persona dada en cuanto al estilo de aprendizaje es el resultado de dos opciones. Kolb expresó estas opciones, o variables, como dos ejes. En los extremos de las líneas encontramos modos opuestos: sentir (experiencia concreta) frente a pensar (conceptualización abstracta) y hacer (experimentación abstracta) frente a observar (observación reflexiva).

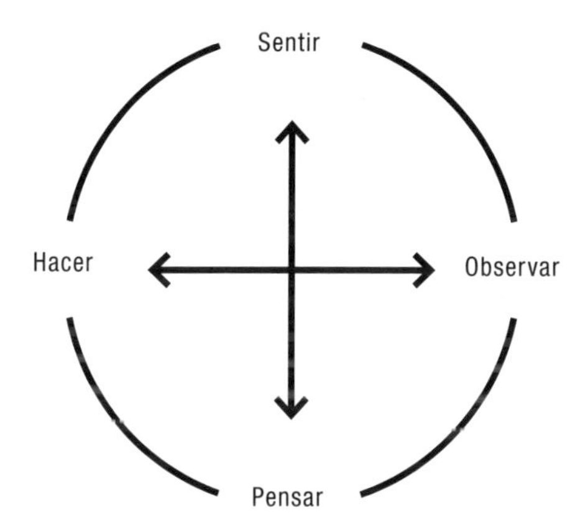

INTERSECCIÓN DE EJES EN LOS ESTILOS DE APRENDIZAJE

El eje que va de izquierda a derecha es conocido como el *continuo de procesamiento* y hace referencia a la manera en que la persona afronta una determinada tarea. El eje que va de arriba abajo es el *continuo de percepción* y tiene que ver con la respuesta emocional de la persona. Según Kolb, no podemos experimentar las dos variables de un mismo eje a la vez.

A partir de esta información, identificó cuatro estilos de aprendizaje a los que recurrimos según el lugar en el que nos encontramos en los continuos: el acomodador, el divergente, el convergente y el asimilador. Todos usamos los cuatro estilos, pero preferimos unos a otros. La tabla y el diagrama que se ofrecen a continuación te ayudarán a ver cómo operan los cuatro estilos:

	EXPERIMENTACIÓN ACTIVA	OBSERVACIÓN REFLEXIVA
Experiencia concreta	Acomodador	Divergente
Conceptualización abstracta	Convergente	Asimilador

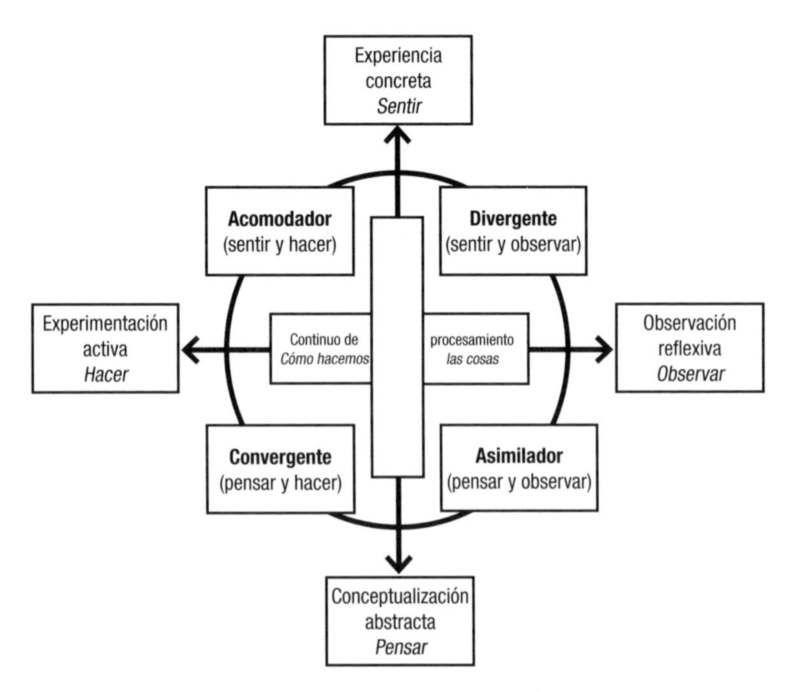

REPRESENTACIÓN GRÁFICA DE LA TEORÍA DE KOLB

Acomodador: sentir y hacer

Este tipo de estilo de aprendizaje se basa en el uso de la intuición en lugar de la lógica. A menudo, quienes lo emplean siguen sus «instintos» y suelen depender de otras personas para obtener información, la cual analizan por su cuenta. A este tipo de individuos les encanta concebir planes y se sienten atraídos por los retos y situaciones nuevos.

Divergente: sentir y observar

Las personas que se basan en el estilo de aprendizaje divergente prefieren observar en lugar de hacer, y resolver problemas tras reunir información y usar la imaginación. A causa de ello, tienen la capacidad de contemplar las situaciones desde varios puntos de vista y se les da muy bien encontrarse en contextos de generación de ideas. Además, este tipo de personas tienden a ser sensibles, emocionales y bastante artísticas; en general les gusta trabajar en equipo, recibir comentarios, obtener más información y escuchar lo que tienen que decir los demás con la mente abierta.

Convergente: pensar y hacer

Quienes utilizan el estilo de aprendizaje convergente tienen un perfil más técnico y prefieren resolver problemas relativos a cuestiones prácticas que a asuntos interpersonales. Se les da muy bien, además de resolver problemas de tipo práctico, tomar decisiones cuando hallan la respuesta a preguntas. En consecuencia, les encantan los experimentos, las simulaciones y las aplicaciones en el mundo real.

Asimilador: pensar y observar

Con el estilo de aprendizaje asimilador se pone el acento en el uso de la lógica a la hora de abordar ideas y conceptos abstractos, y no se presta tanta atención a las personas ni a las aplicaciones prácticas. Los individuos que prefieren este estilo de aprendizaje pueden comprender información muy diversa y disponerla en un conjunto lógico. Por este motivo, el estilo de aprendizaje asimilador es muy apropiado en el terreno científico. Aquellos que lo usan también prefieren aplicar una buena dosis de pensamiento a las situaciones y examinar modelos analíticos.

Comprender claramente el propio estilo de aprendizaje y el de otras personas puede ser extremadamente importante y tener aplicaciones muy prácticas. Puede ayudar a determinar cuál es la manera más efectiva de comunicar información a los demás y qué es aquello en lo que uno mismo debe mejorar.

TRASTORNOS DE ANSIEDAD

No son solo nervios

Mientras que la ansiedad y el estrés son estados emocionales que experimenta todo el mundo, los trastornos de ansiedad son modalidades de enfermedad mental que ocasionan mucha angustia y tienen un efecto abrumador; impiden que la persona pueda llevar una vida normal y saludable. Hay seis tipos de trastornos de ansiedad; son los siguientes:

EL TRASTORNO DE PÁNICO

Quienes padecen el trastorno de pánico experimentan ataques de pánico intensos, a menudo sin que haya ninguna razón que los justifique y sin que se puedan prever. Estos son los síntomas que pueden experimentarse:

- Sudoración excesiva.
- Dolor en el pecho.
- Temblores.
- Dificultades para respirar o sensación de ahogo.
- Sofocos o escalofríos.
- Palpitaciones.
- Mareo, aturdimiento o vértigo.
- Sensación de hormigueo o entumecimiento.
- Calambres estomacales o cualquier otro tipo de malestar digestivo, como náuseas.
- Miedo muy abrumador a morir y a perder el control.

Estos ataques de pánico suelen alcanzar el punto álgido en algún momento dentro de los primeros diez minutos, aunque pueden durar más tiempo, y muchos de quienes los padecen siguen experimentando ansiedad horas después del final del ataque.

La agorafobia y el trastorno de pánico

Mucha gente cree, incorrectamente, que la agorafobia es el miedo a los espacios abiertos. En realidad, la agorafobia es el miedo a que sobrevenga un ataque de pánico cuando uno se encuentra en un determinado lugar o situación (en un espacio abierto, por ejemplo), y que dicho ataque lo ponga en una situación muy comprometida. Esa persona está tan obsesionada con la posible ocurrencia del siguiente ataque de pánico que deja de querer ir a esos lugares o participar en esas actividades. Es habitual que la agorafobia sea una consecuencia del trastorno de pánico, aunque hay quienes la padecen sin tener este trastorno. Alrededor de un tercio de los individuos que padecen el trastorno de pánico sufren también agorafobia.

EL TRASTORNO OBSESIVO-COMPULSIVO

Este es el tipo de trastorno de ansiedad más «activo». En este caso, la ansiedad deriva de las obsesiones constantes de la persona, que son pensamientos e ideas perturbadores no deseados y que permanecen. Con el fin de intentar aliviar el estrés que ello le produce, ejecuta comportamientos de carácter ritual, los cuales, con el tiempo, se vuelven compulsivos, por lo que no deja de repetirlos. Estas compulsiones pueden ser tan complejas que pueden interferir de forma muy importante en cualquier tipo de rutina diaria. En la mayor parte de las ocasiones, las compulsiones tienen que ver con las obsesiones (por ejemplo, el comportamiento de lavarse las manos cada diez minutos debido al pensamiento de que están contaminadas), pero esto no es así con todas las compulsiones.

Normalmente, las personas que tienen el trastorno obsesivo-compulsivo son conscientes del carácter irracional de su comportamiento, lo cual las hace sentirse frustradas y confusas. Este trastorno puede manifestarse a cualquier edad, pero lo habitual es que los síntomas aparezcan dentro de dos períodos bien diferenciados: antes de la pubertad (se denomina, entonces, *TOC de inicio temprano*) y más adelante en la vida (se llama, entonces, *TOC de inicio tardío*). Hay cinco tipos de trastorno obsesivo-compulsivo:

1. **Obsesiones con la contaminación y la compulsión de limpiar o lavarse:** la persona siente que está sucia, lo cual la hace sentir incómoda. Para mitigar estas sensaciones, un comportamiento habitual es el de lavarse las manos en exceso, a veces durante horas.
2. **La obsesión de recibir daño o hacer daño a otros y la compulsión de comprobar:** un ejemplo de este tipo de obsesión puede ser el caso de alguien que crea (obsesivamente) que un incendio va a reducir su casa a cenizas. En consecuencia, esa persona tiene que echar un vistazo todo el rato al horno, la tostadora y los fogones; tiene que revisar continuamente que ha apagado las luces, e incluso tiene que conducir a menudo hasta la casa para asegurarse de que no está envuelta en llamas.
3. **Obsesiones puras:** estas obsesiones no parecen estar asociadas a compulsiones visibles; tienen relación con temas de carácter religioso o sexual, o que implican agresividad. Por ejemplo, un individuo puede tener la obsesión de que es un asesino y va a matar a alguien. Para aliviar el estrés derivado de este tipo de obsesiones, es habitual ejecutar determinados rituales, como contar mentalmente, rezar o recitar ciertas palabras.
4. **Obsesiones relacionadas con la simetría y la compulsión de contar, ordenar y organizar:** las personas que experimentan este

tipo de TOC tienen el fuerte impulso de ordenar objetos o disponerlos de ciertas maneras hasta que, según su parecer, lo han hecho perfectamente. También puede ser que se sientan impulsadas a repetir palabras o frases hasta haber ejecutado a la perfección una determinada tarea. En algunos casos, la idea que hay detrás de la ejecución compulsiva es que ese comportamiento podrá evitar posibles peligros. Un ejemplo de ello es el caso de la mujer que cambia la disposición de los elementos que hay sobre su escritorio con la idea de que, al hacerlo, está evitando que su marido tenga un accidente de tráfico.

5. **Acaparamiento:** es el acto de reunir objetos que normalmente tienen poco valor, o ninguno, y no tirarlos nunca. Puede llegar a generarse tal caos que la persona tenga dificultades para vivir en su propia casa, a causa de la ingente cantidad de cosas acumuladas. Habitualmente, quienes acaparan tienen la obsesión de que eso que conservan les será útil en el futuro. Es posible padecer acaparamiento compulsivo sin tener el trastorno obsesivo-compulsivo.

EL TRASTORNO DE ESTRÉS POSTRAUMÁTICO

Este tipo de trastorno de ansiedad acontece después de que la persona ha presenciado o experimentado un suceso traumático que le hizo sentir que ella misma, o aquellos que había a su alrededor, podían ser heridos o matados. Tras el evento traumático, empieza a experimentar reviviscencias y sueños angustiantes, así como imágenes y pensamientos intrusos, relacionados con el trauma. Además, evita todas aquellas situaciones que puedan recordarle el suceso, ya que cuando está expuesta a cualquier elemento que se lo recuerda, experimenta una tremenda angustia. También pasa a tener otros comportamientos: participará en menos actividades, le costará expresar la totalidad de las emociones y tal vez parecerá desesperanzada en relación con su futuro.

EL TRASTORNO DE ANSIEDAD SOCIAL

Este es uno de los tipos de trastorno de ansiedad más frecuentes; alrededor del trece por ciento de la población experimenta síntomas de este trastorno en algún momento. Quien padece el trastorno de ansiedad social está constantemente preocupado por cómo lo ven los demás. Tiene el miedo irracional de que lo verán o juzgarán de forma negativa y de sentirse abochornado y humillado. El trastorno de ansiedad social difiere de la timidez en la persistencia y magnitud de los síntomas. Estos son tanto físicos como emocionales e incluyen temblores, sudoración excesiva, ritmo cardíaco acelerado, nerviosismo extremo en situaciones en las que no se conoce a los demás, un gran miedo a ser evaluado, ansiedad ante la perspectiva de ser humillado, miedo a que los demás perciban la propia ansiedad y miedo ante acontecimientos que han sido planificados de antemano.

FOBIAS ESPECÍFICAS

En este tipo de trastorno de ansiedad, la persona tiene un miedo fuerte e irracional a un determinado objeto o situación. Hay cuatro grandes conjuntos de fobias específicas, y muchas personas tienen múltiples fobias pertenecientes a la misma categoría; también hay quienes tienen fobias incluidas en distintos grupos. Los grandes tipos de fobias son: situacionales, relacionadas con la salud, las que tienen que ver con el entorno natural y las que tienen relación con animales.

Las fobias específicas dan lugar a unos síntomas similares, sea cual sea la categoría a la que pertenecen:

- La persona experimenta miedo, terror o pánico cuando se encuentra con el objeto que teme.
- Síntomas similares a los del ataque de pánico: falta de aire, sudoración profusa, mareo y entumecimiento.

- La persona se desvía de su camino para evitar el objeto que teme, hasta el punto de que ello afecta a su rutina y su vida diaria.
- La persona piensa obsesivamente en la siguiente situación en la que se va a encontrar con el objeto que teme y visualiza escenarios en los que no puede evitar entrar en contacto con dicho objeto.

EL TRASTORNO DE ANSIEDAD GENERALIZADA

Este es el tipo de trastorno de ansiedad más frecuente. El individuo experimenta un miedo y una tensión constantes en relación con un asunto o un objeto sin ningún motivo. De algún modo, la preocupación está ahí y pasa a depositarse primero en un tema, después en otro... Los síntomas son variados; pueden incluir irritabilidad, fatiga, dificultad para concentrarse, inquietud y problemas para dormir. En cuanto a los síntomas físicos, pueden presentarse náuseas, diarrea o dolor de cabeza, y puede existir tensión muscular, sobre todo en el cuello, los hombros y la espalda.

MARY AINSWORTH Y LAS SITUACIONES EXTRAÑAS

Enfoques diferentes del apego

Mientras que el psicólogo John Bowlby enfocó el apego infantil en términos de «o todo o nada», la psicóloga Mary Ainsworth abordó este tema de otra manera. Según ella, existen diferencias notables entre los individuos en cuanto a la calidad del apego.

Los niños de entre uno y dos años no tienen la misma capacidad de expresar apego que los adultos; a causa de ello, Ainsworth creó la *clasificación de las situaciones extrañas* en 1970 con el objeto de evaluar y comprender las diferencias que manifiestan las personas con respecto al apego.

EL EXPERIMENTO «DE LAS SITUACIONES EXTRAÑAS»

Ainsworth se sirvió de unas cien familias de clase media para su estudio, y todos los niños tenían entre un año y un año y medio. El experimento se realizó en una pequeña habitación en la que había un vidrio unidireccional, a través del cual Ainsworth podía observar el comportamiento de los pequeños. Se ejecutaban siete «episodios»; cada uno duraba tres minutos y potenciaba cierto tipo de comportamiento. Los observadores registraban lo que sucedía cada quince segundos y la intensidad del comportamiento se reflejaba en una escala que iba del 1 al 7.

EXPERIMENTO LA EJECUCIÓN DEL EXPERIMENTO

1. En la primera etapa del experimento, la madre y su hijo pasan un tiempo a solas en la habitación, para que el niño o la niña se acostumbre al nuevo entorno.
2. Una vez que el niño se ha adaptado al lugar, un desconocido entra en la habitación y se une a él o ella y a su madre.
3. La madre sale y el niño se queda a solas con el desconocido.
4. La madre entra en la habitación y el desconocido sale.
5. La madre también sale y el niño se queda solo.
6. El desconocido entra en la habitación.
7. La madre vuelve a entrar en la habitación y el desconocido se va.

Los comportamientos que se evaluaron según la escala fueron cuatro: la ansiedad por separación (inquietud en el niño en ausencia de la madre), el deseo de explorar, la ansiedad a causa de la presencia del desconocido y el comportamiento del niño cuando la madre regresaba. A partir del experimento, Ainsworth identificó tres modalidades de apego en los niños: seguro, inseguro evitativo e inseguro resistente.

EL APEGO SEGURO

Los niños pequeños que manifiestan el apego seguro confían en que su madre o figura de apego está disponible para satisfacer sus necesidades. Buscan la figura de apego en los momentos de angustia o dificultad, y también perciben en esta una base segura para explorar el entorno. Ainsworth encontró que la mayor parte de los niños que fueron los sujetos de su estudio manifestaron el apego seguro. Cuando estos niños están alterados, la figura de apego los puede calmar con facilidad. El niño desarrollará apego seguro con la figura de apego si esta percibe correctamente las señales que manifiesta y responde a sus necesidades de forma apropiada. Ainsworth encontró que el setenta por ciento de los niños pequeños manifestaban el apego seguro, lo cual estaba asociado a estos comportamientos:

- En cuanto a la ansiedad por separación, los niños expresaron angustia cuando la madre salió de la habitación.
- En cuanto a la exploración del entorno, Ainsworth llegó a la conclusión de que los niños percibían a la madre como una base segura que los motivaba a explorar.
- En cuanto a la ansiedad ante los extraños, los niños se mostraban amigables con el desconocido cuando la madre estaba en la habitación. Cuando la madre no estaba presente, en cambio, evitaban al desconocido.
- En cuanto al comportamiento del reencuentro, los niños se ponían más contentos y tenían una actitud más positiva cuando la madre volvía a entrar en la habitación.

EL APEGO INSEGURO EVITATIVO

Los niños que manifiestan el apego inseguro evitativo son más independientes y no dependen de la presencia de su figura de apego para investigar el entorno. Su independencia no es solo física, sino también emocional, y cuando están en una situación estresante, no buscan el apoyo de la figura de apego. Esta figura se muestra insensible, no ayuda al niño cuando se enfrenta a una tarea difícil, minusvalora sus necesidades y no está disponible cuando está angustiado. Ainsworth encontró que el quince por ciento de los niños manifestaron este tipo de apego.

- En cuanto a la ansiedad por separación, los niños no mostraron ningún indicio de angustia cuando la madre salió de la habitación.

- En cuanto a la ansiedad ante los extraños, los niños no tenían ningún problema con la presencia del desconocido en la habitación y actuaban con normalidad.
- El cuanto al comportamiento del reencuentro, los niños mostraron muy poco interés en la madre cuando regresó a la habitación.
- Ainsworth encontró que la madre y el desconocido podían consolar al niño por igual.

EL APEGO INSEGURO RESISTENTE

En el apego inseguro resistente, el niño se muestra vacilante o ambivalente hacia la figura de apego. Rechaza a esta figura si esta trata de conectar e interactuar con él o ella, mientras que en otras ocasiones el niño se muestra pegajoso y dependiente. La figura de apego no deriva un sentimiento de seguridad hacia el niño; en consecuencia, a este le cuesta separarse de dicha figura para explorar el entorno. Cuando el niño está alterado o angustiado, la presencia de la figura de apego y el contacto con esta no alivian su emoción, por lo que cuesta calmarlo. Ainsworth encontró que el quince por ciento de los niños manifestaron el apego inseguro resistente.

- En cuanto a la ansiedad por separación, los niños se angustiaron terriblemente cuando la madre salió de la habitación.
- En cuanto a la ansiedad ante los extraños, los niños mostraron tener miedo del desconocido y lo evitaron.
- El cuanto al comportamiento del reencuentro, cuando la madre regresó a la habitación los niños se aproximaron a ella pero evitaron el contacto físico; en algunos casos incluso la empujaron para alejarla.
- Ainsworth encontró que los niños que manifestaban este tipo de apego exploraban menos y lloraban más a menudo que los niños que mostraban los otros dos tipos de apego.

Experimentos posteriores que han sido réplicas del de las situaciones extrañas han ofrecido resultados consistentes, muy similares a los obtenidos por Ainsworth, por lo que se considera que constituyen un procedimiento aceptable para evaluar el apego. De todos modos, los hallazgos de Ainsworth han sido objeto de críticas por el hecho de que solo evalúan el apego en la relación entre madre e hijo. Los niños pueden mostrar un tipo de apego completamente diferente con el padre, la abuela, el abuelo u otro cuidador. Las investigaciones también han mostrado que los niños pueden expresar distintos comportamientos de apego en distintos momentos, según las circunstancias.

TRASTORNOS DEL ESTADO DE ÁNIMO

Cuando las emociones toman el control

En los trastornos del estado de ánimo, la persona experimenta unas perturbaciones tan extremas en su estado emocional que estas afectan a sus procesos de pensamiento, sus relaciones sociales y su comportamiento. Estas perturbaciones tienden a ser episódicas, es decir, los síntomas van y vienen. Hay dos grandes tipos de trastornos del estado de ánimo, que incluyen varios subtipos: el trastorno depresivo y el trastorno bipolar.

TRASTORNOS DEPRESIVOS

Para recibir un diagnóstico de depresión mayor, hay que haber sufrido al menos un episodio de depresión grave. Los episodios de depresión mayor duran dos semanas o más tiempo, y la persona experimenta algunos de los síntomas siguientes, o todos ellos:

- Un sentimiento de tristeza o irritabilidad abrumador y constante.
- Un sentimiento de culpabilidad o falta de valía.
- Pérdida de interés por hacer cualquier cosa, incluidas actividades que antes se disfrutaban, y ningún interés en tener vida social.
- Muy poca energía.
- Incapacidad para concentrarse o tomar decisiones.
- Cambio en el patrón alimentario: no se come bien o se come demasiado.
- Cambio en los patrones de sueño: no se puede dormir o se duerme demasiado.
- Pensamientos recurrentes de suicidio o muerte.

Es interesante el hecho de que las personas que están extremadamente deprimidas es muy poco probable que se suiciden, ya que durante su episodio de depresión mayor se sienten demasiado apáticas y desmotivadas como para concebir un plan de suicidio y ejecutarlo. Es durante el proceso de recuperación, en que se tiene más energía, cuando se producen más suicidios. La depresión mayor afecta a más mujeres que hombres. También intentan suicidarse más mujeres que hombres, pero estos últimos consiguen acabar con su vida en mayor medida. Además de la depresión mayor, hay otros tipos; en ellos también están presentes los síntomas enunciados:

Trastorno distímico (distimia)

Si la persona experimenta síntomas de depresión mayor durante dos años por lo menos, sufre el llamado trastorno distímico o distimia. Hay que precisar que los síntomas depresivos no están presentes todo el rato; hay momentos en que estas personas se sienten de forma completamente normal.

Trastorno afectivo estacional*

Quien tiene este trastorno experimenta síntomas de depresión según el período del año. La mayoría de quienes lo sufren lo padecen en invierno.

Depresión mayor psicótica

Además de experimentar síntomas de depresión mayor, la persona también tiene alucinaciones y pensamientos delirantes.

Depresión posparto

En este caso, la mujer cae en depresión después de dar a luz. Esto puede deberse a alteraciones en los niveles hormonales, falta de

* N. del T.: El autor remarca lo «oportuno» que es el acrónimo de este trastorno en inglés: SAD (por *seasonal affective disorder*), es decir, 'triste'.

sueño, modificaciones corporales y cambios en las relaciones en la esfera social o en el ámbito laboral.

Depresión atípica

Lo que padece la persona se parece a la depresión mayor, pero no experimenta bastantes síntomas como para recibir este diagnóstico. Síntomas que suelen manifestarse en la depresión atípica son aumento de peso y un mayor apetito, demasiado sueño o cansancio permanente, y una gran sensibilidad ante cualquier tipo de rechazo.

Depresión catatónica

En este tipo de trastorno depresivo, muy poco común, la persona se queda inmóvil durante mucho tiempo o manifiesta movimientos violentos o raros. A veces decide no hablar, e incluso puede imitar los actos o la forma de hablar de otro individuo.

Depresión melancólica

Este tipo de depresión se caracteriza por la pérdida de interés y de la sensación de placer en muchas actividades o en todas ellas. La persona también encuentra muy difícil reaccionar de forma positiva cuando ocurre algo bueno. Normalmente, los síntomas son peores por la mañana, y puede ser que quien la sufre se despierte al menos dos horas antes de lo normal, sin que haya ningún factor externo que lo motive. Los individuos con depresión melancólica también están profundamente tristes, lo cual se refleja en su expresión.

TRASTORNOS BIPOLARES

El trastorno bipolar, antes denominado *enfermedad maníaco-depresiva*, hace que la persona experimente cambios extremos en su estado de ánimo, que oscila entre la depresión y la manía. Los síntomas de la manía son los siguientes:

- Irritabilidad.
- Muchísima energía.
- Contento y entusiasmo extremos.
- Sentimiento de grandiosidad y una autoestima enorme.
- Agitación.
- Hablar con rapidez.
- Poca necesidad de dormir; incluso puede parecer que esta necesidad es inexistente.
- Mayor interés por las actividades que aportan placer, incluso si el hecho de realizarlas puede tener consecuencias negativas.
- Impulsividad.
- Posibilidad de tener paranoia, delirios y alucinaciones.

Hay varios tipos de trastorno bipolar:

Trastorno bipolar 1

En el trastorno bipolar 1, los episodios maníacos o los episodios maníacos y depresivos duran siete días por lo menos o la persona sufre un episodio maníaco tan fuerte que debe ser hospitalizada. Quienes padecen el trastorno bipolar 1 también suelen pasar por episodios depresivos de dos semanas de duración como mínimo.

Trastorno bipolar 2

Es un tipo de trastorno bipolar más suave, en que los episodios de hipomanía y depresión no son tan graves.

Trastorno bipolar no especificado

En este caso, la persona tiene síntomas característicos del trastorno bipolar (su comportamiento es claramente diferente del habitual) pero no cumple los criterios que permitirían diagnosticar los trastornos bipolares 1 y 2, ya que los síntomas pueden ser demasiado pocos o durar demasiado poco tiempo.

Ciclotimia

Es un tipo de trastorno bipolar menos grave. La persona experimenta los síntomas característicos del trastorno bipolar 1 pero nunca llega a caer en un estado maníaco propiamente dicho ni a experimentar un episodio de depresión mayor. Para recibir el diagnóstico de ciclotimia, los síntomas deben manifestarse durante dos años por lo menos.

LEV VIGOTSKI (1896-1934)

La importancia de la interacción social

Lev Vigotski nació el 17 de noviembre de 1896 en una zona del Imperio ruso conocida como Orsha (la actual Bielorrusia). Se licenció en Derecho en la Universidad de Moscú en 1917 y su interés por la psicología lo llevó a estudiar en el Instituto de Psicología de esa misma ciudad, en 1924.

Vigotski es conocido sobre todo por su trabajo relativo a la educación y el desarrollo infantil, y su influencia en el campo del desarrollo cognitivo aún es patente en la actualidad. Creía que la interacción social juega un papel clave en el desarrollo cognitivo y que las personas encuentran sentido a las cosas a través del concepto que tienen de ellas la sociedad y la comunidad. Vigotski vivió en la misma época que Freud, Skinner, Piaget y Pávlov; sin embargo, el partido comunista que gobernaba Rusia en esos tiempos criticó su trabajo, y la mayor parte de sus escritos no llegaron al mundo occidental hasta mucho después, en 1962, cuando las tensiones asociadas a la Guerra Fría habían empezado a mitigarse.

Vigotski murió de tuberculosis el 11 de junio de 1934, con treinta y ocho años. En los diez años en que trabajó como psicólogo, publicó seis libros. Sus obras más importantes son las centradas en su teoría del desarrollo social, que incluye el concepto de *zona de desarrollo próximo* y su trabajo con el lenguaje.

LA TEORÍA DEL DESARROLLO SOCIAL DE VIGOTSKI

Muy influido por el trabajo de Jean Piaget, Vigotski creía que la mente humana se desarrolla a partir de las interacciones entre la persona y la sociedad. Formuló la hipótesis de que ciertas herramientas del ámbito de la cultura, como el habla y la capacidad de escribir, se crearon para que las personas pudiesen interactuar con su entorno social. Según él, los niños aprenden estas herramientas con una finalidad social, es decir, para comunicar a otras personas lo que necesitan. Pero cuando estas herramientas son interiorizadas, el resultado es una mayor capacidad de pensamiento.

Vigotski puso el acento en las interacciones sociales en la infancia. Afirmó que los niños están aprendiendo de forma constante y gradual de sus padres y profesores, y que este aprendizaje puede diferir según la cultura. Creía también que no solo ocurre que la sociedad tiene un impacto en las personas, sino que estas tienen también un impacto en la sociedad. La teoría del desarrollo social de Vigotski incluye tres grandes temas:

1. En primer lugar, el desarrollo social juega un papel clave en el desarrollo de los procesos cognitivos. Mientras que Piaget afirmó que el desarrollo tiene que producirse antes del aprendizaje, Vigotski argumentó que el aprendizaje social tiene lugar antes que el desarrollo de los procesos cognitivos. Sostenía que el primer desarrollo que experimenta el niño es de tipo social, basado en las relaciones con otras personas (este es el plano interpsicológico), y que después lleva la información a un ámbito más personal e individual (el plano intrapsicológico).
2. En segundo lugar, Vigotski denominó *el que sabe más* a cualquier persona dotada de un grado de conocimiento mayor que el sujeto que está en fase de aprendizaje. «El que sabe más» puede ser cualquiera (un compañero, alguien más joven o incluso un ordenador), pero la mayor parte de las veces es un profesor, un adulto o un entrenador.
3. En tercer lugar, el otro gran tema dentro de la teoría del desarrollo social de Vigotski es la *zona de desarrollo próximo*, que es la

distancia entre la capacidad de la persona que está aprendiendo bajo la guía de otro individuo y la capacidad de la persona de resolver el problema por su cuenta. El aprendizaje se produce en esta «zona».

El papel del lenguaje según Vigotski

Vigotski creía que el lenguaje tiene dos utilidades muy importantes en el desarrollo cognitivo: es la principal herramienta de la que se sirven los adultos para transmitir información a los niños y a través de él las experiencias externas se convierten en procesos internos. Por lo tanto, el lenguaje es un instrumento potente en la adaptación del intelecto. Según Vigotski, el lenguaje se crea en el contexto de la interacción social con el propósito de que las personas se comuniquen. Sin embargo, más adelante se convierte en el diálogo interno, es decir, en los pensamientos. Por lo tanto, el lenguaje crea los pensamientos.

LA INFLUENCIA DE VIGOTSKI

En la actualidad, el método de enseñanza conocido como *enseñanza recíproca* está basado en las teorías de Vigotski. Este método está centrado en mejorar la capacidad del niño de adquirir y aprender la información contenida en textos.

En el aprendizaje recíproco no hay el típico profesor que se limita a transmitir conocimientos a los alumnos de viva voz, sino que los estudiantes y el profesor trabajan conjuntamente en el aprendizaje y la práctica; también abordan juntos conceptos como la forma de hacer un resumen, de preguntar, de aclarar ideas y de efectuar predicciones. Con el paso del tiempo, el papel del profesor es cada vez menos relevante. Esta manera de proceder no solo asegura que los alumnos tengan un papel más activo en el proceso de aprendizaje, sino que también hace que la relación entre profesor y estudiante sea recíproca: puesto que los roles se invierten, el profesor también necesita que el alumno contribuya a aportar significados.

El aprendizaje recíproco solo constituye un ejemplo de lo muy importante que ha sido el trabajo de Lev Vigotski. Sus contribuciones e ideas relativas a la psicología del desarrollo y de la educación fueron rompedoras, y como el mundo occidental no supo de él hasta 1962, su influencia sigue incrementándose en la actualidad.

TRASTORNOS SOMATOMORFOS

Sentir el dolor pero no saber por qué

Los trastornos somatomorfos son enfermedades mentales en que la persona sufre síntomas físicos que no se pueden explicar a partir de una enfermedad física. Para que pueda diagnosticarse un trastorno somatomorfo deben cumplirse ciertas condiciones:

1. Los síntomas físicos no pueden ser el resultado de una enfermedad diagnosticable, el consumo de drogas u otro tipo de enfermedad mental.
2. No es admisible que el paciente se haga el enfermo (que exhiba síntomas físicos con el fin de obtener una ganancia externa, habitualmente de tipo monetario) o que presente un trastorno facticio (es decir, que manifieste ciertos síntomas físicos para obtener una ganancia interna, como que los demás se sientan mal por él o ella).
3. Los síntomas tienen que obstaculizar en gran medida el desempeño de la persona en los ámbitos laboral y social, y en la vida diaria.

Hay siete tipos de trastornos somatomorfos. Son los siguientes:

Trastorno de somatización (o síndrome de Briquet)

El trastorno de somatización suele manifestarse antes de los treinta años y lo sufren más mujeres que hombres. Pueden presentarse estos síntomas: dolor en, por lo menos, cuatro partes del cuerpo diferentes, problemas con el sistema reproductor (como disfunción eréctil o falta de interés en el sexo), problemas gastrointestinales (como diarrea y vómitos) y síntomas pseudoneurológicos (como ceguera o desmayos).

Trastorno somatomorfo indiferenciado

La persona presenta solamente uno de los síntomas asociados al trastorno de somatización y lo experimenta durante un período de seis meses por lo menos.

Trastorno de conversión

Los síntomas del trastorno de conversión suelen presentarse después de que el individuo ha experimentado un suceso estresante o traumático, y suelen afectar a la actividad motora y sensorial voluntaria. Son síntomas habituales la parálisis, el entumecimiento, la ceguera y ser incapaz de hablar. Por ejemplo, si un hombre está montando a caballo y se cae del animal, podría experimentar parálisis en una pierna tras la caída, aunque dicha pierna no haya sufrido ningún tipo de daño. Muchos expertos creen que los síntomas físicos del trastorno de conversión constituyen un intento por parte de la persona de resolver algún conflicto que alberga en su interior.

Trastorno de dolor

Quien padece el trastorno de dolor experimenta un dolor crónico importante que puede prolongarse varios meses. Contrariamente a lo que ocurre cuando un individuo se hace el enfermo y simula el dolor, en este caso el dolor es verdadero y muy agudo, e interfiere de forma significativa en la vida diaria de la persona.

Hipocondría

El individuo hipocondríaco vive preocupado por el miedo a estar padeciendo una enfermedad muy grave. Interpreta mal los síntomas que experimenta y determina que son indicativo de algo mucho más grave de lo que indican en realidad. Si un médico lo examina y le dice que todo está bien, seguirá preocupado de todos modos, o dejará de preocuparse durante un corto período, después del cual la preocupación regresará. Contrariamente al caso del individuo que finge estar enfermo, las personas que padecen hipocondría no se inventan los síntomas; lo que pasa es que no pueden controlar sus emociones y están convencidas de que cualquier tipo de síntoma es indicativo de una enfermedad grave. Se puede decir que alguien es hipocondríaco cuando lleva por lo menos seis meses manifestando este comportamiento y sus síntomas no se pueden explicar sobre la base de otros problemas, como pueden ser el trastorno de pánico, el trastorno obsesivo-compulsivo o el trastorno de ansiedad generalizada.

Trastorno dismórfico corporal

Quien padece el trastorno dismórfico corporal está obsesionado con una deformidad o imperfección física que puede existir o puede no existir en absoluto. Este tipo de trastorno somatomorfo hace referencia a la preocupación por unos defectos físicos que o bien son triviales o bien son totalmente inexistentes; esta obsesión genera angustia en el terreno social, en el ámbito laboral y en el día a día. Un ejemplo de persona que padecería este trastorno sería una mujer que siempre llevase guantes a causa de una pequeña cicatriz en una de sus manos; esta mujer estaría obsesionada con algo muy trivial. Para que un caso de trastorno somatomorfo pueda ser considerado un caso de trastorno dismórfico corporal, ninguno de los síntomas se debe poder explicar a partir de otros trastornos. Por ejemplo, cuando a una persona le preocupa su peso, ello suele ser consecuencia de un trastorno alimentario y no del trastorno dismórfico corporal.

Trastorno somatomorfo no especificado

Padece este trastorno quien manifiesta síntomas característicos del trastorno somatomorfo, sin que se cumplan las condiciones que permitirían diagnosticar un trastorno más específico.

FACTORES QUE CONTRIBUYEN A LOS TRASTORNOS SOMATOMORFOS

Los expertos creen que hay factores cognitivos y relativos a la personalidad que tienen un gran papel en la aparición de los trastornos somatomorfos:

Factores cognitivos

Estos son los factores cognitivos que, según se cree, contribuyen a la aparición de un trastorno somatomorfo:

- Tener una idea distorsionada de lo que es la buena salud y, por tanto, creer que una persona sana nunca debe experimentar molestias ni manifestar ningún síntoma.
- Prestar demasiada atención a las sensaciones corporales.
- Llegar a conclusiones muy extremas cuando solo se están experimentando síntomas leves.

Factores relativos a la personalidad

Muchos expertos creen que los individuos con rasgos de la personalidad histriónica tienen más probabilidades de padecer un trastorno somatomorfo. Estas personas se comportan de determinadas maneras para llamar la atención de los demás, son muy emocionales y dramáticas, están muy abiertas a la sugestión y están muy centradas en sí mismas. La combinación de estos factores parece incrementar la probabilidad de caer víctima de un trastorno somatomorfo autogenerado.

LOS EFECTOS DE FALSO CONSENSO Y DE FALSA SINGULARIDAD

Todo lo que yo hago, tú lo haces..., ¿verdad?

El efecto de falso consenso se da entre las personas que tienden a pensar que sus opiniones y creencias son las más extendidas entre el resto de la población. Y el efecto de falsa singularidad consiste en no ser consciente de lo extendidas que están entre la población las propias capacidades y cualidades. Ambos efectos constituyen ejemplos de sesgos cognitivos, que son errores de juicio inducidos por la mente para que el cerebro pueda procesar la información con mayor rapidez.

LOS EXPERIMENTOS DE LEE ROSS SOBRE EL EFECTO DE FALSO CONSENSO

Hay muy pocos resultados experimentales en cuanto al efecto de falsa singularidad, pero el efecto de falso consenso ha sido más estudiado en la práctica. En 1977, Lee Ross, profesor de la Universidad de Stanford, diseñó una serie de experimentos con el fin de observar el funcionamiento de este segundo efecto.

Primer estudio de Ross

En su primer experimento, Ross empezó por hacer que un grupo de participantes leyesen sobre situaciones que implicaban algún tipo de conflicto. Después les dio a los sujetos dos formas de responder a la situación y les pidió que hiciesen tres cosas:

1. Que tratasen de adivinar la opción que elegirían los otros participantes.
2. Que dijesen la opción que elegían ellos mismos.
3. Que definiesen las cualidades y características del tipo de persona que elegiría la primera opción y la que elegiría la segunda opción.

Los resultados del experimento mostraron que la mayoría de los sujetos creyeron que los otros elegirían la misma opción que ellos, fuese cual fuese la que habían elegido. Quedó así validada la existencia del efecto de falso consenso.

Es interesante el hecho de que al abordar la tercera instrucción, los participantes concibieron unos atributos y unas personalidades muy extremos para quienes hubiesen elegido la opción distinta de la propia. En pocas palabras, adoptaron la postura de «si no estás de acuerdo con lo que digo, estás equivocado».

Segundo estudio de Ross

En un segundo estudio, Ross les preguntó a otro grupo de participantes si estarían dispuestos a pasearse por el campus universitario durante treinta minutos llevando colgado de los hombros un tablero con este mensaje publicitario: «Come en Joe's». Para motivarlos, les dijo que al final del experimento habrían aprendido algo útil. También les dijo que podían negarse a participar si querían. A continuación, los sometió a las mismas tres instrucciones que había dado al grupo del primer estudio.

El sesenta y dos por ciento de quienes accedieron a participar en el experimento creyeron que los demás harían lo mismo, mientras que solo el treinta y tres por ciento de quienes no cargaron con el tablero pensaron que los demás sí lo harían. Los resultados de este segundo estudio confirmaron los del primero; y como ocurrió con el primero, los sujetos efectuaron predicciones extremas sobre las características del tipo de persona que elegiría la opción distinta de la propia.

EL IMPACTO DE LOS EXPERIMENTOS DE ROSS

Lee Ross pudo demostrar la existencia del efecto de falso consenso y mostrar que las personas tienen tendencia a juzgar que todo el mundo debería tomar sus decisiones a partir de los razonamientos que ellas mismas aplican. También mostró que si otra persona efectúa una elección distinta de la propia o con la que uno mismo no está de acuerdo, esa persona es vista de forma negativa, o como alguien inaceptable o defectuoso.

LA DEMOSTRACIÓN DE LA FALSA SINGULARIDAD

Existe muy poca evidencia empírica en cuanto a la falsa singularidad. Un documento valioso al respecto es un artículo que publicaron Jerry Suls, Choi K. Wan y Glenn S. Sanders en 1988, en el que exploran este fenómeno vinculado a la forma en que las personas perciben su propio comportamiento en relación con su propia salud.

Para realizar el estudio, los investigadores reclutaron como sujetos a un conjunto de hombres cuya edad era la típica de los estudiantes universitarios. Su primera hipótesis fue que se produciría el efecto de falso consenso: quienes tenían comportamientos saludables (como hacer ejercicio) percibirían que sus propios comportamientos serían habituales entre quienes también tenían comportamientos saludables. La segunda hipótesis que contemplaron fue que las personas que tenían comportamientos no deseables (como no hacer ejercicio) efectuarían una estimación al alza de la cantidad de individuos que tenían esos mismos comportamientos. Su tercera hipótesis fue que los que tenían comportamientos deseables (los que hacían ejercicio) efectuarían una estimación a la baja de la cantidad de personas que tenían esos mismos hábitos.

Los resultados del experimento apoyaron con fuerza las dos primeras hipótesis y también, en cierta medida, la tercera. Se cree que los individuos que tienen comportamientos no deseables se resisten a cualquier tipo de intervención y no adoptan hábitos saludables al estimar al alza el consenso con respecto a su comportamiento; algunos incluso creen que no están expuestos a problemas de salud importantes. Ello demuestra el efecto de falsa singularidad en cierto grado, pero es necesario realizar más investigaciones.

El sesgo a que da lugar el efecto de falso consenso puede tener un gran impacto en la sociedad y tiene implicaciones muy reales. Uno de los ejemplos más alarmantes del efecto de falso consenso lo encontramos en los puntos de vista negativos que sostienen los fundamentalistas y los políticos radicales. Estas personas no tienen por qué pensar que la mayoría de la gente alberga las mismas opiniones y creencias que ellas, pero sí estiman al alza la cantidad de personas que comulgan con su punto de vista, y este hecho distorsiona aún más las percepciones que tienen del mundo que las rodea.

EL ESTRÉS

La ciencia de la presión

El estrés es una respuesta fisiológica suscitada por estímulos externos. Estos estímulos pueden ser tanto psicológicos como fisiológicos, y el estrés puede ser a largo plazo o a corto plazo. A pesar de la forma en que hablamos de él, el estrés no es una mera sensación, sino que puede afectar realmente al estado biológico y psicológico del individuo. Cuando pensamos en el estrés, tendemos a considerar que es un tipo de preocupación, pero es mucho más que esto, y no tiene por qué ser siempre malo. Hay dos tipos de estrés: el distrés y el eustrés, que derivan de sucesos negativos y positivos, respectivamente.

Definiciones clínicas

DISTRÉS: Es el estrés que acontece a partir de sucesos negativos, como pueden ser experimentar la muerte de un ser querido, que te hagan daño o perder el trabajo.

EUSTRÉS: Es el estrés que acontece a partir de sucesos positivos, como pueden ser ver una película, montar en una montaña rusa o conseguir un ascenso en el trabajo.

LA RESPUESTA DE LUCHA O HUIDA

En la década de 1920, el psicólogo estadounidense Walter Cannon presentó una teoría sobre cómo gestionan el estrés los animales, es decir, cómo se comportan debido a él. Llamó a su teoría *la respuesta de lucha o huida*, también conocida como *estrés agudo*.

Según Cannon, cuando un animal se encuentra bajo un estrés intenso se desencadena una reacción psicológica y fisiológica. Se liberan en el cuerpo las sustancias químicas adrenalina, noradrenalina y cortisol. El resultado es un incremento del ritmo cardíaco y respiratorio, así como contracción muscular y de los vasos sanguíneos, con lo cual se genera la energía necesaria para reaccionar, es decir, para luchar o huir. La respuesta de estrés es involuntaria y está regulada por tres sistemas corporales: el sistema inmunitario, el sistema endocrino y el sistema nervioso central.

LOS EXPERIMENTOS DE HANS SELYE CON RATAS

El primero en describir el efecto que puede tener el estrés en el cuerpo fue el científico húngaro Hans Selye, en 1936. Selye formuló la teoría de que el estrés crónico da lugar a cambios químicos en el cuerpo a largo plazo y que, por lo tanto, puede ser una causa de enfermedades importante.

Había llegado a esta conclusión trabajando con ratas como asistente en el Departamento de Bioquímica de la Universidad McGill. Había estado trabajando en un experimento que implicaba inyectar extracto ovárico en ratas, con la esperanza de descubrir una reacción que condujese a un nuevo tipo de hormona sexual.

Las ratas reaccionaron: su bazo, su timo, sus ganglios linfáticos y su corteza suprarrenal se agrandaron, y les aparecieron úlceras hemorrágicas profundas en el duodeno y el revestimiento del estómago. Estas reacciones aumentaban o disminuían según la cantidad de extracto que administraba Selye, quien pensó que había descubierto una nueva hormona. Sin embargo, reprodujo el experimento utilizando extracto placentario y extracto hipofisiario. Para su sorpresa, las ratas presentaron las mismas respuestas exactamente. Pensando aún que estaba tratando con una nueva hormona, Selye reprodujo el experimento usando extractos de varios órganos más, como el riñón y el bazo. Las ratas presentaron siempre las mismas reacciones. Confundido por estos resultados, Selye hizo una última prueba: inyectó cierta modalidad de formaldehído a las ratas. Las reacciones siguieron siendo las mismas.

EL SÍNDROME GENERAL DE ADAPTACIÓN DE HANS SELYE

Considerando que sus experimentos con las ratas habían sido un fracaso (porque, después de todo, no había descubierto ninguna hormona nueva), Selye empezó a pensar en otras posibles causas para los síntomas con los que se había encontrado. Unos años más tarde, recordó una experiencia que había tenido como estudiante de Medicina en Praga. Venían pacientes aquejados de problemas intestinales y también de molestias y dolores generales. Entonces se los examinaba y se descubría que tenían fiebre, el hígado o el bazo agrandado, una erupción cutánea y las amígdalas inflamadas. No era hasta más adelante cuando aparecían síntomas que permitían diagnosticar una determinada enfermedad.

A Selye también le intrigó el hecho de que los médicos siempre indicasen el mismo tratamiento a muchos pacientes, independientemente de lo que padeciesen; este tratamiento incluía descanso, comer alimentos fácilmente digeribles y evitar las habitaciones en las que se producían cambios de temperatura.

A partir de su trabajo de laboratorio con las ratas y los recuerdos que tenía de la facultad de Medicina, identificó lo que denominó *síndrome general de adaptación*, que describe las reacciones del cuerpo frente al estrés. Según Selye, este síndrome se desarrolla en tres etapas:

1. **Reacción de alarma:** la homeostasis se ve perturbada por un factor estresante o estímulo externo y el cuerpo advierte dicho estímulo. Es en esta primera etapa cuando la respuesta de lucha o huida de Cannon tiene efecto y se liberan hormonas para proporcionarle al individuo la energía que necesita con el fin de gestionar la situación.
   Si la energía liberada a partir de la respuesta de lucha o huida no llega a utilizarse por medio de la actividad física, puede tener efectos perjudiciales en el cuerpo. Un exceso de la hormona cortisol, por ejemplo, puede dañar las células y los tejidos de los músculos, e incluso puede provocar úlceras gástricas, altos niveles de azúcar en sangre y accidentes cerebrovasculares. Si hay demasiada adrenalina en el cuerpo, los vasos sanguíneos del cerebro y el corazón pueden sufrir daños, lo cual incrementará el riesgo de sufrir una embolia o un ataque al corazón.
2. **Adaptación:** el cuerpo empieza a contrarrestar el estímulo externo y a restablecer la homeostasis por medio de la recuperación, la renovación y la reparación. Este proceso se conoce como *resistencia*; se inicia casi inmediatamente después del comienzo de la fase de alarma y se prolonga hasta que la condición estresante deja de estar presente. Si la condición estresante no desaparece, el cuerpo permanece en estado de alerta.
   La persona comenzará a tener problemas cuando este proceso empiece a repetirse demasiado a menudo, de tal manera que el organismo tenga muy poco o nada de tiempo para recuperarse. Entonces se pasará a la siguiente etapa.
3. **Agotamiento:** el cuerpo agota toda la energía, tanto física como psicológica, necesaria para combatir el factor estresante. Esto ocurre especialmente frente a los factores estresantes crónicos, porque si lo que se está combatiendo es una manifestación de estrés a corto plazo, es muy posible que la persona no agote

completamente su energía. Una vez que se ha quedado sin energía, no puede seguir plantando cara al factor estresante.
En consecuencia, el nivel de estrés sube y permanece elevado. La persona puede experimentar fatiga suprarrenal, agotamiento por desgaste, falta de adaptación, sobrecarga o disfunciones. El resultado del estrés crónico en el cuerpo y la mente también es bastante impactante: las células nerviosas de los órganos y tejidos pueden sufrir daños, la memoria y el pensamiento pueden deteriorarse y el individuo será más proclive a padecer ansiedad o depresión. Los niveles altos de estrés también pueden contribuir a la artritis reumatoide, la presión arterial alta y las enfermedades cardíacas.

LA TEORÍA DE LA AUTODISCREPANCIA

El impacto del cumplimiento (o de su ausencia)

Entre 1987 y 1999, el psicólogo Edward Tory Higgins elaboró un concepto con el que intentar explicar el origen de todo abatimiento y toda ansiedad. Lo llamó *teoría de la autodiscrepancia*, según la cual el ser humano experimentará abatimiento si siente que no ha satisfecho sus esperanzas y ambiciones, y ansiedad si siente que no ha cumplido con un deber u obligación.

Según la teoría de la autodiscrepancia, la persona se va dando cuenta, en su vida, de que el hecho de alcanzar objetivos y cumplir aspiraciones puede garantizarle ciertas gratificaciones, como la obtención de amor y aprobación. Las aspiraciones y los logros se entremezclan para dar lugar a una serie de principios, que constituyen la referencia del yo ideal. Cuando el individuo siente que podría no ser capaz de alcanzar uno de estos objetivos, empieza a prever la pérdida de las gratificaciones y se apoderan de él el desánimo, la depresión y la decepción.

La teoría de la autodiscrepancia también afirma que la persona va aprendiendo a cumplir obligaciones y deberes para evitar el castigo y otras consecuencias desfavorables. Con el tiempo, estas experiencias darán lugar a una serie de principios abstractos que le servirán de guía. Si siente que no ha cumplido los deberes y obligaciones que forman parte de esta guía, experimentará un sentimiento de castigo que se manifestará como ansiedad y agitación.

LA TEORÍA DE LA AUTODISCREPANCIA, PUESTA A PRUEBA

En 1997 Higgins y otros investigadores llevaron a cabo un experimento en un intento de demostrar la teoría de la autodiscrepancia.

Para empezar, los participantes tuvieron que hacer una lista de los atributos que les gustaría tener y después una lista de aquellos que creían que deberían tener. Ambos tipos de atributos eran las características denominadas *ideales* y *debería*. A continuación, debían escribir cuáles de estos atributos estaban manifestando ya. Como paso final, los participantes tenían que evaluar las emociones que habían experimentado en una escala de cuatro niveles.

Los resultados del experimento fueron coherentes con las ideas que plantea la teoría de la autodiscrepancia. Los sujetos que sentían que no estaban a la altura de sus ideales (los que experimentaban la denominada *discrepancia real/ideal*) presentaban un grado mayor de desánimo y los que no estaban satisfechos con sus debería (los que experimentaban la denominada *discrepancia real/debería*) presentaban un grado mayor de agitación.

COMPLICACIONES

Sin embargo, hay varios factores que plantean dificultades a la teoría de la autodiscrepancia. Las emociones que son consecuencia de autodiscrepancias dependen de si la persona eligió esas aspiraciones en particular por sí misma. Higgins afirmó que el hecho de no lograr alcanzar objetivos impuestos por otro individuo da lugar a sentimientos de bochorno y vergüenza, no de decepción o abatimiento. Y el hecho de no lograr cumplir obligaciones impuestas por otro individuo da lugar a sentimientos de resentimiento.

En 1998 se llevó a cabo un estudio que puso en entredicho la teoría de la autodiscrepancia al demostrar que todo tipo de discrepancia conducía a sentimientos de vergüenza y que tanto la discrepancia real/ideal como la real/debería conducían a sentimientos de depresión y no de ansiedad. Este estudio no fue el único que intentó ofrecer alternativas al modelo de autodiscrepancia de Higgins; hubo varios más. Algunas de las alternativas propuestas se exponen a continuación.

Con el dinero en mente

Para muchas personas, la discrepancia entre la riqueza, el estatus y las posesiones que tienen, y la riqueza, el estatus y las posesiones que desean es una fuente constante de desánimo y agitación. Aunque seguramente es habitual esforzarse por ganar más y aumentar los atributos, hay estudios que han mostrado que estos comportamientos no incrementan el bienestar de forma significativa; incluso pueden hacer lo contrario. Varios estudios revelaron que aunque en general las personas deseaban más dinero del que tenían, ello no tenía nada que ver con sus emociones y satisfacción con la vida. Las discrepancias que experimentaban estas personas en cuanto a la cantidad de dinero que tenían y la cantidad de dinero que querían estaban inversamente relacionadas con su bienestar (sus emociones y su satisfacción).

LAS DISCREPANCIAS MÚLTIPLES

En 1985, Alex Michalos presentó la teoría de las discrepancias múltiples, según la cual las personas pueden sentirse insatisfechas o infelices por tres motivos: si los recursos que adquieren en el transcurso de su vida no son iguales o superiores a los recursos adquiridos por figuras claves en su vida (discrepancia por comparación social), si tuvieron acceso a más recursos en un determinado período que en el momento actual (discrepancia por comparación) o si no han adquirido recursos que deseaban (discrepancia por deseo; esto es similar a la idea que se encuentra en la teoría de la autodiscrepancia).

EL YO NO DESEADO

Algunos expertos creen que las discrepancias derivadas del yo *no deseado* tienen un papel más importante que los ideales en el estado de ánimo y la satisfacción. En un estudio de 1987 realizado por el profesor Daniel M. Ogilvie, de la Universidad Rutgers, se efectuó una evaluación del yo real, el yo ideal y el yo no deseado. Para evaluar este último, los sujetos tenían que describir cómo eran cuando manifestaban la peor versión de sí mismos. El estudio encontró que las discrepancias entre el yo real y el yo no deseado estaban asociadas de manera muy clara con la satisfacción, mientras que las discrepancias entre el yo real y el yo ideal no lo estaban tanto.

La teoría que explica estos resultados es que el yo no deseado tiene más que ver con la realidad, mientras que el yo ideal es un concepto demasiado vago, ya que no tiene como base experiencias reales.

LA TEORÍA DEL ESCAPE

La teoría del escape afirma que cuando una persona cree que nunca podrá dar la talla en cuestiones importantes, experimentará una autodiscrepancia de gran magnitud, y la consecuencia será que tendrá el fuerte impulso de escapar de su propia realidad. El deseo de escapar puede manifestarse en comportamientos como dormir demasiado, consumir drogas o (intentar) suicidarse.

Según la teoría del escape, se pasa por varias fases antes de que acontezca el intento de suicidio:

1. La persona experimenta un sentimiento de decepción o fracaso porque ha tomado conciencia de la discrepancia existente entre aquello a lo que aspira y su realidad.
2. Entonces se atribuye a sí misma el fracaso en lugar de atribuirlo a las situaciones pasajeras.
3. Seguidamente, se vuelve extremadamente consciente de sí misma y empieza a evaluar todo el rato su propio comportamiento. Este estado de conciencia incrementa los sentimientos negativos respecto a sí misma.
4. La persona experimenta una deconstrucción cognitiva: rechaza cualquier punto de vista anterior, evita tener objetivos, piensa de forma concreta y se niega a encontrar sentido a nada. En este estado de deconstrucción, le parecen aceptables las medidas drásticas, los comportamientos irracionales y las emociones negativas, por lo que incurre en mayor medida en todo ello.

Entonces, el suicidio pasa a ser la vía de escape última para la persona. Esta espiral descendente muestra el poder que tienen este tipo de discrepancias, ya sean entre el yo real y el yo ideal, o entre el yo real y el yo no deseado.

ÍNDICE TEMÁTICO

D

E

F

T

V

W

Y

Z